민족지도자 안재홍 연보 2

민족지도자 안재홍 연보 2

초판 1쇄 발행 2021년 12월 31일

편   자 | 황우갑
펴낸이 | 윤관백
펴낸곳 | 도서출판선인

등   록 | 제5-77호(1998.11.4)
주   소 | 서울시 양천구 남부순환로 48길 1
전   화 | 02)718-6252 / 6257
팩   스 | 02)718-6253
E-mail | sunin72@chol.com

정   가 30,000원

ISBN 979-11-6068-672-2   94900
ISBN 979-11-6068-431-5   (세트)

· 잘못된 책은 바꿔 드립니다.

※ 이 책은 평택시의 후원으로 제작하였습니다.

민족지도자 안재홍 연보 2

황우갑 엮음

(사)민세안재홍선생기념사업회 기획

도서출판 선인

사후 100년을 돌이켜 자기를 바라보라

- 민세 안재홍 -

　2019년 6월 중순 경에 안재홍의 성인교육연구로 막 박사학위 논문이 통과되고 나서 육체적으로 몹시 힘이 들었다. 잔기침이 있어 대학병원에 가서 진찰을 받아보니 폐결핵 의심이 든다고 당분간 사람 만남도 중단하고 집에서 쉬면서 정밀 검사를 받아보자고 했다. 학위 통과의 기쁨도 잠시 집에서 검사 때까지 열흘 넘게 쉬면서 모처럼 이순신 장군의 『난중일기』를 정독했다. 민세 관련 자료를 보면서 충무공에 대한 민세의 존경이 남달랐기에 한국인의 영원한 고전인 이 책에 특별한 관심이 갔다. 그리고 큰 감동을 느꼈고 민세가 왜 이순신을 늘 마음에 두고 살았는지 이해할 수 있게 되었다.

　『난중일기』는 삶과 죽음을 늘 성찰했던 기록이라는 생각이 들었다. 하루하루가 생사의 갈림에 있는 전장터에서 생각을 집중하고 일기를 쓴다는 것 자체가 쉬운 일이 아니었을 것이다. 기록을 남기는 일, 늘 성찰하고 준비하는 일, 무엇보다 공동체의 미래를 위한 바른 방향을 고민하는 자세는 충무공의 삶 그 자체였다. 이런 삶의 태도는 그대로 민세가 어려서부터 본받아 희생과 헌신, 통합과 백성에 대한 사랑, 부단한 읽기와 쓰기로 구체화되었다. 이 정도는 되어야 누군가를 존경할 수 있다고 감히 자신있게 말할 수 있지 않은가 싶었다.

　2000년 민세기념사업회 창립과 함께 안재홍 선양 사업에 20년 넘게 참여하고 있다. 2003년 9월에 민세 고택에서 결혼식을 올렸다. 2008년과 2009년에 낳은 두 딸 아이의 이름도 '민세(民世)'라는 아호에서 민(民)자를 따서 지었다. 고향의 선배이자, 대지식인이자, 민족지도자였기에 남다른 애정을 가지고 기념사업 활동을 열심히 해왔다. 2019년 숭실대 박사학위 논문을 보완해서 『성인교육자 민세 안재홍』을 출간했고, 2021년 『민족지도자 안재홍 연보 1』, 『민족지도자 안재홍 공식화보집』을 엮었다. 일과 글쓰기를 병행하면서 여러 가지 어려움이 많았지만 보람이 큰 작업이었다. 그리고 과정마다 늘 행복했다.

이번에 발간하는 『안재홍 연보 2』는 민족지도자 민세 안재홍이 조선일보 주필로 신간회운동 등에 참여하던 1927년 한 해의 주요 활동과 글을 연보형식으로 묶은 것이다. 민족운동가로서 민세에게 1927년 한해는 가장 바빴고 행복했던 시간이었다. 1927년 2월 15일 일제강점기 최대 항일민족운동단체였던 신간회가 창립됐고 민세는 총무간사를 맡아 전국을 다니며 신간회 지회 설립을 독려했다.

이 해에만 평안도와 함경도에서 영·호남 지방까지 전국을 순회하며 16개의 지회 설립에 참석하고 강연을 통해 신간회운동의 필요성을 역설했다. 또한 지역 순회를 계기로 1926년 영호남기행에 이어 해주 등 해서지방, 원산·함흥 등 관북지방, 문경·상주·예천 등 경북 북부지방을 여행하고 조선일보에 다수의 기행문을 남겼다. 1927년에 쓴 기행문만 엮어도 단행본 한권 분량이다.

그동안 안재홍 연구는 주로 일제시기 독립운동과 조선학운동, 해방후 통일국가 수립운동, 신국가건설운동과 신민족주의 정치사상, 성인교육활동 등에 집중됐다. 상대적으로 민세의 내면 세계와 인간 다움에 대한 이해와 연구는 부족했다. 이런 '따뜻한 안재홍'에 대한 이해의 지평을 넓힐 수 있는 글들은 민세가 남긴 다수의 기행문과 비평적 수필이다. 향후 민세의 내면을 돌아볼 수 있는 이런 글들에 대한 지속적인 관심과 심층 연구가 필요하다. 이번 발간 자료에도 그동안 정리가 된 적이 없는 다수의 글들 특히 1926년에 이어 다수의 기행자료가 실려있다. 글은 가능한 원문의 뜻은 살리되 현대어로 풀었다. 1권에 이어 2권 작업도 2015년 한국학중앙연구원 지원으로 나온 '안재홍 전집DB' 작업이 큰 도움이 되었다. 자료 정리에 힘써 주신 정윤재·김인식·이진한 교수님과 윤대식 교수님을 비롯한 민세 연구자들께 감사드린다. 또한 조선일보 창간 100년 기획으로 나온 '조선뉴스 라이브러리 100'의 자료도 크게 도움이 되었다. 시대를 읽는 역사자료로써 신문의 귀한 가치를 한껏 느낄 수 있었다.

이 『안재홍 연보 2』도 안재홍기념사업회 강지원 회장님과 여러 이사님, 민세선생 유족과 지인들의 꾸준한 격려가 있어 나올 수 있었다. 1권에 이어 2권 표지 작품 사진 사용을 허락해 주신 이수연 작가님께도 감사드린다. 또한 이 책은 평택시의 지속적인 후원이 있어 출간이 가능했다. 정장선 평택시장님께도 감사 드린다. 부족한 원고를 편집해서 한권의 소중한 책으로 만들어 주신 도서출판 선인 윤관백 사장님과 편집자님께도 고마움의 뜻을 전한다. 계속되는 코로나 상황에서 주말과 휴일을 이용해서 틈틈이 자료를 읽고 정리했다. 소중한 가족들의 꾸준한 응원은 늘 큰 힘이 되었다. 앞으로 수년에 걸쳐 민세 연보 완간까지 건강을 잘 관리하며 무사히 마칠 수 있기를 소망한다.

2021년 11월 30일
민세선생 탄생 130주년에
엮은이 황 우 갑 씀

목 차 _____

제1장

민족지도자 안재홍
1927년 이야기

■ 민족지도자 안재홍 1927년 이야기

민세는 일제 강점기 국내 독립운동을 이끈 핵심 인물이다. 1919년 3·1운동 직후 대한민국청년외교단 사건으로 1차 옥고를 치른 이래 조선일보 필화, 신간회운동, 군관학교 사건, 조선어학회 사건 등으로 9차례 걸쳐 7년 3개월 동안 옥고를 치렀다. 또한 민세는 1924년 시대일보 논설기자를 시작으로 조선일보 주필·부사장·사장을 지냈고 해방 후 한성일보 사장을 역임하며 언론을 통해 민족의식 고취에 힘쓰며 다수의 논설과 시평을 발표했다. 민세는 1930년대 이후 일제의 식민사학에 맞서 한국 고대사와 단군연구에도 힘썼다. 1934년 9월 위당 정인보와 함께 다산 정약용 선생의 문집 『여유당전서』 전 76권을 교열 간행하며 조선학운동을 실천했다. 해방 후에 민세는 건국준비위원회 부위원장, 국민당 당수, 좌우합작 위원, 미군정 민정장관, 2대 국회의원 등으로 활동하며 통일민족국가수립에 힘썼고 『신민족주의와 신민주주의』, 『한민족의 기본진로』 등을 집필 대한민국 건국의 이념적 기초를 제공한 정치가이자 정치사상가였다. 『안재홍 연보 2』는 민세가 신간회 창립에 총무간사로 참여 활동했던 1927년의 주요 활동과 쓴 글을 정리한 것이다.

1927년은 안재홍의 삶에서 가장 행복한 시기였다. 언론기고와 전국 각지 답사로 매우 바쁘게 보낸 1년이었지만 민족운동의 성장 가능성을 현장에서 느끼며 실천에 매진했던 한 해였다. 민세는 이 해 1월에는 『조선일보』에 신간회 창립의 기대와 의의를 담은 「오뇌로부터 투쟁에」, 「신간회 창립의 준비」를 기고했고 3회에 걸쳐 「조선신문사론」을 연재했다.

2월에는 신간회 창립과 함께 총무간사를 맡아 본격적인 활동을 시작했으며 제2회 여자가투(歌鬪)대회를 개최했다. 『신조선』 창간호에 권두사를 썼으며 「입학난과 취직난」, 「졸업생 취업문제」, 「학생의 단결」을 기고했다. 3월에는 황해도 기자대회 참석을 계기로 재령·신천온천·사리원 등을 답사하고, 「해서기행」을 연재했다.

4월에는 신간회 초대회장이자 민세의 황성기독교청년회학관 시절 스승인 월남 이상재의 장례식에 참석 조사(弔辭)를 낭독하고 월남기념집 편집위원으로 활동했다. 5월에는 신간회의 자매단체인 근우회 창립대회에 참석해, 축사를 했으며 「일본이민 장려문제」를 썼다. 6월에는 신간회 경성지회 창립대회에 참석해 임시의장을 맡았으며, 제5회 조선선문학교 연합정구대회장을 맡았고 신간회 김천지회 설립대회에도 참석했다.

7월에는 신간회 해주지회 설립대회 참석을 계기로 다시 해서지방을 답사했다. 이 때 청성묘·석담구곡 등을 돌아보고 기행문을 연재했다. 이어서 곧바로 신간회 원산지회 설립대회에 참석하며 원산 시가지와 항구, 명사십리 일대를 둘러보았다. 또한 신간회 함흥지회를 방문하고 지역인사들과 교류하며 함께 주변지역을 답사했고 『조선일보』에 관북지역 기행문을 연재했다.

8월에는 『조선일보』에 「제왕의 조락」, 「민족단일당의 문제」를 연재했으며 9월에는 신간회 대구지회·상주지회·예천지회·나주지회·공주지회 설립대회에 참석했다. 이 시기 상주·문경·조령·예천을 답사하고 조령 탐방 기행문을 연재했다.

10월에는 『조선지광』에 「소위 지방열단체 문제」를, 『조선일보』에 「농민노동도의 수립」, 「금년의 민중교양운동」, 「최육당의 백두산근참기를 읽음」을 기고했으며 신간회 고성지회·진주지회·함양지회·하

동지회 설립대회에 참석했다. 11월에는 신간회 인천지회·평북 곽산
지회·평북 용천지회 설립대회에 참석했다. 12월에는 신간회 경성지
회 주최 강연회에 참석하고 재만동포옹호동맹 위원장으로 선임되어
이리·군산·강경 등을 방문하고 연말에는 중국 안동현을 방문하는
등 바쁜 일정을 보냈다.

제 2 장
1927년

■ 1927년

○ 1927년 1월 1일 오뇌(懊惱)로부터 투쟁(鬪爭)에

『조선일보』에 신년을 맞아 「장지익신(壯志益新)한 우일년(又一年), 오뇌(懊惱)로부터 투쟁(鬪爭)에」라는 제목으로 사설을 썼다. 신간회 (新幹會) 창립을 눈앞에 두고 타협적 태도를 버리고 선구자적 태도 와 투쟁적 자세를 가질 것을 역설하고 있다.

반동(反動)의 최중(最中)의 신일년(新一年)! 이것은 1926년을 맞이하는 작년 오늘의 감상이었다. 백열(白熱) 그러나 엄숙(嚴 肅)한! 이는 반동의 최중의 새날을 맞이하는 사람으로서 오뇌(懊 惱)[1]와 함께 부르짖는 소리였다. 닥쳐오는 도도한 물결을 정면 으로 받으면서 착란(攪亂)과 패퇴(敗退)의 서막을 예기(預期)하 는 반동 최중의 신일년은 비상한 오뇌로 하지 아니할 수 없었다.
그러나 오뇌 중에 맞이한 1926년은 이제 또 과거에 부쳐버렸 다. 그리하여 평범한 1926년은 지나버렸다. 1927년의 첫날은 또 우리에게 왔다. 우리들 이천이백만 조선인 대중은 무엇으로 이 신년을 맞이할까? 오뇌(懊惱)의 속에서 부르짖던 우리들은 비분(悲憤)과 감상(感傷)이 아무 의의와 가치없는 것을 다시 한 번 의식하면서 다만 더욱 새로운 큰뜻으로 투쟁의 길을 떠날 수 밖에 없다.
그렇다 투쟁(鬪爭)! 영원한 투쟁의 의의 깊은 제1진(第一陣)의 길로! 1926년은 평범하였다. 평범하지 아니할 수 없었다. 억압

---

1) 뉘우쳐 한탄하고 번뇌함

의 검은손이 온 세상에 남기지 아니하려는 것과 같이 하늘 아래 버둥대고 악다귀하는 피압박 민중의 운명은 결국 평범을 깨뜨리는 듯 평범으로 끝맺게 되었다. 그러나 우리들은 안다. 선구자, 투쟁자의 세계에는 오직 연장(延長)된 전선(戰線)이 전개된 광야(曠野)의 위에 있는 것을 볼뿐이다. 일진일퇴가 그 책전(策戰)의 연쇄(連鎖)는 될지언정 그들의 신성하고 엄숙한 사명은 오직 최대의 역량을 발휘하여 적진으로 돌진하는 그것이다.

승리의 날이 오기까지 휴식을 생각할 수 없는 것은 차치하고 각 개인의 정열의 불꽃이 그의 슬어지지 아니한 생명의 지속과 함께하는 동안에는 드디어 편안할 수 없는 것이다. 그것은 존귀한 가치론적 의의로써 생존은 즉 향상을 의미함이고 향상은 반드시 투쟁을 동반하지 아니할 수 없는 인간세상 현실의 요구에 인함이다.

우리는 감각(感覺)한다. 그러므로 우리는 알지 아니할 수 없다. 우리는 안다. 그러므로 투쟁하지 아니할 수 없다. 우리는 투쟁한다. 그러므로 최선으로 또 최대한의 힘으로 투쟁하지 아니할 수 없다. 1927년이 오느냐? 오뇌(懊惱)에서 일어서는 우리는 오직 한길로 돌진하지 아니할 수 없다. 보아라 광야(曠野)에 널린 대중은 지금 회의와 절망의 운무(雲霧) 가운데에서 한길로 광명을 찾지 않는가? 그들이 큰 가뭄에 운예(雲霓)[2]와 같이 그윽히 그러나 심각하게 기대하는 것은 마침내 무엇이냐?

세계는 반동 속에 들었다. 그러나 전세계 피압박 민중의 심각한 요구는 일찍이·멈춘 적이 없고 그 의기는 꺾인 적이 없었다. 한길의 광명은 의연히 근심과 한탄의 구렁에서 지배집단이 피워놓은 캄캄한 독무(毒霧)[3]의 틈으로 뚫고 솟는다. 조선인 대중의 운명도 오직 이와 같음이 있을 뿐이다. 모든 광야(曠野)를 덮고 있는 독무(毒霧) 속에는 그들 대중의 표현되지 않은 의욕과 투심

---

2) 구름과 무지개. 비가 올 징조
3) 몸에 해로운 안개

(闘心)이 천지 적막(寂寞)한 마음을 깨뜨리려는 듯이 한없는 번개불을 감추고 있다. 이는 선구자, 식자, 비평가와 일반 특권계급, 자본가 또는 통치당국 사람들까지도 허망한 비관이나 혹은 값싼 낙관을 허락하지 않는 일대 시대적 특징이다. 총명한 그리고 성실한 희생정신과 경건한 책임감이 있는 각방면 각계급 남녀들은 이것을 간과해서는 안된다. 우리는 특히 이를 표출해 천하 민중과 함께 예기한 신일년을 회한없이 맞이하지 아니할 수 없다.

자본주의의 안정을 부르짖는 세계의 정국은 아직도 평범을 지속할 것이다. 조선의 신일년도 또 평범하다 할 것이다. 그러나 시국의 발전은 차차 그 당연한 순서를 발현하려 한다. 모든 역사적 계단이 오직 조선인이 제외됨을 허락하지 않는다고 할진대 우리는 모든 닥쳐올 역사적 필연을 회피하거나 두려워해서는 안된다.

우리는 죽고 삶이 인생 필연의 운명인 것을 알고 거기에 따르는 것과 같이 모든 닥쳐오는 역사적 서막에 대하여 태연하고 숙연하게 미리 생각한 각오로 맞이해야 한다. 한편으로 통치계급의 사람들이 준비하는 서곡을 들으면서 광야에서 내달리는 대중의 추세도 주의해야 한다. 아니 자연생장에 추종하기 쉬운 대중 속에 서서 그의 앞에 서서 항상 선구자적 목적의식 그것을 표시해야 한다. 그리하여 우경(右傾)[4]과 타락(墮落)을 방지하면서 마지막 날까지 전진해야 한다. 타협(妥協)이냐? 그 타협(妥協)이냐? 우리는 너를 사랑할 수 없다. 1927년아 ! 우리들은 그대에 아첨하지 않는다. 그러나 그대를 거져 보낼수 없다. 보라 천하의 민중아 이 장지익신(壯志益新)[5]한 또 일년을 장차 어떻게 보내볼까?(『조선일보』, 1926년 1월 1일, 1면 3단).

---

4) 일제에 대한 타협주의적 태도
5) 큰 뜻을 새로 더하는

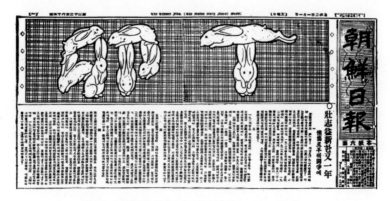

〈사진 1〉 안재홍 신년 사설 (『조선일보』 1927. 1. 1)

○ 1927년 1월 새해를 맞이하는 소감

『별건곤』 1월호에 「연두감(年頭感)」이라는 제목으로 새해의 소감을
밝히고 있다. 새해에는 조선 현실에 대한 토론과 연구가 필요함을 강조
하고 있다.

1. 지금까지 우리가 주장하고 논평한 바는 대개가 추상적 원
   리론이여서 막연하게 세계적·인류적으로만 무엇이나 말하
   고 운동하였지만 앞으로는 각론적으로 조선의 현실문제와
   실제 사정에 나아가서 토론하고 연구하는 바가 있을 것.

2. 실제의 현상이 아무리 파멸의 지경에 있고 비참한 처지에 있
   더라도 우리는 입이나 붓으로는 다만 애상적 비명(哀傷的 悲
   鳴)의 소리만 내지말고 좀더 힘있게 싸워 나갈만한 용기가 나
   도록 격려할 것이요 그렇게 하려하면 모든 것이 근본 문제로
   돌아가고 말겠지만 그것은 여기서 말하기를 피하겠습니다.

조선일보사 안재홍(『별건곤』 3호, 1927년 1월호).

○ 1927년 1월 1일 여류명사 가정문제합평회

『조선일보』 주최 '여류명사 가정문제합평회'에 참석 대담 사회를 맡았고 의식주 등 가정문제 관련 개선 의견에 대해 토론했다.

참석자
한기악, 김준연, 신알벳트, 손영규, 류영준, 김활란, 길정희, 조경희, 박성환, 현덕신, 김영순, 이현경, 김전주, 김선, 박경식, 안수경, 최은희, 권지자, 박흥순, 김미리사, 유각경, 이덕요, 김애식, 성의경, 홍에스더, 방신영, 김순북, 김순영, 임순문

주제
의복·주택·음식·결혼·연애·육아·문제를 어떻게 할까?

질문: 안재홍
1) 한 가족이 한자리에서 식사를 하려면, 어떠한 방식을 취하여야 되겠습니까.
2) 지금 우리 조선에서는 장류나 김치 같은 것을 집집에서 만들게 되니까 부인네들의 향상될 시간이 더없는 듯한데 어떻게 공동으로 만들게 되면 좋겠습니까?
3) 위생적 견지로 보아서 음식에 대한 의견이 없으십니까?

답: 유영준
첫째, 한 그릇 음식을 여럿이 함께 먹는 것이 나쁘지요. 일본에서도 병균을 많이 매개하는 것은 소바집 같은 음식집입니다. 이것은 소득이 충분치 못한 까닭입니다. 그리고 서울 사람들의 먹는 숭늉을 보면 그 온도가 미생물이 번식하기에 가장 적당한 것을 그대로 먹습니다.

〈사진 2〉 여류명사 가정문제 합평회 (『조선일보』 1927. 1. 1)

질문 : 안재홍

4) 조선 주택은 살림하는 데 적당치 못한 듯합니다. 어떻게 개
   량할 필요가 없을까요.

답 : 방신영

우리 주택은 쓸모가 적어요. 집안에서 방과 방의 교통도 좋지
못할 뿐 아니라 부엌에만 내려가려고 해도 신을 신어야 가게 되
고 더구나 변소는 훨씬 떨어져 있어 여러 가지로 불편한 점이 많
습니다.

답 : 김준연

독일서는 주부가 특별히 밖에 나가지 아니하고 음식이나 빨래를
한곳에서 하게 되는 까닭에 시간이 퍽 경제가 되고 편리합니다.

답 : 김애식

그리고 조선 사람은 농이니 장이니 하고 세간을 너무 많이 벌
여 놓고 살아서 이사할 때 큰 곤란을 당합니다. 찬장 같은 것까
지라도 모두 붙박이로 만들고 다락, 벽장, 골방 같은 것을 많이
만들어서 무슨 물건이든지 그대로 집어 넣고 쓰면 여러 지점으
로 보아 대단히 편리할 것입니다. 우리 집에서는 그만 것은 다
실행합니다(『조선일보』, 1927년 1월 1일, 5면).

○ 1927년 1월 2일 결혼과 연애

질문 : 안재홍

5) 일반적 문제는 그만두고 결혼 문제와 연애 문제에 관하여
   어떻게 생각하십니까?

답 : 이덕요

결혼 후에 연애가 변하는 것은 남자의 횡포에 있는 줄 생각합

니다. 부부가 서로 이해를 가지고 또한 장점만 보고 살면 아무 문제가 없을 것이올시다. 남자들은 인습을 벗지 못하였던 때는 무리하게 여자를 시키려는 적이 있습니다. 그리고 나중에는 잘 못하였다는 말을 합니다.

답: 성의경

남자들이 아주 그렇게 얼른 사과를 해요.

답: 안재홍

그것은 비겁한 남성인 게지요.

답: 성의경

선생은 부인께 사과합니까?

답: 안재홍

나는 합니다.

질문: 현덕신

여학교에서 성교육을 시킬 필요가 없을까요?

답: 길정희

위험합니다. 폐단이 많이 생겨 연애도 안 되고 성 해방도 안 될 것 같습니다.

답: 안재홍

결국은 알고야 말 것이니까 여자고등보통학교 상급 시대쯤 되면 다소간 시키는 것이 필요하겠지요.

답: 김준연

그런데 반동적 경향이 있는 수가 있습니다. 술을 많이 먹고 난봉을 몹시 부리는 이의 자식이 의외로 술도 안 먹고 단정한 예를 많이 보았습니다.

답 : 안재홍

그것은 그렇지만 부부간에 불화하면 아이들이 부모를 신용하
지 않습니다.

(『조선일보』, 1927년 1월 2일, 5면).

○ 1927년 1월 5일 전환기의 조선

『조선일보』에 「전환기의 조선」이라는 제목으로 글을 썼다. 일제의
동화주의를 비판하고 우경화·타협적 태도에 대해 비판하고 있다.

전환기에 들어간 현하 조선에 관해 다시 범론적(汎論的) 서술
이 필요하지 않다. 이것은 만인이 의식한 바이고 더욱이 논객과
선구자들의 토의가 왕성하던 바인 까닭이다. 그러나 조선의 문
제가 현안(懸案)으로 된 지 오래되었지만 통치계급의 사람들은
아직도 퍽 조선에 관하여 등한(等閑)하고 따라서 천박한 지식밖
에는 가지지 아니 한 모양이다. 저들이 조선문제에 관해 쉽게 손
을 대지 않는 것은 그만큼 중대시(重大視)하는 증거라는 것을 우
리가 일찍이 지적했거니와 저들 사이에는 조선에 관해 등한하고
무지식한 사람이 의외로 많다고 할 것이다.

지금까지도 오히려 내지연장주의(內地延長主義) 식의 동화정
책(同化政策)을 꿈꾸고 적더라도 조선인의 선량한 일본인화의
지지부진함을 이상하게 여기며 이를 개탄함을 보는 것이라든지
혹은 조선인의 민족적 해방 요구를 전혀 영원한 몽상같이 보고
있는 것 같은 것은 모두 명백한 실례로 손가락을 꼽을 바이다.
이러한 조건하에서 결정되는 조선의 정치적·사회적 전환은 저
절로 독특한 시대상을 가질 것이 너무 분명한 바이다.

우리는 일찍이 조선 금후의 정치적 추세를 논한 바 있었다. 그
것은 세속의 이른바 대언장담(大言壯談)을 시험하고자 함은 아

니다. 이미 사회진화의 필연성을 믿을진대 조선의 정치적 형세가 저절로 소위 타협적·우경화 세력의 출현이 조만간 있을 것이요 하물며 통치계급의 사람들이 힘들여 준비하는 어떠한 희곡(戱曲)이 이에 호응하는 일부 사녀(士女)들을 끌어내는 바있다 할진대 금후 조선의 정치적 추세는 다만 혼란하다는 것보다는 도리어 경계가 선명하여질 미래를 가지고 있다 할 것이다. 우리는 그 선악(善惡)을 고조(高調)하는 것보다는 차라리 그 승패에 주력하는 것이 보다 더 시대적 요구에 타당한 것을 믿는다. 다만 승리를 요하는 것은 곧 악(惡)에 대한 선(善)의 옹호를 의미함인 것은 명백한 바이다.

흠정헌법(欽定憲法)은 투쟁의 결과로 획득한 그것과는 퍽 다르다는 주장을 우리들은 많이 들어서 안다. 조선 금후의 타협운동이 또한 흠정적(欽定的)[6] 혹은 관조적(官造的) 운동으로 될 운명하에 있는 것을 식자들은 간과해서는 안 된다. 여기에 관해서는 자세한 비평은 그만둔다. 장래 조선의 타협운동이란 것이 소위 민중의 자연생장에 의한 양보적 태도로 필연적 산물이기 보다는 통치계급 사람들의 장래에 대한 심모원려(深謀遠慮)에서 나온 독특한 희곡(戱曲)인 것을 생각하면 그것의 정치적 가치를 멸시할 뿐 아니라 대중을 타락에 끌어넣을 위험성이 한층 크다고 할 수밖에 없고 그에 대한 선구자적 투쟁이 또한 절실하게 요구됨을 단언하지 아니 할 수 없다.

우리는 현명한 고찰을 요한다. 물질적 고압의 정책을 금성철벽(金城鐵壁)처럼 믿고 조선인의 민족적 큰 바램을 너무 가볍게 보는 저들의 견해는 근본적으로 틀렸다. 이는 물질 정책을 지지한 자가 물질 정책에 포로가 되는 것을 깨달을 필요가 있다. 그리고 만일 통치계급이 준비하는 희곡에 응해 춤추기를 결심하는 사람들이 있다하면 그것은 대중의 부르짖음과는 매우 동떨어진

---

6) 황제가 주도해 제도나 법률을 제정하는

기형적 사생아가 될 것을 믿어야 한다.

　더욱이 이에 대한 좌익 각파의 임무는 다만 공리적 방관의 태도로 점진적 수익을 헤아림으로써 충분한 것이 아니다. 더욱더욱 그 계급적 입장에서 출발한 좌익적 임무를 다해 통치계급 사람들에게 쉴새없는 충격을 줄 뿐아니라 대중의 타락 또는 부패를 방지하고 반발적(反撥的) 전진을 지속하도록 해야 할 것이다. 무엇보다도 필요한 것은 조직적인 일정한 운동이 대중으로 하여금 항상 목표의식에 의해 움직이고 될 수 있도록 하는 것이다. 훈련으로 전환기의 조선은 비로소 의미가 있는 것이다(『조선일보』, 1927년 1월 5일, 1면 1단).

○ 1927년 1월 5일 조선신문의 역사

『조선일보』에 「조선신문사론 1, 2」를 연재했다. 신문을 인류생활의 기록과 서술의 가장 진보한 방식으로 평가하고 있다.

　기록과 서술이 있어온 후로 인문의 진보로 인하여 괄목할 바 있었고 제지의 업과 인쇄술이 아울러 발달되어 각계급의 사람들이 모두 읽고 보는 편의를 얻게 됨에 미쳐서 인문의 발달은 비로소 소위 장족의 진보를 이루었다. 만일 통신망과 윤전기가 민속한 활판구성의 기술을 이용하고 신문의 발행이 일일 수십만부씩을 계산하게 됨에 미쳐서는 천하의 이목이 각각으로 새롭고 그 문화발전에 주는 바 영향도 이미 옛날의 비할 바 아니라 할 것이다.

　신문이란 자는 인류생활의 기록과 서술의 가장 진보된 방식이요 또 민중화한 최대의 기관인 것을! 그러면 이 가장 진보된 방식과 최대한 위력을 가진 민중화한 기관으로서의 신문은 그의 사회민중에게 관계되는 바 자못 중대하다할 것이다. 이에 조선

신문의 역사를 서술하니 그 동기 또한 이러함 때문이다. 세계 신문지의 기원이 모두 관보(官報)에 있었던 것은 사실이 증명하는 바이다. 작년 가을 본사 신축 낙성기념의 때에 최육당씨가 이를 서술했다. '조보·신문·신보'의 명칭이 송대를 통하여 각종 서적에 나타났으니 중국에 있어서의 신문의 역사는 그 유래가 자못 오랜 것이고 서양에서는 로마시대의 관보의 발행으로 남상(濫觴)[7]한 신문이 16세기 이후에 이르러 차차 번성하였다.

조선의 신문도 관보로써 비롯하니 중국의 저보와 한 가지인 『기별』이란 자이고 고종 20년 계미 10월 1일에 박문국의 신설과 함께 간행된 『한성순보』는 근대식인 신문의 대표적인 자이다. 선조 11년 무인(戊寅)(1578년)에 일정한 직업 없이 놀고 있는 사람들이 정부의 허가를 얻어서 조보(朝報)를 인쇄·발행하여 팔아서 자생하다가 행한지 수개월에 임금이 그 소식을 듣고 크게 화내 귀양을 보냈다 하니 이것이 내가 아는 바 조선 신문 발행의 효시이라 할 터이다. 다만 이는 일시적 일이었고 중단된 지 수백 년에 다시 계속이 없었으며 지금에 그 문헌을 얻을 수 없으니 박문국의 설치와 함께 생겨난 한성순보(漢城旬報)가 그 대표적인 자라 아니할 수 없다.

한성순보(漢城旬報)는 명칭과 같이 10일에 1차례씩 간행하니 국내의 기사로서 임금의 조서(詔書), 의정부 이하 각부 아문(衙門), 감사(監司)와 감리(監理), 기타 군민장관(軍民長官)들의 장계(狀啓)와 경향잡보(京鄉雜報)를 실었다. 또한 일상생활에 수용(需用)되는 시장물가를 알렸으며 동서 각 부주(部洲)와 내외제국(內外諸國)의 소식을 게재하였다. 그는 물론 순한문이었고 중요한 기사는 대부분이 평론체였다.

관보(官報) 본위로 된 당시의 신문은 엄격한 의미로 보아서 현대식의 신문이라 하기 보다는 차라리 관보 본위의 잡지로 보는

---

7) 최초. 처음

것이 좋겠다. 그리고 지면을 통하여 나타나는 당시의 시대상도 오늘날로 보아서 퍽 흥미가 많은 바가 있다(『조선일보』, 1927년 1월 5일, 4면).

○ 1927년 1월 8일 재불동포의 금석(今昔) 1

프랑스에 유학중인 화가 이종우(李鍾禹)가 「재불동포의 금석(상)」이라는 글을 『조선일보』에 보내왔다. 이종우는 한국인 최초로 유럽에 유학을 간 화가로 1925년 8월 14일 민세의 동생 안재학과 함께 일본 고베에서 유럽으로 유학 가는 배를 함께 타기도 했다.

파리에서 이종우

민세형!

여러번 귀지(貴紙)의 지면을 허락하시고 투고를 권하시오니 한편 감사하오며 한편 호의에 응하지 못하였음을 미안하게 생각합니다. 아우가 파리에 온 지도 말하자면 벌써 일년이라는 긴 세월이 지났습니다. 그리고 보니 언어불통(言語不通)이라는 변변치 못한 구실만 말씀드리기도 미안한 일이오 파리를 전혀 모른다기도 좀 부끄러운 일인데다가 무슨 은택(恩澤)을 입었든지 분위기 다른 세계를 구경하게 된 나 자신도 나와 같은 기회를 가지지 못하신 우리 동포(同胞)에게 될 수만 있으면 한 가지 사실이라도 더 소개함이 무의미할 것도 아니며 또 동포된 도리라고도 생각하오니 어디로 살피나 무엇이든지 그 중 필요하다는 것 한 가지라도 쓰기는 하여야 할 것을 잊지는 않았습니다.

그런데 나는 파리가 세계미술연구의 중심지라 하여 이곳으로 미술을 공부하러 온 것인즉 무엇보다 이방면에 주력할 것이며 따라서 미술계에 관한 소개가 나의 먼저 할 일로 믿습니다만, 유감(遺憾)이지만 이 미술의 대해(大海)를 소개하기는 아직 모르는 것이 너무 많아 용기가 나지 않습니다. 정중지와(井中之蛙)[8]가 대해(大海)에 나온 격(格)이라고나 할가요?

파리에 진(陣)을 치고있는 11만 수천의 화가 중에 나의 존재 (存在)기 없음을 한(恨)하는 동시에 타민족들에 비하여 우리 조선민족의 존재 또한 그러함을 느끼는 나의 심사(心思) 저으기 쓸쓸합니다.

그러나 노력은 결과를 가져오고야 만다라는 신념은 잃지 않기 때문에 끝까지 노력하려합니다. 그리고 좀 더 배운 후에 이 방면 소개는 시도하려 하오며 이번에는 이곳 동포들의 정황이나 아는 대로 적어 볼까합니다. 무엇보다 먼저 미안하게 생각하는 것은 프랑스 안에 있는 동포들을 일일이 찾아뵙지 못한 사실입니다. 연구하는 방면의 다른 관계, 주소가 떨어진 관계 또는 피차 맡은 일에 바쁜 관계 등 원인이 있는 것도 아니나 어쨌든 고국산천을 떠나 수만리 이역(異域)에 외로운 나그네가 된 우리들이 일일이 대면하여 위안을 받지 못함이 어찌 사리에 당연하다 하오리까!

이제까지 나는 사십 여(그 중 8~9분은 파리 시내에 거주) 분이나 된다는 동포 중에 반수밖에 만나보지 못하야 서운하고도 미안합니다. 그런데 나는 이상 말씀한 40여 명 동포를 편의상 하나, 노동하는 동포, 둘, 공부하는 동포의 두 종류로 나누어 소개하려합니다. 편의상이라 말씀함은 재학중의 학생들도 4~5인을 제외한 모두 노동하여 고학(苦學)들을 하는터이므로 어떤 의미로는 모두 노동자라고 볼 수도 있는 까닭이올시다.

하나, 노동하는 동포

들건대 지금으로부터 6년 전에 러시아로부터 북해(北海)를 지나 40명 가량의 동포가 파리로 왔다고 합니다. 그때 그들은 여비휴대도 넉넉지 못한데다가 언어도 불통(不通)하였고 외국여행

---

8) 우물안의 개구리

에 필수조건인 여행권(旅行券)까지 불완전 혹은 전무하니 파리까지 오느라니 고생이 어떠하였겠습니까! 우리 조선사람들은 누구나 추측할 수 있을것입니다.

그이들은 지하전차 정차장 혹은 길거리 벤치에서 몇날 밤을 보냈답니다. 그러다가 우리○○운동의 선전기관이던 파리위원부(巴里委員部)를 짓게되었고 위원장 김규식(金奎植) 박사 이외 여러 사람들의 주선으로 프랑스에 거류허가를 얻게되고 노동하는 자리를 얻게되었다 하는데 여기에 한가지 특기(特記)하려는 것은 그이들은 매일 14~5 프랑의 일급(日給)을 받았음으로 숙식이나 겨우 하게되었는데 매사람당 매월 50프랑씩 총 2,000천 프랑(400원 가량)씩을 위원부 유지비로 내놓았다는 사실이올시다.

그때 그이들은 외치기를 "40명의 조선 생영(生靈)의 일단(一團)이 위원부 사무소 월세도 부담 못하고야 내가 조선사람이란 말을 어찌하겠느냐" 운운(云云)이라고! 그러고 그이들은 2개년 이상이나 위원부(委員部)가 존재하는 동안 끝까지 그 약속을 이행하였다 합니다. 나는 어떤 친속(親屬)[9]에게서 이 옛이야기 같은 것을 들을 때에 가슴이 답답함을 깨달았고 한번 마음을 모아 우리 조선내지(朝鮮內地)를 살펴보았습니다.

그 충실하고 사랑스러운 동포들은 지금은 파리 혹은 지방에 산재하여 공장에서 혹은 사가(私家)에서 피땀을 흘려 그날그날을 지내간다 합니다. 그중에는 순 조선가정(朝鮮家庭)이 한집 있는데 자녀들도 있어 모두 학교에 다닌다 하오며 그 외 프랑스 여자와 결혼하여 아들딸 낳고 가정생활에 재미를 보는 이도 4~5인뿐인 합니다. 그이들에게 관하여 또 한가지 재미스럽고 반가운 사실이 있습니다. 이 나라에는 중국노동자, 그 유럽 각국 노동자들도 물론 많습니다.

---

9) 친족(親族)

한데 그중 우리 동포들은 남달리 우대(優待)를 받고 신용을 얻는다 합니다 그래서 공장에서도 그러하거니와 사가(私家)에서는 더구나 한 번만 고용하여 본 경험이 있으면 언제나 꼬레앙(Corieen)을 환영한다 하며 어떤 지방에서는 수천인의 외국인이 같은 공장에서 일을 하는데 우리 동포들도 10여 명이 있다하며 중국노동자도 혹은 고학생(苦學生)도 다수가 있었다 합니다. 그런데 그 국민들은 우리동포들에게는 사가(私家)의 한칸이나 여관(旅館)의 방 하나를 빌려주며 교제(交際)도 하나 다른 외국노동자들은 불결하고 방탕(放蕩)하다는 여러 이유로 거절하므로 자유민(自由民)인 중국학생들은 우리동포에게 요청하여 조선사람이란 명의(名義)로 프랑스 가정에 머무르게 된 이도 한두 사람이 아니라 합니다. 무슨 까닭이겠습니까? 그이들은 언제나 "나는 조선사람이다. 그러니 내가 살못하는 일이 있으면 조선민족의 수치(羞恥)이다"하는 의식을 가지고 사는 까닭이라고 믿습니다(『조선일보』, 1927년 1월 8일, 4면).

○ 1927년 1월 9일 재불동포의 금석(今昔) 2

『조선일보』에 프랑스에 유학중인 화가 이종우(李鍾禹)가 「재불동포의 금석(今昔)(하)」라는 글을 썼다.

　둘, 공부하는 동포(同胞)

　이들 중에는 본국서 직접 혹은 상해(上海)에서 연학(硏學)을 목적하고 온 이들도 있고 독일이나 영국에서 공부하다가 이곳으로 와서 학업을 계속하는 이도 있어 전부 20명 가량이온대 그중 대학에 학적(學籍)을 가진 이는 파리대학에 법과 5인(그 중 1인 박사과, 철학과 1인, 문과 1인, 수학과 2인이고), 사립정치대학에 1인 합해서 9인이라합니다. 그 외에는 아직 어학을 준비하는 이도 있고 혹은 입학할 실력도 상당하나 노동하느라고 시간없이 통학을 못하고 틈을 타서 독서나 하는 보기에 답답한 사실도 많습니다.

현재 대학에 재학중인 학생중에도 2~3인을 제외하고는 모두 노동하며 여가에 통학들을 하는 것이올시다. 그렇다고 이 고학(苦學)을 오해하여서는 아니됩니다. 다시말하면 이나라에서의 고학은 이방면 형편을 잘 아는 이라고 상상하기 어렵습니다. 내가 들어 아는 미국(米國) 같은 데서 고학한다는 것과는 비교해 말할 수도 없고 일본서 고학한다는 것도 오히려 용이(容易)하다고 할 것입니다.

이 학우들중 거진 전부가 병원 혹은 사가(私家)에서 일을 하는데 좀 더 노골적으로 말하면 하인살이를 하는 것입니다. 이 나라의 하인살이란 우리 조선의 그것보다 좀더 심한 모양이올시다. 그들은 이따금 낮잠이라도 잘 시간이 있지않습니까? 이 나라 상전(上典)님들은 진정한 의미의 부르조아 생활을 하는 까닭에 눈코뜰 사이가 없다 합니다. 만일 하인이 일을 잘 하고 빨리하면 그럴수록 일할 재료를 더 만들어서라도 땀 한 방울이라도 더 흘리게 하려함이 그들의 심정이라는 것이 일반의 평이니 다소의 과장은 있을지는 모르나 대체로 그렇다고 보아서 틀림은 없을 것입니다.

그래서 매일 12시간 노동은 보통이요 14~15시간까지도 하게 되며 아니하면 굶어죽어야 된답니다. 그리고 월급은 350프랑 내지 400프랑(숙식 제하고)을 받는다는데 우리 돈으로 환산하면 20~30원은 되나 생활정도 고등(高等)한 이 나라에 그것이 무슨 힘을 쓰겠습니까? 이런 그 악한[10] 세상에서 시간을 얻어 통학하게 된 것은 주인들이 그이들의 열성에 감동되어 반일노동(半日

---

10) 모질고 사나운

勞働)을 허락한 까닭인 줄 믿습니다. 이만큼 말하면 이곳의 소식을 대강 짐작하실 것이니 이름에서 형설(螢雪)의 공(功)을 쌓는 우리 학우들의 정력과 의지를 감탄하여 존경을 표하지 않는 이가 어디있겠습니까

금년에 파리대학을 졸업하신 우리 학우가 3인이 있으니 철학과에 이정섭(李晶燮), 김법린(金法麟)[11] 두 분, 법과에 이득종(李得鍾) 씨가 그분들이외다. 그간 이정섭(李晶燮) 씨는 귀국하여 실지(實地)로 활약하는 중이며 이득종(李得鍾) 씨는 동대학 박사과에 계속 재학중이고 김법린(金法麟) 씨는 연학(研學)을 계속할 학자금이 없어서 분야가 다른 은행에 취직하여 생계를 하며 독서를 하는 터이나 시간의 여유가 없어 내년에 귀국한다는 소문이 있습니다.

그런데 이 학우는 파리에서 고학으로 성공한 첫 조선인일 뿐만 아니라 비상한 정력의 소유자이며 또 드러난 독서가라고 그이를 아는 이는 모두 칭찬을 합니다. 그러나 나는 그이를 2~3차례 밖에 대면할 기회를 가지지 못하여 상세히 소개를 못함은 매우 유감(遺憾)이며 내가 분명히 들은 한 가지 사실은 아래와 같습니다. 그이는 이번에 학교에서 요구하는 시험과목 외에 한 과목을 더 수험(受驗)하였는데 본래 어려운 과목이라 하여 수험자가 전부 5인 밖에 없었다 하며 그 중 4인의 프랑스 학생은 모두 낙제(落第)를 하였으나 그이만은 급제(及第)를 하여 교수를 놀라게 하였다 하니 우리 조선학생계(朝鮮學生界)를 위하여 이 아니 반가운 소식입니까? 지금 학자금 관계로 귀국한다는 소문이 있으니 귀국하여서라도 만난(萬難)에 굴(屈)함이 없이 우리 민족을 위하여 다대(多大)한 활동이 있을 것을 믿으며 축원하여 마지않습니다.

끝으로 프랑스의 생활비를 소개함이 장차 프랑스 유학을 오시

---

11) 김법린(金法麟)(1989~1964) 경북 영천 출신. 프랑스 소르본대 졸업. 조선어학회 사건으로 수난을 당했으며 해방 후 문교부 장관을 역임했다.

려는 우리 학우들을 위하여 아주 무의미할 것도 아닐까 합니다.
그러나 프랑스 화의 시세변동이 너무나 심하여 지난 7월경에는
영국 1파운드로 245프랑을 교환할 수가 있는 것이 오늘 프랑스
화가 그 배 이상이나 강세라 1파운드에 120프랑이 되었으며 내
일은 또 어찌될 것을 모르는 터이며 물가는 프랑스 화 폭락 시에
올라간 대로 내려올 줄을 모르니 이런 때에 매월 학자금은 얼마
가 필요하다고 책임지고 말하기는 매우 어려운 일이겠습니다.

그러나 지금 시세를 표준으로 하여가지고 검약(儉約)에 검약
을 더해 고학생학우들과 같은 모양으로 학교통학이나 하고 도서
관 생활이나 하며 지내려면 최소한도로 매월 100원 만으로는 정
신과학을 공부할 수 있을 듯하며 미술같은 것은 여러 종류의 재
료를 부담하는 까닭에 최소한도로 150원 아니가지고는 어찌할
수가 없습니다. 그러나 보통 학생생활로는 200원 내지 250원은
필요하겠다고 생각합니다. 새해부터는 우리사회의 등대(燈臺)인
귀보(貴報)의 더욱 큰발전을 축원합니다(1926년 12월 8일)

(『조선일보』, 1927년 1월 9일, 4면).

O 1927년 1월 9일 조선신문사론(朝鮮新聞史論)

『조선일보』에 「조선신문사론 3」을 연재했다.

황성신문(皇城新聞)은 광무(光武) 2년 3월 8일로 발행이 인가
되어 같은 해 9월 5일에 창간되었으니 독립신문(獨立新聞)보다
늦기가 28개월 약 2년 반의 뒤이다. 황성·제국(皇城帝國)의
두 신문과 앞뒤하여 매일신문이 순국문(純國文)으로 발행된 사
실이 있었다.

건양원년(建陽元年)으로부터 발행된 독립신문(獨立新聞)은 이
듬해인 광무원년(光武元年)으로 약 2개년 동안이나 거의 독무대

에 놓고 있어서 같은 시기 신문의 으뜸이 된 사정은 일찍이 서술한 바이다. 그 창간호(創刊號)로부터 시작한 정열적이고 광구적(匡救的)[12]인 논조는 저절로 독특한 시대의식을 표현한 바 있음을 보게한다. 그러나 황성(皇城)과 제국(帝國)이 아울러 나오고 매일신문이 또 전후하여 나옴에 미쳐서 당시 한성(漢城)에는 5개의 신문이 동시에 간행되었고 언론으로도 꽤 번창함을 드러냈다.

독립신문 창간호 잡보란(雜報欄)에 의하면 건양원년(建陽元年) 병신(丙申) 당시 러시아황제 니콜라이 2세 대관식(戴冠式)을 축하하고자 고(故) 충정공(忠正公) 민영환(閔泳煥) 씨와 수행원 윤치호(尹致昊)·김득연(金得年) 등 여러 사람이 상트페테르부르크로 떠난 것을 게재하였고 독립신문(獨立新聞)은 그의 유력한 창립자의 한 사람인 서재필(徐載弼) 씨 주재 아래에 간행되었다. 앞서 서술한 바와 같이 서씨는 당시 이미 미국(米國)의 한 시민으로서 조선정부에는 외신(外臣)의 대우를 받고 치외법권을 누리고 있음으로 일신(一身)의 안전이 믿음직하였고 그의 명의로 발행되고 그의 주재(主宰)로 발표되는 언론은 스스로 거리낌이 적게 되었으니 이는 독립신문(獨立新聞)이 남다른 신인적(新人的) 견식(見識)만 가졌을 뿐 아니라 광구적(匡救的) 정열(情熱)이 장애(障碍) 없이 표현된 바이다.

그러나 당시의 조선정국은 결코 평순(平順)하지 못하여서 종종의 파란이 궁정(宮庭)의 논모(論謀)를 중심(中心)으로 일어나게 되었다. 민영환(閔泳煥) 씨가 러시아행을 할 때에는 같은 취의(趣意)로 일본(日本)에서는 산현유붕(山縣有朋)이 가고, 청국(淸國)에서는 이홍장(李鴻章)이 갔다. 이 음험노회(陰險老獪)한 물건들이 대관식(戴冠式) 축하를 핑계로 멀리 상트페테르부르크까지 가는데에는 스스로 가지가지의 꿍꿍이속이 있었고 이홍장(李鴻章)의 우물거리는 끝에는 러시아·독일·프랑스 3국으로 하

---

12) 잘못된 것을 바로 잡음

여금 요동반도를 청나라에 돌려주라는 세간 소위 삼국간섭(三國干涉)이라는 큰 사건이 생겨서 일본은 일청전쟁(日淸戰爭)의 대수확(大收獲)을 뱉어놓게 되었고 러시아의 남하정책은 갈수록 노골화해 조그마한 한성(漢城)의 정국에는 친로당(親露黨)의 세력이 차차 발호(跋扈)하는 시기로 들어갔다. 웨베르 공사(公使)의 뒤를 이어 한성(漢城)에 주재하게 된 스피어 러시아 공사(公使)는 온갖 음모와 횡포의 장본인(張本人)과 같이 되었다. 이에 따라 민권사상(民權思想)의 고취자인 동시에 애국사상과 민족사상의 선구자가 된 독립신문(獨立新聞)은 단연히 스피어를 중심으로 한 러시아의 대한정책(對韓政策)을 통렬히 공격한 바 있었다.

이것은 물론 무사하게 지나갈 수 없었다. 궁중음모의 한 장본인(張本人)이 된 스피어는 음(陰)으로 양(陽)으로 독립신문(獨立新聞)의 간행을 방해하고자 했고 동시에 그 책임자인 서재필(徐載弼) 씨에 대하여 철저한 배척운동을 개시(開始)하였다. 서씨로 하여금 만일 갑신(甲申) 당시의 조선인 서씨이었던들 그의 신상의 운명은 상상하기까지도 갈 것 없었다.

그러나 눈엣가시 같은 서씨는 이미 미합중국(米合衆國)의 한 시민이었다. 그러나 스피어의 음모는 마침 한국정부로 하여금 서씨의 고문(顧問) 직책을 내려놓게 하고 러시아에 좋게 미국으로 보내게 했다. 이것은 광무원년(光武元年) 겨울로부터 2년 봄까지의 일이었다고 생각된다. 서재필 씨를 잃어버린 독립신문(獨立新聞)은 스스로 이전의 특별한 저렴한 판매를 유지하기 곤란하게되었다. 이때 독립신문(獨立新聞)은 배재학당(培材學堂)의 창립자인 미국인 아펜젤라(Appenzeller) 씨를 발행인으로 비로소 윤치호(尹致昊) 씨를 주필(主筆)로서 발행을 계속하게 되었다.

그러나 광무 2년 당시에는 한국(韓國)의 정정(政情)이 평정을 깨뜨리는 때였다. 독립협회(獨立協會)의 활동은 바야흐로 뜨거워져서 군민동치(君民同治)의 소리가 높고 대한청년애국회(大韓靑年愛國會)의 명의(名義)로 시작한 동궁섭정(東宮攝政)·서정혁신(庶政革新)의 계획은 소위 무수옥사(戊戌獄事)라는 심상(尋常)치 아니한 파란을 일으켰다. 이 전후에 생겨난 궁정음모(宮庭陰謀)의 사생아인 보부상(褓負商) 단체 황국협회(皇國協會)와 독립협회(獨立協會)의 대립은 더욱 일반 인심을 혼란(混亂)하게 한 바 있는 때이니 각종 신문이 전후에 족출(簇出)[13]한 것은 또한 이러한 사태(事態)에 책응(策應)하는 바 있음이다. 무릇 이 시기로부터 광무(光武) 8~9년 일로전역(日露戰役)[14]의 시종(始終)과 보호조약(保護條約) 성립전후의 시기까지를 제2기의 말년으로 봄이 타당할것이다.

미국(米國)의 한 시민으로서 서재필(徐載弼) 씨가 간 후의 아펜젤라씨의 발행명의를 빌어서 독립신문(獨立新聞)은 발행은 계속되었다. 그러나 이것만으로는 이미 시대의 요구에 수응할 수 없음으로 다시 황성(皇城)이 나오고 또 제국(帝國)이 나왔다. 남궁억(南宮檍)·유근(柳瑾) 외 여러 사람을 중심으로 황성신문(皇城新聞)이 발행되고 이승만(李承晩)·이종일(李鍾一) 외 여러 사람을 중심으로 제국신문(帝國新聞)이 발행되었으니 그 수명이 길던 점으로 보든지 그 언론의 장중(莊重)한 바로 보든지 두 신문이 같은 시기 후년(後年)의 대표적인 지위에 있었다.

유근(柳瑾) 씨의 한학자적 필치와 이승만(李承晩) 씨의 신인적(新人的) 견식(見識)이 아울러 그 특색을 발휘하였고 황성(皇城)은 추후로 장지연(張志淵)·신채호(申采浩)·박은식(朴殷植) 등 여러 일대 거벽(巨擘)[15]들을 맞이하여 항상 참신한 필치를 지속하게 되었으니 이러한 것은 추후에 다시 논의하기로 하고 당시 각종신문에 나타나는 사회상과 시대상을 잠시 살펴보는 것이 또뺄 수 없는 순서이다.

독립신문(獨立新聞)의 사설란과 별보잡보(別報雜報) 등에는

---

13) 떼를 지어 잇달아 나옴.
14) 러일전쟁.
15) 학식이나 전문 분야에서 뛰어난 사람.

독립과 군민공치(君民共治)의 법에 대하여 항상 고취했으니 그 당시 대서양의 작은 섬들인 쿠바 인민의 독립운동이라든지 추후로 필리핀인의 독립전쟁(獨立戰爭)을 따라서 그 지도자 아기날도 장군의 활약소식을 부러운 듯이 소개한 것이라든지 안으로는 독립협회(獨立協會)의 운동——그의 정부와의 항쟁과 절충의 상황을 보도한 것 같은 것은 그 목표의 있는 바를 저절로 명료하게 함에 있다.

일거(一擧)의 비난을 받은 조병식(趙秉式)이 참정(參政)이 됨에 대하여 굴기(崛起)한 독립협회(獨立協會)의 규탄과 함께 반대의 선진(先陣)을 맡은 것 같은 것도 특히 눈에 띄는 것이라 하겠다. 요컨대 독립신문(獨立新聞)은 광무(光武) 2년 이후에 들어와서 많은 고난에 빠져 황국협회(皇國協會)의 발생과 독립협회(獨立協會)의 와해로 인하여 멀지않아 폐간되는 비운(悲運)을 보게 되었고 황성·제국(皇城帝國)의 시대라고 할만큼 하게되었다.

제국신문(帝國新聞)의 초기에는 그 논조와 기사가 독립신문(獨立新聞)과 비슷함을 인정하거니와 한가지 일화(逸話)는 제국의 주필(主筆)인 이승만(李承晚) 씨가 독립협회 사건으로 입옥(入獄) 생활을 하면서도 의연히 주필의 임무를 가졌다는 것이다. 이승만 씨의 옥중생활 중에는 다소 일화가 있고 『독립정신(獨立精神)』이란 저서가 있음을 아는 자 많거니와 좌우간에 옥중에 있어서 평론을 주재(主宰)하였다는 것이 한 기문(奇聞)이다. 다만 초기의 제국신문(帝國新聞)은 그 재료(材料)가 자못 결핍(缺乏)한 것이 유감(遺憾)이다. 『한성신보(漢城新報)』와 『매일신문』은 모두 특기할 바가 적고 전삼자(前三者)[16)로 이 시기(時期)의 대표적인 자를 지을 것은 앞서 서술한 바와 같다(『조선일보』, 1927년 1월 9일, 3면).

---

16) 독립신문, 황성신문, 제국신문.

○ 1927년 1월 17일 제2회 연합바자대회

『조선일보』에 「연합바자대회를 열면서」라는 글을 썼다. 1월 20일까지 4회 연재했다. 기술과 산업을 낮게 평가하는 현실을 비판하고 실용적이고 실제적인 자세의 중요성을 역설하고 있다.

바자(bazar)의 뜻에 관하여 이제 다시 길게 설명할 필요는 없는 줄 믿는다. 이는 새로이 설명하기까지도 갈 것 없이 세상 사람이 누구나 자세히 알 만큼 이 사이에는 여러 가지의 바자가 많이 있었던 까닭이다. 참으로 바자는 조선에 있어서 이미 통속화해 버렸다. 작년 이 때에 우리가 제1회 연합 바자를 열었고 금년 이때에 또 제2회 연합 바자를 열게 되니 이것은 이제 연중행사가 되어서 별로 새로운 흥미도 없는 양 하지마는 우리가 해마다 열지 아니하면 아니 될 만큼 이것을 같이 열게 되는 각 학교 스스로를 위하여서도 의의와 가치가 있는 것이요 또는 이것을 같이 맞이하게 되는 일반 공중에게도 흥미와 실익을 주는 줄 믿는다.

이즘에 조선에는 한 가지 새로운 기풍이 생겼으니 그것이 나타나는 방면을 따라서 각각 다른 방식으로 보이지마는 다른 가운데에도 한결같은 것은 무엇보다도 실제적으로 나아가야 하겠다는 것이다. 이것은 온갖 운동과 비평과 연구와 노력이 거의 다 똑같은 방향으로 나아가게 되는 이 시대의 중추 의식을 지은 것으로 보아도 좋을 것이다. 이러한 중추 의식은 마땅히 교육의 방면에까지 미쳐야 할 것이다. 조선에 있는 각 여학교를 아울러 연합 바자를 열게 되는 것은 오로지 이러한 취지에서 나온 것이다.

조선 사람은 기술과 산업을 허름하게 생각하는 나쁜 풍습이 있다. 가난한 가정에서는 얼마큼 덜한 편이지마는 좀 넉넉한 가정에서 자라난 사람들은 더욱 이러한 나쁜 풍습이 있다. 그러나 남자고 여자고 이 기술과 산업을 허름하게 생각하는 것은 크게는 한 나라와 한 사회도 해롭게 할 걱정이 있고 적게는 한 가정을 가난하게 할 걱정이 있다. 사람이 사람 노릇 하는 데에는 첫째 그 원만한 덕성이나 또는 고결한 인격에 있지마는 그 다음에는 모든 기술 중에 몇 가지 재주는 있어야 하고 따라서 산업에 관한 생각과 주의가 끊일새 없어야 할 것이다.

많은 사람이 생긴 대로 모두 기술자가 되고 산업가가 되어야 한다면 도리어 지나친 생각이겠지마는 많은 사람들이 필요한 정도까지는 기술에도 익숙하고 또 산업 사상과 그 식견을 가지고 있어야 할 것은 틀림없는 세상의 흐름이다. 그것은 사람들의 생활은 구름 위에 신선의 놀이가 아니요 땅 위의 백성들의 애씀으로 되게 된 까닭이다. 이러한 점으로 보아서 장래 사회 주인들의 반목을 차지하고 가정 살림의 주부 노릇 할 천연한 약속을 가지고 있는 여자 교육의 중추 기관이 되어 있는 각 고등 정도의 여학교 학생들과 함께 기술과 산업에 많은 관계를 가진 바자를 준비하고 또 열게 되는 것은 퍽 필요한 일이라고 아니 할 수 없다 (『조선일보』, 1927년 1월 17일, 3면).

○ 1927년 1월 20일 신간회 창립 발기인

『조선일보』에 민족협동전선 신간회(新幹會)가 2월 15일 창립하며 강령소개와 안재홍 등 발기인의 명단이 실렸다.

조선 민족의 정치적 의식이 각성됨을 따라 무슨 파가 암암리에 활동하느니 혹은 무슨 파가 단체적으로 결속하느니 하여 사회 각 방면에 여러 가지 풍설이 유행하는 것은 일반이 아는 바거니와 이제 순민족주의 단체로 신간회가 발기되어 눈앞에 창립 준비 중이라는데 그 회의 목표는 우경적 사상을 배척하고 민족주의 중의 좌익 전선을 형성하려는 것이라는데 조선에 있어서 어느 의미로 보든지 드물게 보는 회합이므로 각 방면의 영향이 크리라고 일반이

추측하는 바 그 회의 강령과 발기인의 씨명은 아래와 같다 하며
창립 총회는 2월 15일에 개최하리라고 한다.

강령
우리는 정치적·경제적 각성을 촉진함
우리는 단결을 공고히 함
우리는 기회주의를 일체 부인함

발기인 씨명 (가나다 순)
김명동 김준연 권동진 정재용 정태석 이갑성 이관용 이석훈
이승복 이정 문일평 박동완 박래홍 백관수 신석우 신채호 안재
홍 장지영 조만식 최선익 최원순 하재화 한기악 한용운 한위건
홍명희 홍성희
(『조선일보』, 1927년 1월 20일, 2면).

○ 1927년 1월 20일 신간회의 창립준비

『조선일보』에 「신간회의 창립준비」라는 글을 썼다. 신간회 3대 강
령의 시대적 의미를 분석하고 그 성공적인 첫발을 위한 격려를 하고
있다.

신간회의 창립준비가 된다 하는 것은 일부 식자 사이에는 최
근 적지않게 화제에 오르는 바이거니와 그것은 이제 사실로써
세상에 공개하게 되었다. 우리들의 정치적·경제적 각성을 촉진
한다는 것과 단결을 공고히 함과 기회주의를 일체 부인함을 그
강령으로 하며 경향과 국내외 수십여 명의 발기로써 된 것이다.
민족운동의 견지에 있어서 획기적인 회합이 되기를 기대하고 금
후에 상당한 노력을 하겠다는 것이 창립자인 발기인들의 뜻과

의지고 그리하여 우경 사상을 배척하고 민족주의 좌익전선을 형성하여 변동되는 시국에 대응하고 그 성과를 후일에 기약하고자 함이 그 목적이라고 한다. 이는 조선인 된 자가 누구나 진지한 고려를 요할 시대의식을 대표한 사람들이다.

신간회의 뜻은 고목신간(古木新幹)이라는 숙어에 의해 금일 자못 영락산망(零落散亡)의 비운에 잠긴 조선인에게 새로운 생활의 시대가 오기를 바라는 뜻을 부쳤다함이 그 명명자의 말이라 한다. 이는 조선인이 된 모든 사람들이 함께 바라고 원하는 바로 명칭의 여하가 그 실체의 여하를 영구히 결정하는 바가 아닌 즉 더 길게 논의를 필요가 없을 것이다.

정치적·경제적 문제의 구경적(究竟的)[17] 해결이란 것이 모든 조선인의 운동 목표라 하면 그 각성을 제창하는 것은 필수적인 방책을 표시한 것이라고 볼 수 있다. 단결을 공고(鞏固)히 함은 주의와 정치적 견해를 중추로 긴급하고 중요한 운동을 지속하는 사람들에게는 통상적이고 또 빠질 수 없는 조건이니 여기에 무슨 참신한 것보다는 차라리 당연이라는 것을 발견했다 할 것이고 기회주의를 일체 부인하는 것은 그 취지로 인한 출발로써 당연한 귀결로 보아 좋을 것이다. 모름지기 점진적이고 단계적이라는 구실로 사실은 타락한 기회주의로 기울어지기 쉬운 것은 자연생장의 성질에 위배되는 대중이 휩쓸려 빠지기 쉬운 위험이다. 더구나 불순한 정치적 공리주의자들이 엿보아 틈타기 쉬운 바이니 기회주의의 부인은 민족주의의 좌익전선을 형성하려는 사람들로서는 또 없어서는 안 될 조건이다.

조선인 대중은 혹심한 억압의 아래에 있다. 그러나 천하의 대세는 형편에 따라 변하지 않으므로 조선으로 하여금 영구히 암담한 구역(區域)을 만들 수 없을 것이다. 하물며 변화를 해 멈추지 않는 조선인 대중의 사상은 그 뜻한 바가 구차함에 만족할

---

17) 궁극적, 최종적.

수 없다. 이것은 조선인이 된 자가 스스로 짧은 시간도 잊어버리지 못하는 것이지만 조선의 통치자가 된 이들도 이미 각성을 요할 때이다. 모름지기 천하의 형세가 그 필요한 일이 되가는 형편을 방해하고 인위적인 사악(私惡)을 가해 대중의 풀리지 못할 분노와 불만을 영원히 지속하는 것과 같이 불합리하고 무모한 바는 없다. 또 거기에 인위적 기교로서 당면 문제를 미봉(彌縫)하려 함도 또 불합리하고 무모한 일이다. 이러한 견지에 있어 정치적·경제적 각성을 제창하여 그 정통적인 길로 추진(趨進)하게 하는 것은 퍽 필요한 일일 것이다.

시작이 반이라는 속담이 있다. 그러나 이러한 일은 시작만으로 그 전체를 판단할 수 없다. 차라리 미미한 최초 걸음이라고 보고 싶다. 그 금후의 운동과 성과가 어떨지는 전혀 그 발기자를 일부로 하는 동회 회원들의 신시한 노력 여하를 기대할 것이다. 그럼으로 우리는 이제 어떠한 예단(預斷)을 내릴 수는 없다. 그리고 현재의 조선에 있어서 민족적(民族的) 좌익전선(左翼戰線)을 형성하여 우경적 사상과 그 운동을 배척하고 대중으로 하여금 일정한 목적의식에 의하여 그 반발적 전진(反撥的 前進)을 지속하게 하도록 그 존재 의의와 시대 사명을 견실하고 선명하게 표현하기는 쉬운 일이 아니다. 이러한 처지에 있어 족히 외부에서 오는 압력을 견뎌가며 대중의 신뢰를 집중하여 그 최후의 신지(信地)까지 가는 것은 존귀하고 지난한 일인 것을 단언한다. 그 충분한 고려와 준비가 있기를 위하여 빌지 아니할 수 없다(『조선일보』, 1927년 1월 20일, 1면 1단).

○ 1927년 1월 20일 희망과 고견

『현대평론』 창간호에 「현대평론에 대한 사회 각방면의 희망과 제명사의 고견」이라는 주제에 중국혁명과 정치적 가치라는 글을 썼다. 현대평론은 1927년 1월 20일자로 창간하여 정치·경제·사회평론을 주로 다룬 종합 잡지였다. 민세는 중국혁명이 군벌에 대해서는 민중적이고, 제국주의 열강에 대해서는 국민적이라는 이중성을 띠고 있다고 평가했다.

반동(反動)의 최중(最中)의 신일년(新一年)! 중국의 혁명운동은 벌써 수년 째 계속되는 현대의 한 현안이 되어있다. 그들이 신해혁명(辛亥革命)이라고 일컫는 무한혁명(武漢革命)의 큰 파동이 생긴 이래로만 따진다 하더라도 벌써 16년째 되었으니 16년이란 시일이 말로는 잠깐이지만 혁명 소요가 20년 가깝게 지속하는 것은 그다지 심상치 않은 일이다. 그러나 4천 수백년의 유사 이후의 경력(經歷)과 4억이라는 인민을 포괄한 중국민의 역사적 대전환을 하는 일인가하면 그것이 반드시 좋은 일이라고는 할 수 없다. 생생유전(生生流轉) 하는 인류의 생활은 끝이 없는 영원한 연쇄(連鎖)이어서 거기에 어떠한 연대로 꼭 시기를 획정하기는 무리에 가까운 것이다. 중국혁명을 말함에도 이러한 문제가 생길수 있다.

하물며 현대의 중국혁명은 다른 약소민족의 그것과 마찬가지로 그 혁명자체에 일원적(一元的)인 이중성을 띠고 있다. 그 군벌(軍閥)에 대한 투쟁으로서는 민중적이요, 제국주의 열강에 대하여는 국민적이다. 이렇게 따지고 보면 1842년으로 끝맺은 아편전쟁(鴉片戰爭)도 현대운동의 원인을 지었다 할 것이다. 1857년 강화(講和)된 영국-프랑스 연합군의 침입도 그 원인이 될것이고 1850년 홍수전(洪秀全)의 태평천국란(太平天國亂)의 시작 같은 것도 민중혁명의 선진(先陣)[18]이며 1895년 청일전쟁에 패배한 청조 권위의 실추에 자극된 손중산(孫中山) 등의 혁명운동 계획도 그 발단이라 할 것이다. 그러나 이러한 역사적 경로를 검토하는 것은 도리어 한가로운 사람의 한가로운 일쯤 되는것이고

18) 맨 앞에서 앞장서서 나가는 부대.

그다지 긴급한 문제도 아니다.

그러나 1900년 북청사변(北淸事變)으로 인한 연합열강의 침입과 중국인의 국민적 굴욕 같은 것은 현대 중국혁명을 말하는 자는 생각하지 않을 수 없다. 북청사변(北淸事變)은 의화단(義和團)이란 미신을 중심으로 한 비현대적 방법으로 된 것인만큼 열강 국민의 비웃음을 받고 만 것이지만 그것이 배외적(排外的)인 국민운동인 것은 명백하였다. 즉 북청사변(即北淸事變)이란 것은 순화(純化)하지 못한 국민운동으로 열강의 강압 아래 무참히 패망하고 오히려 무수한 비웃음만 남겼다. 그것이 26~27년 지내오는 동안 비로소 오늘날과 같은 세계적 대혁명운동으로 진화하였을 만큼 된 것이다.

그리하여 홍수전(洪秀全), 손중산(孫中山) 등으로 전후하여 일으킨 바가 최초에는 거의 국내에 있어서의 민족혁명의 범주를 벗지못하였던 재전삼전(再轉三轉)하는 동안에 오늘로서는 다만 민족적 일대혁명으로서 그 이상과 그 영향이 국내에 국한되었다느니 보다는 차라리 세계혁명운동의 중요한 일부분으로서 웅대한 가치를 가지게 된 것이다.

중국혁명의 정치적 가치를 논하는 취지는 오로지 여기에 있는 것이다. 모름지기 가치론적 견지에서 한 개 국민 사이에 국한되고 마는 일은 비록 그 독자의 가치가 자못 비범한 바 있다 하더라도 그 권외(圈外)에 비켜서 있는 우리들에게는 그다지 큰 의의가 없을 것인 까닭에 이 현재의 형세를 훑어보고자 하건대 저들 혁명파(革命派)는 천하의 대세를 지배하고 있다. 장개석(蔣介石)의 혁명파는 무한(武漢)을 중심으로 호북(湖北), 호남(湖南), 강서(江西), 광동(廣東), 광서 (廣西), 복건(福建) 등 6개성을 장악하고 절강(浙江)이 바야흐로 손전방(孫傳芳)과의 각축 중에 있으며 풍옥상(馮玉祥)은 수원(綏遠), 신강(新疆)으로 감숙(甘肅), 협서(陝西)에 웅거하여 협서(陝西)와 같은 곳은 최근 거의 완전히 장악하고 있는 형세이므로 저들 혁명파들의 남북종관(南北縱貫)

에 의한 노농러시아와의 직통계획은 이미 실현되었다 할 것이다
(1월 20일 탈고)(『현대평론』 1호, 1927년 1월호).

○ 1927년 1월 29일 지밸리, 쿤닝겔 강연회

이날 저녁 7시 자전거로 세계일주를 하는 이탈리아 저술가 지밸
리와 독일 학생 안토니 쿤닝겔 씨의 조선 방문을 계기로 열린 세계
일주강연회에 참석해서 사회를 보았다.

자전거(自轉車)로 세계를 일주하는 이탈리아 저술가(著術家)
이기니아 지밸리씨와 독일 학생 안토니 쿤닝겔씨가 조선에 온
것을 계기로 29일 오후 7시부터 중앙기독청년회와 본사의 연합
주최로 종로청년회 강당에서 세계일주강연회(世界一週講演會)
는 개최한다 함은 이미 보도 하였거니와 이 강연회는 예정과 같
이 29일 오후 7시부터 개최된 바 세계를 일주한 이외에 요사이
세계적으로 이목을 끄는 중국동란(中國動亂)의 중심지인 한구
(漢口), 무창(武昌) 등지를 직접 거쳐 왔을 뿐 아니라 두 번 듣지
못할 이 강연회를 손꼽아 기다리던 일반 청중은 너도나도 뒤이
어 모여들기 시작하여 정각도 되기 전에 실로 대만원을 이루게
된 바 연사의 관계로 정각이 지나 7시 20분경에 본사 주필 안재
홍 씨 사회로 김준연 씨의 통역으로 먼저 안토니 쿤닝겔 씨가 세
계일주에 대한 이야기와 기타 재미있고 실익 있는 강연이 있었
고 십분간을 휴게를 하였는데 그동안에는 라디오 방송이 있었으
며 휴게가 끝난 후에 김동성 씨 통역으도 또한 이기니아 지벨리
씨가 중국 동란과 기타에 대한 재미있는 강연을 하여 모든 청중
에게 무한한 환영을 받고 강연회는 무사히 폐회하니 때는 오후
10시 30분이었다(『조선일보』, 1927년 1월 30일, 2면).

○ 1927년 2월 다사가(多事家) 안재홍

1927년 2월호인『별건곤 4호』에 경성명물남녀(京城名物男女) 신춘지상대회(新春誌上大會)라는 제목으로 '다사가 안재홍'이라는 기사가 실렸다. 언론인으로 늘 바쁘게 생활한 안재홍은 이종린, 이갑성, 여운홍과 함께 늘 많은 일에 애쓰는 다섯명의 다사가(多事家)로 선정되었다.

　　흥일사(興一社)의 장두현(張斗鉉) 씨는 누구나 보아도 호호야(好好爺)[19]이지만은 그의 쾌사(快事)[20]야말로 어지간 하지 않다. 어떤 술이든지 그가 섞기만 하면 집안이 들썩하고 싸움이 나도 그의 쾌사(快事) 한마디가 나오면 배앓는 사람도 자리의 이중탕(理中湯) 먹은 것처럼 속이 다 화평하게 되어 싸움이 저절로 가라 앉는다.
　　그리고 근화(槿花)학교의 김미리사(金美理士) 씨와 숙명여고의 성의경(成義敬) 씨는 별명이 원래 쾌사선생이니까 쾌사가 물론 상당하겠지만 묘동(廟洞) 모퉁이에서 받침 술장사하는 김소사(金召史)[21]는 쾌사중 대쾌사일 것이다. 그 얼근 얼굴에다 입을 빗죽빗죽하며 "척척 구다사이요구려, 돈만 가져 오시면 술은 그 저줍니" 등 별의별 곁말을 다 써가면서 쾌사를 부리면 아무리 자기집 여편네와 싸움을 하고 화김에 술 먹으러 온사람이라도 눈이 멍하야 껄껄 웃음을 내놓지 않을 수 없을 것이다.
　　다사(多事)! 다사(多事)! 매일신보의 이서구(李瑞求) 씨와 계명(啓明)의 심우섭(沈友燮) 씨는 덜렁이로 기자 사회에서 상당한 대우를 받지만 조선일보의 안재홍 씨와 천도교위원회의 이종린

---

19)　인품이 훌륭한 노인.
20)　쾌활하고 시원스러운 행동.
21)　소사(召史): 성 뒤에 쓰여 과부를 나타내는 말.

(李鍾麟) 씨와 세브란스 병원의 이갑성(李甲成) 씨와 그 외 여운홍(呂運弘) 씨는 장안에서 이름 높은 다사가(多事家)이다. 일의 성패와 대소여하는 불구하고 무슨 발기회, 무슨 간친회(懇親會), 무슨 환영회든지 그들이 빠지면 성립이 되지 않는 것 같고 축사, 답사도 그분들이 청부(請負)를 한 것 같다(『별건곤』4호, 1927년 2월호).

○ 1927년 2월 노상(路上)의 인(人) 안재홍

1927년 2월호인 『별건곤 4호』에 경성명물남녀(京城名物男女) 신춘지상대회(新春誌上大會)라는 제목으로 '노상(路上)의 인(人), 안재홍'이라는 기사가 실렸다. 일이 많아 어느때든지 바쁘게 인력거를 타고 종로거리를 분주하게 다니는 안재홍을 묘사하고 있다.

속은 화평하여도 입에는 항상 불평이 많은 듯. 준수한 얼굴에 뿔테 안경을 쓰고, 수달피 털을 댄 외투 입고 인력거 위에 점잖게 앉아 오는 신사 한 분. 관리면 고등관이요, 아니면 돈 많은 중년신사로 보이는 좋은 신수. 그이가 조선일보 주필로 계신 민세 안재홍씨이다. 시평쓰시랴 사설쓰시랴 무명회(無名會) 일 보시랴 신간회(新幹會) 주선하시랴 가시는 곳 보시는 일이 많아서 어느때든지 저렇게 바쁘게 인력거를 타시고 분주히 다니신다. 그러나 그렇게 바쁘신 중에도 멍텅구리까지 고안해 내신다니 참말 바쁘실 것이다(『별건곤(別乾坤)』4호, 1927년 2월호).

○ 1927년 2월 10일 신조선 창간호

『신조선』 창간호에 글을 썼다. 혁신 『조선일보』의 발행에 뒤이어

잡지 『신조선』은 해방의 투쟁과 아울러 도덕적·사회적 개선을 통해 조선의 현실을 개선하고 조선의 역사와 정신에 대한 관심도 지속해야 함을 강조하고 있다.

　　조선일보가 혁신된 지 벌써 4년을 맞이하게 되었다. 이제 그 부속사업의 하나로 신조선(新朝鮮)을 간행하기로 하니 일간신문이 시사의 보도로 그 주요한 노릇을 삼는 것만큼 월간으로 할 수 있는 논평 기술과 소개의 상세함을 다할 수 없음으로 인한 것이다. 그러므로 신조선(新朝鮮)은 조선일보에 비해 그 사명을 달리하는 것은 자명한 이치이지만 따로 그 이상과 주의를 가지는 것은 아니다. 말하자면 그 표리가 되고 자매가 되어 서로 부족한 것을 기워나가고자 함이다. 신조선(新朝鮮)이 따로 이상이 없으니 조선일보의 이상이 곧 그의 이상으로 조선일보의 이상이 따로 없으니 조선인 대중의 참스러운 의사에서 우러나오고 조선인 대중의 참된 요구에 쌍행(雙行)하여 그의 생존운동의 선두에서 최고요 최대한의 민중의식을 표현함으로 그 존귀한 사명을 삼는 곳에 그 스스로의 이상이 형성되고 결정되는 것이다.
　　'이 이상이 무엇이다'라고 내세우기 보다는 차라리 물러가서 현시대 조선인 대중이 무엇을 꼭 요구하게 되었는가를 성찰하는 것만 같지 못할 것이다. 이것은 조선인 대중의 표현기관이다. 이렇게 자임하는 것이 무방하지만 그것도 결국은 부풀린 스스로의 선전에 지나지 못할 걱정이 있다.
　　그보다는 차라리 이것으로 조선인 대중의 의사를 가장 잘 표현하겠노라고 순진경건(純眞敬虔)한 마음으로 입장을 밝혀 두는 것이 정확한 일이 될 것이라고 믿는다. 지나친 자부심이 때로는 미움받는 과도한 호칭이 될 걱정이 있는 것이다. 하물며 고의로 하는 과장은 도리어 대중의 이목을 어지럽게하는 죄악이 되는 까닭이다. 현대의 선구자로 활동하는 자는 차라리 정직하고 희생적인 난관의 전진(戰陣)을 갖춰서 각성하는 대중과 함께 멈출 새 없는 전진을 하거나 그렇지 않으면 쇠패(衰敗)한 대중의 선두에 서서 예기(豫期)한 진몰(陣歿)을 순순히 받아들이는 장엄미를 가질 필요가 있는 것이다.

정치적·경제적으로 궁극적 해방을 희원하는 것은 현하 피예속 제국민이 공통으로 가지는 바 시대의식이니 조선인만이 편벽되게 품은 바는 아니다. 그리고 계급적·성적 제한을 허락하지 않고 전인간적 해방을 희원하는 것도 또한 현하 대중들이 피압박자로서 품고있는 최후의 목표이다. 이것이 이미 전인류의 이상이고 따라서 조선인 대중의 이상이라고 하면 우리들은 이에 일개 특별한 기관을 위하여 이상과 주의를 말할 필요가 없는 것이다. 『조선일보』가 이미 전후에 꽉 움켜쥐고 온 바이며 『신조선』이 지금부터 그러할 바이다. 이것을 반드시 고조하고자 함이 위에 이른바 난관의 전진(戰陣)일는지는 모른다. 그러나 드디어 물러나 피할 수도 없는 바이다. 우리들은 이에 다시 조선인 대중의 의사에 있는 바를 가장 잘 표현하겠노라고 입장을 드러낼 필요도 없다.

조선인의 생존운동이 그 상대적 견지에서는 해방의 투쟁이 되는 것이다. 그의 목표로서는 이른바 최고요 또 장대한 민중의식의 표현이 있는 것이다. 그러나 그의 절대적 견지에서는 그 자체의 도덕적·사회적 개선을 표하는 것이다. 그런고로 해방의 투쟁만이 인류와 우리들의 유일한 사명이고 또 목표인 것 같이 믿는 것은 확실히 그릇된 견해에서 나온 것이다. 지금까지 조선의 사녀(士女)들이 얼마만큼이 병폐에 걸렸는지는 구태여 여기서 검토할 필요가 없지만 금후의 조선인은 반드시 이 두 가지 완전한 방책에 유의하여야 할 것이다. 계급적으로 또 민족적으로 각성하고 대두(擡頭)하는 것이 현대 인류운동의 일대 경향인 것과 같이 상대적으로 또 절대적으로 병진(並進)하는 방책은 언제든지 잊어서는 안 될 생존운동의 두 가지 측면이다.

그러므로 백년의 장계(長計)인 자 있으되 목하(目下)의 문제
는 제외할 수 없고 근본의 방책인 자 있되 또한 지엽(枝葉)의 여
러 문제를 간과할 수 없으며 동서 각지 선구자들의 이상과 전술
이 우리의 예리해지는 의식을 고무하는 것이나 마찬가지로 선민
들의 지내오던 조선토(朝鮮土)·조선심(朝鮮心)의 잠겨있는 묵은
자취를 또한 들춰서 현대인의 심적 내포(內包)를 충실·견실하게
할 수 있는 것이다. 신조선(新朝鮮)을 간행하니 그 별개의 취의
(趣意)가 있으랴? 아아 이로써 족하지 않은가? 스스로 그 수명이
계속 번창하기를 빌고서 이 붓을 던진다(『신조선』 1927년 2월
10일 창간호 권두사).[22]

○ 1927년 2월 10일 제2회 조선가두(歌鬪)대회

『조선일보』 주관 제2회 조선가투대회를 열면서 그 의의를 2월 16
일까지 4회 연재했다. 가투가 조선 여성들에게 적정한 놀이로서 특
히 조선 시가(詩歌)를 소재로 해 한국 정서에도 적합하다고 평가하
고 있다.

제2회 가투 대회를 열게 되었으므로 이에 관하여 생각나는 바
를 쓰기로 하였습니다. 가투 대회는 남들이 하는 노름을 배워온
것이라고 하겠습니다. 알기 쉽게 일본 사람들의 '가루다'라고 하
는 것을 본뜬 것이라고 하겠습니다. 우리가 따로이 발명하여 내
인 것만이 귀중한 것이 아니요, 남의 것을 본 뜬 것이라도 조금
도 어떠할 것이 아닙니다. 사람은 모방적 동물이라고 합니다. 쉽
게 말하자면 남의 흉내 잘 내고 본 뜨기 잘하는 것도 사람의 한

22) 『조선일보』 제2305호 부록. 이 글이 수록된 책은 사실상의 『신조선』 창간호이나
조선총독부가 발행 허가를 해주지 않았기 때문에 『조선일보』의 부록 형태로 간
행했다.

특성이라고는 할 것입니다. 이러한 긴 이야기는 쓸데없지마는 가투놀이라는 것이 조선 사람의 더욱이 조선의 여성들의 실내 유희에 퍽 적정한 것이라고 하겠습니다.

무슨 일에고 편벽되어 내 것만 좋다고 하는 것은 오늘날 이 시대에는 매우 그릇된 생각입니다. 그러나 사람의 자연스러운 경향은 아무리 하여도 자기들의 핏줄에서 솟아 나오고 마음에서 울려 나와서 나의 향토에서 진하게 퍼진 그 무엇에서 보담 더 자기의 뼈에 사무치는 느낌도 있고 또는 심금(心琴)을 울려주는 각성을 일으킬 수 있습니다. 이러한 점으로 보아서 조선 반만년 동안 차례차례 다녀가신 우리의 조상들의 거듭거듭의 느낌이며 두고두고의 깨달음인 정·감상·의지의 존귀한 결정체인 시가(詩歌)로써 유희의 재료를 삼는 것은 퍽 가치 많은 일이라고 아니할 수 없습니다.

조선의 여성들은 매우 바쁜 생활을 한다고 하겠습니다. 직업부인이 많지 아니한 조선의 여성들은 언뜻 생각하면 매우 한가하게 지내는 양 하지마는 일부의 여성들을 빼어 놓고서는 누구나 모두 바쁜 생활을 하는 것이 사실이올시다. 그리고 오락다운 오락이라고는 별로 없다고 하겠습니다. 작년에도 이 말씀을 쓴 줄로 기억하지마는 윷놀이·쌍육치기·널뛰기 그밖에도 최근에 시작된 외국의 유희가 있기는 하지마는 그 중에 가투놀이 같은 것은 가장 중요한 대표적인 유희감이라 하겠습니다.

이것이 조선 사람의 자연스러운 정조에 합치된다는 것은 그의 근본적 이유이겠지마는 한 처소에서 여러 패로 같이 할 수 있고 같이 하되 따로 제멋대로 하여 버리는 것이 아니라 한 사람의 낭독하는 소리를 따라서 각 사람이 공통한 감상·취미·주의를 들을 수 있고 따라서 온갖 것이 모두 공통점으로 통일적·질서적으로 될 수 있습니다. 오늘날의 사람의 생활은 외로운 무엇보담도 이러한 공통적으로 되는 것이라야 하고 공통점으로 되는 데에 필요한 조건은 무엇으로든지 여러 사람의 취미를 통일적으로 움

직이게 하는 것이올시다. 가투는 이 조건을 갖추어 가졌습니다
(『조선일보』, 1927년 2월 13일, 3면).

○ 1927년 2월 13일 시흥 강연회

오후 7시 시흥에서 구미 양행이 주최하고 시흥지국이 후원하는
시흥 강연회에 '조선인의 생존노력'이라는 주제로 강연했다.

> 본보 시흥지국에서는 구미양행의 후원을 얻어 가지고 춘기대
> 강연회(春期大講演會)를 개최한다는데 시일과 장소와 연사는 다
> 음과 같다는 바 일반 인사는 많이 내청하기를 바란다.
> 일시: 2월 13일 오후 7시   장소: 본동리 은로학교 내
> 연사: 본보주필 안재홍 씨   연제: 조선인의 생존노력
> (『조선일보』, 1927년 2월 13일, 2면).

○ 1927년 2월 14일 신간회 창립 발기인 대회

2월 15일 밤 청년회관에서 신간회 창립행사가 민흥회와 신간회의
합동으로 열리기로 했다. 안재홍도 이날 발기인으로 참여했다.

> 조선민흥회와 신간회의 합동의 사명을 가지고 민흥회 위원 10
> 명과 신간회 창립 준비위원이 12일 오후 2시부터 시내 관수동
> 143번지에 회집하여 합동하기로 한 결과 회명은 신간회를 채용
> 하기로 하고 강령도 신간회의 강령을 그대로 승인하고 그날 밤
> 7시부터 발기회를 열었는데 민흥회 발기인 전부와 신간회 발기
> 인 전부가 그날 밤 8시부터 신간회 사무소에 회집하여 발기 대
> 회를 열고 신석우 씨의 사회 하에 규약 대회 세칙과 지회 세칙

등의 초안을 심의하고 15일 오후 7시에 기독교 중앙청년회관에서 창립 대회를 열기로 하고 창립 준비 위원 12인을 선거하여 일체 창립에 관한 사무를 위임하기로 한 후 10시경에 폐회하니 이로써 조선민흥회와 신간회와의 합동은 완성되었다.

창립 준비 위원
권동진 명제세 최익환 신석우 권태석 이동욱 홍명희 장지영 김항규 안재홍 한위건 이병의(『조선일보』 1927년 2월 14일, 2면).

○ 1927년 2월 15일 신간회 창립대회

2월 15일 밤 청년회관에서 신간회 창립대회가 열려 안재홍도 이날 참여했으며 다음날 밤 새벽 4시까지 회의가 이어졌다.

신간회 창립 대회는 회장과 부회장을 선거한 후 간사를 선정함에 또한 투표로 선정키로 한 후 투표한 결과 간사는 모두 35인으로 그 성명은 다음과 같은바 35인이나 되는 많은 간사를 투표하므로 자연히 많은 시간을 요하였으되 이상 토의에 열중한 회원들은 밤이 깊은 것도 알지 못하고 극도로 그에 열중되었는바 간사를 선정한 후 폐회하니 때는 16일 오전 4시 반이었다.

선출된 간사 (가나다 순)
김명동 김준연 김활란 김순복 김영섭 권동진 권태석 장지영 정춘수 조병옥 이승복 이정 이동욱 이순탁 이관용 이옥 이종익 명제세 문일평 박동완 박래홍 박희도 백관수 송내호 신석우 안석주 안재홍 오화영 유각경 최익선 최익환 한기악 홍순필 홍성희(『조선일보』, 1927년 2월 17일, 2면).

〈사진 3〉 신간회 창립을 마치고 철야 후 (1927. 2. 16)

〈사진 4〉 신간회 창립대회 사진 (『조선일보』 1927. 2. 15)

○ 1927년 2월 16일 제2회 현상여자가투대회

오후 4시 경성여자기독교청년회(현 서울YWCA)가 주최하고 조선일보가 후원하는 제2회 현상여자가투대회 참석해『조선일보』기자 최은희와 함께 심판을 봤다.

경성여자기독교청년회 주최와 본사 후원의 제2회 현상여자가투대회는 예정대로 음력 정월대보름이 하루를 지난 첫 봄의 달 밝은 좋은 절후를 맞이하여 16일 오후 7시부터 종로 중앙기독교청년회관 4층 조선식 방에서 열렸다. 1년 동안 맹렬한 연습을 거듭하여 각각 필승을 기약하는 10명의 선수와 말없이 싸우는 이 장관을 기어이 한 번 구경하고자 모인 40여 명의 회원들로 방안은 빽빽히 찼다. 먼저 주최 측 유각경 여사의 간단한 개회사가 있은 후 만장 회원의 박수갈채 속에 선수의 추첨이 있었다.

선수 명단
현덕신 여사 대 권유희 여사 곽성실 여사 대 박홍순 양
최마리아 양 대 유영준 양   길정희 여사 대 이경자 양
현옥남 양 대 오정애 양

이러한 순서로 선수들이 자리를 정돈하여 앉으니 방안의 공기는 매우 엄숙하고도 긴장하였다. 본사 운동기자 이길용 씨의 주심과 본사 주필 안재홍 씨, 경성여자고등보통학교 체조 교사 임순분 양의 심판과 본사 부인 기자 최은희 양의 낭독으로 제1회전은 시작되었다.
침착한 태도와 숙련한 기술로 첫 구의 두 글자를 읽으면 벌써 앞서를 다투어 집어내는 선수들의 섬섬옥수는 마치 새벽 하늘에 번쩍이는 별빛과 같아 보는 이들의 정신을 황홀케 하였다. 1회전, 2회전, 준결승, 3등전이 끝나고 많은 적군을 물리친 현옥남

양 대 곽성실 여사의 최후 승리를 다투는 결승전에 이르매 모든 회원의 시선은 전부 그곳에 모이고 방안의 공기는 극도로 긴장되었다. 한 장, 두 장의 낭독을 따라 가슴을 졸이며 정력을 다하여 집어내던 곽성실 여사도 노련한 패왕 현옥남 양에게는 드디어 석패하고 말았다. 주심 이길용 씨의 발표로 승부가 결정되니 박수 소리는 다시 한 번 방안이 무너질 듯 요란하였다(『조선일보』, 1927년 2월 19일, 3면).

○ 1927년 2월 17일 조선운수업자대회

오후 4시에 조선운수업자대회에 참석하여 일본의 철도정책과 조선의 생활문제에 대해 강연했다.

조선 운수업자들의 획기적인 전조선운수업자대회의 주최측인 선운동우회(鮮運同友會) 제4회 정기총회의 오후 2시경까지의 경과는 이미 보도한 바와 같거니와 그 후의 경과는 오후 3시 반경에 총회를 마치고 17일 오후 4시에 그 장소에서 주최 측을 대표하여 선운동우회 전무 강창희 씨의 개회사가 주악의 뒤를 이어 있은 후 소집한 취지를 말하고 좌장으로 원산 홍종희 씨가 뽑혀 결의안에 들어가니 장내에 가득한 200명의 회원은 극도로 긴장되었다.
결의안의 1역 1점 주의에 대하여 토의하게 되어 마산 명도석 씨의 1역 1점 주의를 절대로 반항(反抗)하자는 의견과 경성 이상근 씨의 선운운송주식회사를 조직하여 1역 2점 주의를 내세우자는 등의 의논이 분분하자 동 4시 반경에 철도국의 당로 책임자의 설명이 별항과 같이 있은 후 결의안으로 선운동우 회원 일동은 1역 1점 주의를 절대로 반대함의 안을 결의한 후 이 문제로 인하여 회원 전부 즉 전조선운수업자를 소집할 필요가 생길 때는 모든 일체 권리는 선운동우회에 일임하기로 만장일치로 가결했다.

이어 명사의 강연에 들어가 박수소리에 싸여 조선일보 주필 안재홍 씨 등단하여 철도성의 현안이던 일본의 1역 1점 주의는 실현의 도정에 있으나 조선의 그것은 철도성의 실현 방법과 특수의 사정이 있다고 조선 철도 당국 책임자는 말하니 경남도청이 진주 시민의 열렬한 반대로 일시 이전하지 않겠다는 당국의 명언이 있었음에도 불구하고 그 후 멀지 않아 그것은 일시 춘몽으로 사라지고 필경에는 부산으로 이전되고 말았다는 실례를 들어 믿기 어려운 당국자들의 성언을 말한 후 직업으로 본 조선 현하의 생활문제와 실지 문제를 논파했다(『조선일보』, 1927년 2월 18일, 2면).

O 1927년 2월 17일 신간회 총무간사

오후 7시 시내 관수동 회관에서 열린 신간회 제1회 간사회에서 이승복, 박동완, 신석우, 최선익, 홍명희와 함께 총무간사에 선임됐다.

순민족주의 단체 신간회가 창립됨은 여러 차례 보도한 바와 같거니와 그 첫 번 간사회를 지난 17일 오후 7시 시내 관수동 동회관에서 열고 신임 부회장 홍명희 씨가 사임한 대신으로 간사 중 권동진 씨를 선거하고 간사 2인을 보선하여 홍명희, 한위건 양 씨가 피선되었으며 간사 중에도 총무 간사 7인을 호선하여 이로써 부서까지 결정되고 회체는 완전히 성립되었다는데 당선된 총무 간사의 씨명은 아래와 같다.

총무 간사 명단
권태석 이승복 박동완 신석우 안재홍 최선익 홍명희
(『조선일보』, 1927년 2월 19일, 2면).

○ 1927년 2월 21일 입학난과 취직난

『조선일보』에 「입학난(入學難)과 취직난(就職難)」이라는 제목으로 글을 썼다. 입학과 취직에 대한 일본인 우선권을 비판하고 조선인의 생존권을 위해 단결하고 목소리를 낼 것을 촉구하고 있다.

졸업기가 되었고 입학기가 되었다. 보통학교는 말할 것도 없고 고등보통학교의 졸업생이 무려 600~700인에 달하고 전문학교 졸업생도 내외의 유학생까지 합하면 또한 수백명이 되는 형편이다. 그런데 조선의 청년학생들은 겹겹으로 고난을 받고 있으니 입학을 요하는 자는 입학난(入學難)이요, 학교에서 나오는 자는 취직난(就職難)이다. 입학난, 취직난 하는 것보다 생활난이 전체로 문제가 되고 생활난을 말하느니 보다 민중적으로 온통 생존난에 빠진 것이 조선인의 처지이지만 청년 학생 제군을 위해 생각할 때는 우선 입학난, 취직난이 문제이다.

조선땅에서 조선의 돈을 모아 경영해가는 각종 고등학교와 전문학교인데 이나라, 이 시골의 주인인 조선인의 청년학생들은 학교에 마음대로 아니 자격대로 갈 기회와 자유도 주지않고 일본인이 우선적 독점권을 차지하게 되는 것은 도리에 어그러진 일이요 조선인의 생존권을 빼앗는 것이라고 주장할 것이다. 이것을 이론으로 다투고 단결로써 싸워야 할 것이다.

툭하면 내세우는 것이 아니지만 경성제대(京城帝大)에도 조선인 입학생은 총수의 2할 내외 고등공업도 조선인 학생이 3할 이하 의학전문본과에는 매년 2할 이하에 제한되고 고등농림에도 3할 이하요 기타 고등상업과 사범 법학전문학교까지 이렇게 되었고 또 되어가며 학생모집 수단을 보면 일부러 일본 각도시에 가서 학생모집 선전 광고 등으로 어찌했던 일본인으로 절대 다수를 제한하도록 하려 한다. 이 행위의 내면에는 저들 조선통치의 근본책이라는 것이 숨겨있는지는 별문제로 하고 그것이 용인할 수 없는 것과 또 절대 반대해야겠다는 것은 어떤 사람이든 지극히 동감일 것이다.

취직 상태를 보더라도 일본인은 졸업하기 무섭게 관(官)과 사설각종기관(私設各種機關)에서 은이야 금이야 데려가고 조선인 청년은 뒤채어다니고 곯아 자빠지고 있다. 조선인이 모두 그 지식과 기술을 연마할 수 없고 인격을 향상할 수 없고 그리하여 행복의 기회를 놓치고 진취의 길이 막히고 안정의 날이 망연(茫然)하게 되고 따라서 생존할 방책이 없어져 간다. 유민(遊民)·나태자(怠惰者)·무직업자·바보의 조소! 모멸! 그리고 감시와 구속은 그들의 뒤를 노리고 있다. 청년학생들은 단결해야 한다. 요구해야 한다. 소리쳐야 할 것이다. 내 나라다. 내 시골이다. 우리들이 먼저 배우고 일 붙들고 연구하고 단련받고 향상하고 진보하고 생존하고 번영하여야겠다고 할 것이다.

조선이 일본의 조선이 되었다. 그렇다고 일본 사람만 더 잘 살리기를 위해 조선 사람을 못살 구덩이에 빠치는 것은 용서할 수 없다고 할 것이다. 마찬가지 사람이라고 할 것이요 내 목숨과 내 영예도 중요하다 할 것이다. 우리들의 생명의 불꽃이 꺼지지 않는 동안 눈 뻔히 뜨고 쇠망의 길로 쫓겨날 수는 없노라고 아우성칠 것이다. 조선인 관리의 인건비만 해도 6천 3백만 원인데 일본인이 가져다가 먹는 것이 4천 5백만 원이다.

이것을 먹고 있는 일본인만 해도 수만이 넘는다. 조선의 청년들은 그대신 유민(遊民)·나태자(怠惰者)·무직업자·방랑자·참패자(慘敗者)가 되고 있다. 이무리 생각해도 그저 가만히는 있을 수 없노라고 억세게 주장할 것이다. 살아야하겠노라 쇠망을 면해야 하겠노라 하는 것이 매우 합리적인 일이요, 지극히 온당한 일이라고 크게 외치면서 단결해 나갈 일이다(『조선일보』, 1927년 2월 21일, 1면 1단).

○ 1927년 2월 21일 신간회 조사연구부 총무간사

오후 7시 신간회에서 열린 총무간사회에서 조사연구부 총무간사로 선임되었다.

> 신간회에서는 21일 하오 7시에 그 회관 안에서 총무 간사회를 열고 부회장 권동진 씨 사회하에 다음과 같이 각 부의 총무 간사를 결정하였다.

> 서무부 총무 권태석 재정부 총무 박동완 정치문화부 총무 신석우 조사연구부 총무 안재홍 출판부 총무 최선익 조직부 총무 홍명희 선전부 총무 이승복
> (『조선일보』, 1927년 2월 23일, 2면).

○ 1927년 3월 졸업생 취업문제

『신민 23호』 1927년 3월호에 「졸업생 취업문제」에 대한 질문에 답변을 했다. 조선인 졸업생 취업문제 해결을 위해 식민통치당국에 대한 저항이 필요함을 촉구하고 있다.

> 사회적으로는 별반 방도가 없다고 봅니다. 듣는 바에 의하면 조선의 소위 관영(官營)되는 전문학교와 대학에서는 입학율이 그네들이 6~7할을 점하고 조선인은 겨우 3~4할인바 이것은 해가 갈수록 감소될 운명이랍니다. 이제 일본 각도시에 선전해가지고 입학생을 수입해오는 적극적 행동에까지 나갔으니 이것은 조선인 중등학교 졸업자에 대한 일대 위협인 동시에 "너희는 공부는 해 무엇하느냐"는 뜻이 아니라고 볼 수 없습니다.
> 교육을 받을 때부터 이런 우선권을 가지고 위정자의 최선의

원조를 받는 그들은 실제 사회에 나서는 날은 한층 우선권을 가지고 조선인을 압도합니다. 그래서 정치 실업 무슨 기관을 막론하고 그네들이 차지하고 여유가 있기 전에는 발도 붙여볼 길이 없는 상황이고 앞으로는 가속도가 더 심한 상태에 빠질것이 사실입니다. 그렇다고 우리가 교육을 안받아서는 근본적으로 패배할터이니까 그것도 못할 일이고 이에 대한 대책은 다만 한가지가 있을 뿐입니다. 그것은 전문 정도의 졸업생은 물론 중등 정도 졸업생까지를 망라한 전 졸업생의 동맹을 주장합니다. 그리하여 취직우월쟁패전(就業優越爭覇戰)을 시도해야겠습니다. 적어도 조선에서는 누구보다도 조선 사람이 먼저 살아야겠다는 진리 아래서 말입니다(『신민(新民)』23호, 1927년 3월호).

○ 1927년 3월 4일 학생의 단결

『조선일보』에 「학생의 단결」이라는 글을 실었다. 사회에 진출하는 조선학생들이 단결로 일제 당국에 실업문제에 대한 해결책 제시를 촉구하며 저항할 것을 역설하고 있다.

단결이 약자의 무기라고 다시 말할 필요는 없다. 이 평이한 그리고 확고한 진리에 의하여 모든 약자들은 단결하여야 한다. 조선인은 민족적으로 약자인 까닭에 민족적으로 될 수 있는 최대한도의 단결을 하는 것이 투쟁의 장래를 위하여 매우 필요한 것이고 기타 모든 특수한 공통 이해를 가지고 있는 자들도 그 부문적인 최대 역량을 발휘하기 위하여 굳게 단결할 것이다.

이러한 점으로 우리들은 일찍이 빈민의 단결을 말해 본 바 있으나 이는 꼭 계급의식에 입각한 무산자로서의 단결로만 의의 깊은 것이 아니요 빈민·굶주린자·쫓겨가는 군중들이 일시적으로라도 단결해서 어떠한 군중적 행동을 일으킴이 좋다는 것을 말함이었다. 이러한 단결을 형성하고 지도하여 일정한 운동을 일으킬 수 있다하면 그들과 그들의 시대를 위하여 심상치 않은 결과가 생겨나게 할 수 있을 것이다.

빈민의 단결이 필요한 것만큼 학생의 단결이 필요한 것을 말했다. 전자는 밥을 잃은 자들의 단결을 촉구하고자 함이고 후자는 직업이나 기타 인격적 향상의 기회를 빼앗긴 자들의 단결을 촉구하고자 함이다. 그리고 지금은 학생 제군의 단결을 위하여 꼭 알맞은 시기이다. 모든 중등학교 나오는 자가 1천 명에 가깝되 고등학교와 전문학교·대학교에 입학할 수 없고 그렇다고 무슨 일거리를 붙들 수도 없으니 그들이 단결해서 나의 산하에 차려놓은 모든 기관에 학수(學修)·노작(勞作)의 권리를 주장할 것이요, 불합리하고 밖에서 온 우선권(優先權)의 소유자들을 걸어서 항쟁을 시작할 것이다. 고등학교 이상으로 각각 최종의 학창(學窓)에서 나오는 제군은 더욱 단결해야 할 것이고 그것이 응급의 처치에 못미칠 형편이면 미리부터 단결함도 좋을 것이다.

금년의 조선내 고등학교 이상 조선인 졸업자는 아직 그 정확한 숫자를 듣지 못하나 그 추정이 2백 80~90인으로 300인에 가깝고 동경에 유학한 전문학교 이상의 졸업자만 해도 약 290인에 달하는 숫자로 그중 농·공·상과가 50인, 교육이 40인 정·경·법문 등을 합해 84인이다. 이런 능력있는 청년 제군이 모처럼 진취의 뜻과 기개로 적년지공(積年之功)을 닦았더라도 일거리가 손에 들어오지 않고 한갓 뒷전에 치어다니면서 타고난 총명이 난데없이 무능·무위(無爲)·퇴보·산만의 비참한 지경에까지 빠지게되며 온갖 비웃음·모멸·위협 등에 고통을 받는다면 무슨 부당한 일이냐?

학생제군과 교문을 나오는 청년제군은 단결해야 한다. "나에게 먼저 일거리를 다오!"이렇게 주장할 것이다. 이것이 아니되는 때에는 현실이 우리에게 얼마나 악착스러운 것을 체험할 것이다. 그리고 그에게 대응책을 새로이 또 새로이 강구해야 할 것이다. 모든 꾸물거리고 있는 자는 움직일지어다! 움직이는 자는 가고 말데가 있다. 오직 움직이지 않는 자에게는 아무것도 없을 것이다(『조선일보』, 1927년 3월 4일, 1면 1단).

○ 1927년 3월 10일 서재필 박사 서신

미국에 있는 서재필 박사가 안재홍 조선일보 주필에게 보낸 서신을 『조선일보』에 공개했다. 1884년 갑신정변에 대한 안재홍의 글을 긍정적으로 평가하고 김옥균에 대한 재조명과 기념사업의 필요성을 이야기하고 있다.

안재홍 귀하
내 편지 한 뒤에 두 번이나 서신을 받아 퍽 기뻐하다가 약 나의 40년 동안 아메리카에 있어서의 경험담을 쓰라시는 요구에 대하여는 유억겸 군에게도 말한 바와 같이 지금은 시간이 없는 고로 응하지 못하였습니다. 여름이 되면 대학에서 연구하는 외에 사색할 시간을 더 가지게 될 터인즉 그것은 그때에 계획하여 보겠습니다. 그리하여 귀지에 발표하도록 하겠습니다. 귀지에 게재한 내 신년사의 번역은 퍽 잘 될 줄로 생각합니다. 아주 조직이 다른 영어를 우리 조선어로 번역하는 것은 퍽 어려운 일일 것이니 그렇게 하려면 상식이 풍부하여야 할 것입니다. 의역을 하지 아니하고 직역을 한다면 읽을 수 없게 될 것입니다.
지금 3월 분으로 하여 짧은 논문 일편을 동봉하여 보내 드립니다. 금번에는 동아일보지와 공동 발표하실 필요는 없습니다 (중략).
1884년 12월 4일 즉 갑신정변 운동 기념일에 대한 귀하의 논문은 매우 좋았습니다. 나는 조선역사에 있어서 이러한 사건을 기술하는 것이 현대청년에게 대하여 좋은 영향을 줄 것을 확신하고 있습니다. 현대 청년들이 그 선배들은 모두가 다 이기적이요 아주 소용없는 물건들이라 그만 생각하여서는 아니 될 것입니다. 김옥균같은 이는 조선이 확실히 자랑할 만한 인물입니다. 그는 천재이었고 외교가이었고 정치가이었고 고급의 정치적·사회적 지도자였고 그뿐 아니라 진정한 의미에 있어서 그는 참 애국자이었습니다. 우리 동포가 원한다면 그를 기념하기 위하여 김옥균이라는 이름을 가진 학교를 하나 세우고 깨끗한 거리를 하나 건설하고 공원을 하나 세우며 혹은 또 석상을 세우는 것이 당연하겠습니다. 우리 동포가 하고만 싶으면 될 수 있는 일이겠습니다. 1천만 인이 각자 1원씩만 냈으면 될 것이 아니겠습니까?

중국의 혁명운동은 획시기적으로 발전하는 모양이요, 귀하와 동일한 관찰자 제 씨에게 반드시 큰 흥미를 줄줄 압니다. 내 생각에는 중국이 그 국권을 회복하는 도정에 있는 것이고 그들이 성공하기를 희망합니다. 나는 금년부터 귀하에게 큰 성공이 있고 또 조선 동포인 모두에게 건강과 협동이 있고 그리하여 자기들의 인민을 환희와 번영으로 인도할 수 있도록 돌보아 주기를 신에게 축원합니다.

1927년 2월 5일 서재필(『조선일보』, 1927년 3월 10일자, 1면).

○ 1927년 3월 15일 황해도 기자대회 강연

저녁 8시에 민태원과 함께 황해도 기자대회에서 강연을 했다. 안재홍은 '보도로의 지도'라는 주제로 강연했으며 두 사람의 열변에 청중은 숙연했다.

황해도기자대회를 기회로 하여 신문강연회를 지난 15일 오후 8시 신명보통학교 대강당에서 개최한 바 정각 전부터 모인 2백 명 청중의 성황리에서 이윤건씨 사회로 중외일보 민태원씨는

'신문과 신문기자'란 주제로 조선일보 안재홍 씨는 '보도로의 지도'란 주제로 각기 열변을 토하여 청중에게 심각한 감격을 일으키고 10시경에 무사히 폐회하고 신명보교 2층 다과회로 인하여 화기가 넘치는 가운데 가슴을 헤치고 밤 12시경까지 간담을 나누었다(『조선일보』, 1927년 3월 20일, 1면).

O 1927년 3월 15일 황해도 기자대회

오전 11시 30분 재령읍 동부유치원에서 열린 황해도 기자대회에 『중외일보』 민태원, 『조선지광』 김동혁과 함께 참석해서 축사를 했다.

> 황해도 기자단 주최 제2회 황해도기자대회는 지난 15일 오전 11시 반부터 재령읍내 동부유치원 내에서 개최되었는데 도내 문필계 총 50여 명이 모여 엄숙하고도 화기가 일창하는 가운데 준비위원 대표로 이미준 씨의 개회사와 백남표 씨의 경과보고가 있은 후 중외일보 민태원, 조선일보 안재홍, 조선지광(朝鮮之光) 김동혁, 재령군수(載寧郡守) 김종석 제씨의 간곡한 축사가 있고 10여 통의 축전 축문을 낭독한 후 임시집행부를 선거하여 의장 장치모씨 사회로 준비위원회에서 작성한 의안을 심사한 결과를 채택·토의하였다.
> 그 실행방법은 전부 황해도기자단에 일임하기로 가결되고 이미준 씨로부터 현재 재령지방 민중의 원부(怨府)[23]로서 세간의 이목을 끓게하는 지주 대 주민의 대항운동이 치열한 안녕수리조합 저수지용지와 가옥부정평가문제에 대한 사실 보고가 있은 후 이것은 중대한 사회문제이므로 황해도기자단 총회에 넘기기로 하고 오후 4시 30분에 만세삼창으로 대회의 제1일은 종료되었다.(재령)(『조선일보』, 1927년 3월 20일, 1면).

---

23) 원한이 되는 기관이나 단체.

○ 1927년 3월 17일 사리원 유지·청년 간담회

오후 8시 황해도 기자대회를 마치고 서울로 올라오던 중 사리원 지역 유지·청년들과 간담회를 했다.

경의선 사리원에서는 유지와 청년들이 지난 17일에 금번 황해 기자대회에 강연차로 왔다가 귀경하는 도중의 본보 주필 안재홍 씨를 요청하여 동일 오후 8시에 영춘관에서 간담회가 있었다(사리원)
(『조선일보』 1927년 3월 22일 1면).

○ 1927년 3월 20일 조선의 금일과 청년의 장래

저녁 7시 30분 경기도 고양 서강청년회 1주년 기념으로 '조선의 금일과 청년의 장래'라는 주제로 최원순과 함께 강연했다.

시외 서강에 있는 서강청년회에서 혁신 1주년 기념식을 거행하려 하였으나 일반이 집회 금지에 있으므로 오는 20일 밤 7시 30분부터 동 회관에서 기념식과 기념 강연을 개최한다는바 연제와 연사는 아래와 같다 하며 일반은 많이 출석하기를 바란다.(고양)(『조선일보』, 1927년 3월 19일, 2면).

○ 1927년 3월 21일 현실 투쟁의 제1성

『조선일보』에 「현실투쟁의 제1성: 의전사은회의 풍파」라는 제목으로 글을 실었다. 경성의학전문학교(현 서울대 의대 전신) 졸업 축하 사은회장에서 취업에 대해 조선인·일본인 졸업생의 차별에 대한 항의 사건을 예로 들어 조선 내 설립한 각종 전문학교에서 일본인 본위의 교육의 문제점을 비판하고 조선인들의 각성과 단결을 촉구하고 있다.

　밥의 문제와 일거리의 문제 ! 이 두 가지는 조선 현하 온갖 문제에 관한 양대 원인이 되어있다. 조선인 각자가 각각 다른 그의 처지에서 엄숙하고 냉혹한 자기 생활상의 입장으로부터 자기 스스로가 심각하고 통절하게 자기의 신상에 느끼고 경험하는 바에 의해 부르짖을 바 부르짖고 요구할 바를 요구하게 하는 것이 퍽 자연스러운 일이요, 또 그 형세를 보다 진지하고 뜨겁게 만드는 새힘이 될 것이다. 천하의 모든 문제가 생존 그것을 위하여 나오는 것이고 생존이란 것은 결국 또 각자의 생활문제를 종합하여서 성립되는 문제이다. 우리들은 일찍이 구식동맹(求食同盟)과 구직동맹(求職同盟)의 필요를 논한 바 있으니 이것은 조선의 현실 사정에서 자라난 조선적인 특수한 문제로 외국의 전례만 가지고 이야기할 바 아니다.
　지난 17일 경성의학전문학교(京城醫學專門學校)의 졸업생 100여 명이 동교 교장 이하 교수 제씨에 대한 사은회를 연 자리에서 조선인 졸업생 제군이 알선(斡施)에 대한 조선인과 일본인의 차별문제로 인해 교장과 교수를 규탄하게 된 바 장내의 공기는 매우 긴장하여 사은회는 탄핵회(彈劾會)가 되었고 은사이어야 할 교수 직원은 무안하다는 듯이 빠져 달아나고 오직 분기에 넘치는 조선인 제군들이 흥분된 심사를 주체할 곳 없이 마음이 쓸쓸한 가운데 헤어져갔다고 한다.
　이러한 일은 반드시 생길 일이었고 또 심각해지고 보편화할 일이어서 인위적으로도 막을 수 없는 일이고 비록 조선통치의 임무를 맡은 자일지라도 어떤 비방을 허용할 여지가 없을 것이다. 우리는 가득한 성의로 조선인 졸업생 제군의 처지를 동정하고 그 마음을 헤아리며 그 태도가 옳다 할 것이다.

일본인 본위인 온갖 시설과 운용에 대해 우리들은 항상 그 평론과 항의를 지속해왔다. 이것을 총체적으로 보아서는 근본적인 유일한 큰 문제요 개별적으로 보아서는 천종만상(千種萬狀)으로 벌어진 것이 어느 것이 소위 차별행위로 진행되는 일이 아닌 것이 없다. 조선안에 설립된 각종 전문학교를 온통 일본인 본위로 만들어서 그 학생모집시에 있어서도 일부러 일본 내지(內地)에 가서 입학자를 권유하고 소집해 절대다수의 재학율을 유지할 뿐만 아니라 졸업 후에도 일본인에 한해 일종의 취직우선권을 주고 조선인으로서는 모처럼 십수년 쌓은 공이 허사로 돌아가고 차차로 방랑의 길을 걸어가게 된다. 이는 첫째 각개인의 실직문제가 되고 생활문제가 되고 그리하여 향상과 진보의 기회로부터 쫓겨 가게된 조선인들은 온갖일에 낙후자가 되고 패배자가 되고 그리하여 전조선인의 생존권은 나날이 닳아 없어지게 되는 것이니 직접적으로 자기의 신상에서 이 고통과 맞부닥치게 된 졸업생 제군이 동일한 소리를 부르짖은 것은 필연 시대의 산물이다.

조선인은 지금 각성하여야 한다. 그는 조선인이 당하고 있는 바 모든 현상은 전에 없고 이후도 없을 일이요 영국인이나 러시아인이나 아일랜드인이나 인도인이나 중국인이나 어떠한 국민이 경험해보지 않은 현대 조선인이 독자로 당하고 있는 무엇을 당하고 있다는 그것을 각성해야 할 것이다. 이것은 소위 역사적 일도성(一度性)이라고 일컫는 것이다.

우리는 이 엄숙한 현상을 전제로 거기에서 귀납한 어떠한 방책을 안출(案出)하고 또 실행해야 한다. 각 사람이 그 당하고 있는 처지대로 또 관계되는 직업대로 단결해서 그 이익을 위해, 생활을 위해, 전민중의 생존을 위해 응변적(應變的)[24] 항쟁을 하는 것 같은 것은 확실히 한가지 방안이 될 것이다. 실제 전술에서 조선에서는 외국것으로 번역되지 아니할 조선적인 방안을 안출

---

24) 변화에 대응하는.

하는 것이 선구자의 엄정한 책임일 것이다(『조선일보』, 1927년
3월 21일, 1면 1단).

○ 1927년 3월 21일 해서기행 - 재령으로 가는길

『조선일보』에 「해서기행 1」이라는 제목으로 글을 실었다.

3월 15일 황해도 재령에서 열리는 황해도 기자대회에 참석하면서
중외일보의 민태원과 함께 해서(海西)지방 답사를 갔다. 기차에서
조선어 사용을 안하고 일본어 전용으로 인한 불편과 문제점을 비판
하고 있다.

3월 14일 밤이다. 이 사이에 나는 건강이 몹시 상하여서 자못
환자의 몰골조차 있는 것 같다. 그러나 황해도 기자 대회가 15
일부터 재령에서 열리는데 본사로서의 참석자가 필요한 까닭에
거기에 출석코자 해서(海西)행을 짓기로 하였다. 출발 전에는 습
포로써 더운 머리를 시키면서 일기에 60여 매의 신문 원고를 쓸
때 때마침 방학 중이라 제매(弟妹)[25] 등이 책상 옆으로 둘러앉아
매 장의 탈고 시간을 계산하면서 연방 속살거리는 것이 귀에 들
어오면서 새삼스럽게 나의 치기(稚氣)를 불러일으킨다. 게다가
책임론을 설명하여 이 같이 쓰는 이유까지 들려준 후 총총히 여
장을 하고 경성역에 나갔다.

같은 여정의 약속이 있는 중외일보의 우보(牛步) 민태원(閔泰
瑗) 형이 아니오므로 홀로 차창에 들어가서 맛없이 앉았더니 출
발할 때 되어서 뚜벅뚜벅 들어온다. 더디 걸어도 소의 걸음이라
고 떠나기 전에 대어왔으니 그만이라 할까? 우선 웃고 싶은 생
각이 났다. 우보 형은 해후한 지인과 이야기하러 가고 나는 피곤

---

25) 남동생 안재직, 여동생 안재숙·안재영.

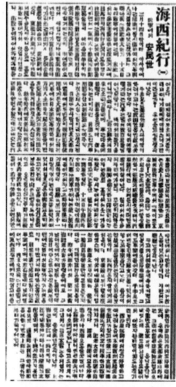
〈사진 5〉 해서기행 (『조선일보』 1927. 3. 21)

한 몸인 고로 곧 드러누웠다. 잠결에 짐작하매 떨떨거리는 기차는 벌써 수백 리를 달아난 모양이다. 깨어서 귀를 기울이니 '신마꾸' 하고 역부의 외우는 소리가 들리며 차는 마침 머물렀다. 신막(新幕)을 온 것이다.

늘 문제되는 바이지만 일어로만 기차 용어를 삼고 조선어로 하여주지 않는 것은 괘씸한 일이라고 생각된다. 일어 아는 사람이 많은 대도시의 전차에서도 반드시 조선어를 사용하거든 대부의 지방을 통행하는 기차에서 일본어만 전용하여서 지방의 인사 더욱이 부녀 승객들이 많은 교통상 과실을 짓고 의외의 손실을 당하게 하는 것은 괘씸한 일이다.

유년 시대에 경부선이 향촌[26]의 부근으로 개통되어 우렁찬 기적 소리를 토하면서 왈칵대고 내닫는 기차를 바라보면 문득 호마(胡馬)가 길게 늘어선 옛 역사상의 참화[27]를 연상하고 경성 내왕하는 차 중에서 '에이도 호우산!'[28]하는 역명 외우는 소리를 듣고

---

26) 고향 경기도 진위군. 현재의 평택시.
27) 1894년 7월 경기도 현 평택시의 남쪽 소사벌에서 있던 청일전쟁을 말함.
28) 영등포(永登浦)와 오산(烏山).

서는 항상 초연하게 정복의 위협를 느꼈더니 기차 여행에는 언제
든지 이러한 감상이 되살아난다. 일어서서 우보의 자리에 가보니
무던히 피곤하든지 두다리를 뻗고 얼굴을 쳐든채 누워 자는 고
로 혼자 서서 웃다가 돌아왔다. 다시 누워서 이리저리 생각하고
있는 동안 벌써 사리원(沙里院)역에 도착하였다. 15일 오전 4시
14분 2시간을 기다려야 신천(信川)행의 경철 열차가 떠나는 고
로 여관에 들어가서 자고 9시발 차로 떠나기로 하였다.

　음력으로 2월 11일인 달이었지만 아직도 높다랗게 떠 있어서
깊은 잠든 시가를 고요히 비추고 있는데 눈을 들어 잠깐 둘러보
아도 먼 데 산은 그림자도 아니 보이고 오직 훨씬 터진 평야가 직
선의 세계를 형성하고 있다. 여관에 들어가 약간의 우스운 이야
기를 주고받으면서 한 방안에서 나란히 잔다. 여기는 연고있는
사람들이 있는 고장이라 자면서도 애틋하고 그리운 생각이 난다.

　자고 깨서 조반을 재촉하여 먹고 바쁜 걸음으로 정거장에 나
가 그대로 차안에 들어갔다. 수건으로 머리 동긴 지방 부녀가 둘
이 있어서 행주로 차안을 닦고 있다. 품삯이 싼 고로 그들을 쓰
는 것이요, 처음 보는 일이다. 해서행은 지금이 거의 처음이다.
경의선으로 가끔 내왕하였으되 이곳에 내려본 일이 없었고 신막
(新幕)으로부터 서흥(瑞興)·수안(遂安) 일경 산악 지대를 다녀
본 적은 있지마는 이러한 여행은 실로 처음이다. 작년에 해주에
서 제1회 황해 기자 대회가 열렸을 때에도 그날 아침에까지 떠
날 준비를 하였다가 당일에 중지하고 못 갔던 고로 이번에는 별
러서 재령(載寧)까지 가는 셈이다. 다만 거의 신음하는 몸인 고
로 별로 생신(生新)한 감격도 있지 않아서 차안에 기대어 좌우를
내다보며 달아난다. 서북으로 툭 터진 큰 벌판에 동서로 길다랗
게 자리 잡고 앉은 새롭게 발전하는 사리원(沙里院)의 시가도 정
거장 부근에 우뚝 솟은 높은 창고 이외에는 그렇다 할 큰 건축물
도 없고 오직 수많은 초가들이 옴닥옴닥 누비었는데 벽도 얇고
지붕도 얇아서 어쩐지 찬바람이 휘도는 것같이 보인다.

서사리원역에서 잠깐 정차하고 떠나려 할 즈음에 본보 황주(黃州) 지국장 김세현 씨가 왔고 또 겸이포 지국의 정석종 씨가 와서 모두 함께 차를 타고 재령까지 가니 기자 대회에 출석키 위함이다. 영천(靈泉)과 서종(西鐘)의 모든 정거장을 지나 서남으로 줄곧 달아난다. 상해역에 다다르니 키 큰 역부가 뛰어나오며 '상해(上海)'! 하고 소리치며 그 나머지는 일본말로 주워섬기는 것이 좀 기이한 생각이 난다. 상해는 재령강의 한 포구이니 재령강이 비록 크지 아니하나 조류의 지배를 받아서 간만의 차가 자못 많으므로 만조시를 이용하여 선박의 운항이 많고 상해는 그 자명한 포구가 되었다 한다(『조선일보』, 1927년 3월 21일자, 1면).

○ 1927년 3월 22일 안재홍씨 환영회

『조선일보』에 사리원에서 열린 안재홍 주필 환영회 겸 간담회 기사가 실렸다.

경의선 사리원(沙里院)에서는 유지 청년들이 지난 17일에 이번 황해기자대회에 강연차 왔다가 귀경하는 도중 본보 주필 안재홍 씨를 초청하여 같은 날 오후 8시 영춘관(迎春舘)에서 간담회가 있었다(사리원)(『조선일보』, 1927년 3월 22일, 4면).

○ 1927년 3월 22일 재령 장날 l

『조선일보』에 「해서기행 2」이라는 제목으로 글을 실었다. 차를 타고 가면서 재령·상해·금산지역의 풍광을 살피고 재령에 내려 재령 장날의 풍경을 둘러보고 소회를 적었다.

중국의 상해(上海)가 세계적 대도시요, 또 지금 혁명전쟁의 중심지가 되려는 인상 깊은 곳인 고로 상해라는 지명은 어쩐지 이상한 감상을 일으킨다. 역의 게시판에도 소개한 바 있거니와 이곳은 대동강안의 요지인 평양 일대와 마찬가지로 고대 한족(漢族)의 이주지로서 일시 한족 문화가 번성하였던 땅이라 한다. 바다 하나 건너서 고조선으로 향하는 중국인들이 수일 전 대동강 어귀로 들어와서 거슬러 올라오다가 대부분은 토지가 편평한 평양 일경에서 서식하게 된 것이 소위 낙랑 시대를 출현한 시초이고 그 나머지는 조류를 쫓아 재령강 어귀로 휘돌아서 재령(載寧)·봉산(鳳山)의 툭 터진 벌판을 만나니 여기에서 또 기우(寄寓)[29]할 터전을 잡은 것이 거의 비슷한 사실일 듯하다.

그것이 대방(帶方) 문명의 건설지라고 하여서 평양의 낙랑과 대비한 것은 어떨는지 빠쁜 여행 중에 고증할 길 없으나 좌우간에 이 고장이 자고이래로 내외 인물의 집산이 덧없던 땅인 것은 짐작하겠다. 정차 시간이 꽤 되는데 추후로 보니 철광을 파 실은 화물열차의 교환이 되느라고 그러한 모양이다. 김세현 씨와 대좌하여 좌우의 지명을 손가락으로 가리켜보이며 멀리 장수산(長壽山)의 웅위한 기세를 바라보면서 슬며시 슬며시 달아나는 차 속에 몸을 끄덕이고 있다. 금산역(金山驛)에 가서 보니 구릉이 평평하고 낮은 곳에 한 흙산이 있어 전에는 웬만큼 높았던 양한데 여기에서 철광(鐵鑛)이 남쪽으로 태반이나 깎아내려 뭉겨 놓고 연방 파 실어서 겸이포(兼二浦)로 날라가는 통에 볼 꼴도없이 넓적해져 버렸다.

일본에서도 첫 손가락을 꼽는 미쓰비시(三菱)왕국의 부력(富力)[30]으로 이곳에서 나는 철광을 파내어 울궈 먹게 되었고 그를 위하여 일부러 겸이포까지 철도를 놓고 매일 파 실어 날라다가 제철소에서 녹여 내는 것이라 한다. 유럽 전란 당시까지 그야말

---

29) 임시로 몸을 의지하고 지냄.
30) 경제력.

로 쇳소리 나게 울려 먹었는데 그 후로는 대공황 초기에 움츠러
져서 이 즈음에는 그리 대단치도 못하다고 한다.

금산(金山)의 이름은 우보의 말씀과 같이 '쇠뫼'라고 철산(鐵
山)의 뜻을 표한 것이 추후로 잘못 번역되어서 그리 되었을 듯도
하나 이와 대비하여 은산이라는 지명이 바로 이 부근에 있으니
꼭은 모를 일이다. 이 일대에는 산화철이 몇 %나 섞였는지 검붉
은 토색이 매우 칙칙하게 보여서 황주 지방의 그것과 비슷하되
산화철의 취미가 더욱 농후하다.

이런 이야기 저런 이야기 하는 동안 기차가 벌써 재령역에 닿
았으므로 일행이 함께 내리니 가는 날이 장날이라고 마침 오늘
이 재령 장날인 고로 사방에서 모인 사람이 역전에 가득하다. 마
중나온 몇 사람이 인도하는 데로 자동차에 올라서 읍내로 곧장
들어갔다. 장꾼들이 빡빡한 길로 헤치고 가서 목적지에서 내리
니『조선지광(朝鮮之光)』의 김동혁(金東赫) 씨도 계시고 오래지
않아 또 민병덕(閔丙德)[31] 씨와도 반가이 만났다.『시대일보』창
간 전후에 씨의 노력이 매우 많았고 추후도 그의 발전을 위하여
퍽 고심하였으나 지금은 그의 고향인 이곳에 잠시 돌아와 있는
터이다.

정해진 문창여관에 가서 여행짐을 맡기고 김동혁 씨의 인도로
시가와 시내상황을 구경키로 한다. 부들포(蒲) 다발이 있고 부
들 메투리라 할는지 '자오락'[32]에 부들로 삼아낸 곱게 보이는 신
발이 적지 않게 나와 있다. 재령강이 멀지 아니하고 강언덕 작은
연못에는 부들이 많이 산출한다 하니 이 원료와 이 제품이 퍽 흥
미 있게 보인다. 갓가게에는 흰베로 만든 갓, 옷칠을 한 갓이 다
있고 새빨갛게 진분홍을 들인 붉은 갓이 놓였다. 이것은 신을 위

---

31) 민병덕(閔丙德)(1894~?) 황해도 재령출생. 보성중학교를 졸업하고 재령택시,
    재령트럭을 경영하였으며 명신여고를 설립했다. 해방 후에는 전남방직 부사장으
    로도 재직했다.
32) 민물이나 바닷가 습지에서 자라는 풀로 천일사초(千日莎草)라고도 한다.

하는 데에 무색 옷과 함께 두는 일종의 신령스러운 물건이라 한
다. 조금 있다 보니 촌에서 온 분이 1개를 사서 검은 갓 위에 포
개어 싸고 가는 것이 좀 이상한 감이 있다. 신성한 것을 표시하
는 데에 주홍색을 많이 쓰는 것은 고대의 통례라고 하려니와 구
월산(九月山)이 가까운 이곳에 이 풍속은 조선 토속학상으로 보
아서 흥미 있는 재료일 것이다.

　　사기전(沙器廛)에 가니 모로 깎고 간소한 그림은 놓은 조그마
한 자기병이 있어 마치 꽃병과 비슷한데 기름 담는 병이라 하며
훨씬 큰 자기 항아리로 가슴이 넓고 밑이 빠른데 높기가 서너 자
나 되고 아가리가 좁으니 이것은 장을 담는 항아리라 한다. 사군
자와 파초 등을 그린 것이 제법 고려 자기의 옛운치를 생각하게
하니 남조선에서는 볼 수 없는 것으로 향토색을 대표하는 맛이
있다. 이 외에도 못상(床)과 유기전(鍮器廛)이 검성드뭇하게 놓
여 있다. 한 모퉁이로 가니 수건으로 머리 동인 부녀들이 맨손으
로 본보기 종이를 서너 필 혹은 사오 필씩 들고 내왕하는 손님에
게 팔고 있는 것이 또 흥미롭게 보인다(『조선일보』, 1927년 3월
22일, 1면).

○ 1927년 3월 27일 소설가 이기영 원고료

『현대평론사』와 소설가 이기영 씨 사이의 원고료 문제를 알선해서
원만하게 해결하는데 노력했다.

　　그동안 조선문예가협회와 잡지 『현대평론사』 사이 이기영(李
箕永)[33] 군의 원고료 문제로 인하여 다소간 알력이 있었던 바 안
재홍 씨의 알선으로 쌍방의 대표자가 회합한 결과 원만히 해결

---

33)　이기영(李箕永, 1895~1984): 소설가. 호는 민촌(民村). 충남 아산 출신으로
　　경향파 문학의 대표적인 작가로 활동했다. 식민지 농촌 소설의 대표작으로 평
　　가받는 「고향」 등이 있다.

이 되어 조선문예가협회에서는 그동안 동 협회에서 발표한 성명
서의 결의문을 철회하였다는데 각 대표자의 말을 들으면 다음과
같다.

  – 이관용(李灌鎔) 씨[34] 이야기
  폐사 대 문예가협회와의 쟁의는 실로 의외의 사실로서 온 세
상이 다 알리만큼 확대되었던 바 마침 조선일보사의 안재홍 씨
의 알선으로 쌍방이 타협하게 되어 문예협회에서는 이미 신문지
상으로 발표한 성명서를 철회하게 되었고 그에 대하여 우리도
기정 방침을 떠나서 이기영 씨에게 약소하나마 약간의 예금을
드리게 되었습니다. 그리고 금후부터는 원고료에 대한 방침을
현대 사회 생활의 일반 경향을 좇아서 별도로 작정하려 합니다.

  – 최학송(崔鶴松) 씨[35] 이야기
  이기영 씨 원고료로 그러한 투쟁이 있었는데 안재홍 씨의 알
선으로 문제는 원만히 해결된 결과 성명서도 철회하고 그 원고
료는 받았습니다.
  (『조선일보』, 1927년 3월 27일, 2면)

○ 1927년 3월 29일 재령 장날 풍경

『조선일보』에 「해서기행 3」이라는 제목으로 글을 실었다. 재령장

---

34) 이관용(李灌鎔, 1891~1933): 고향은 서울이며 독립운동가이자 언론인으로 활
     동했다. 1919년 프랑스 파리에서 김규식과 함께 대한민국임시정부 파리위원
     부를 만들고 부위원장이 되었다. 1923년 한국인 최초로 스위스 취리히 대학에
     서 철학박사 학위를 받았으며 1926년 시대일보 부사장, 1927년 신간회 발기
     인으로 참여했고 1929년 광주학생운동진상보고대회 사건으로 옥고를 치렀다.
     2008년 건국훈장 애국장이 추서됐다.
35) 최학송(崔學松, 1901~1932): 호는 서해(曙海) 함경북도 성진출신의 소설가이
     다. 이광수의 소개로 등단하여『조선문단』객원기자, 매일신보 학예부장 등으로
     활동하며 「탈출기」, 「홍염」 등의 작품을 남겼다.

터를 둘러보고, 황해도 기자대회에 참석하고 신천온천에 도착하기까지 견문과 소회를 썼다.

경성과 재령이 얼마 거리 아니지마는 기온이 적지 않게 다른 것 같다. 이날은 경성 일기도 추워진 듯하나 재령에서는 제법 찬 바람이 살을 에는 듯한 맛이 있다. 그리고 시장에 나온 물품으로도 남조선의 그것과 많이 다른 향토색을 띤 것이 적지 않다. 실내 가구인 옷걸이 반닫이같은 것도 그 칠한 것이라든지 장식한 것이 얼마큼씩이나 달라서 대체로는 평양에서 보는 것과 같다. 여자용 마른신도 경성의 궁혜(宮鞋)·당혜(唐鞋)란 것과 같이 우아하고 화사한 맛은 없는 대신 제법 예스러운 양식으로 되었다.

우보와 같이 판관(判官)으로서 제배간(儕輩間)[36]에 소문이 나서 일찍 판관회 요직에 추대되었다는 분은 아마 한 켤레쯤 사서 가지고 갈 생각이 없지도 않았던 것 같았다. 맛보기라고 속칭하는 창칼이 있어서 목제의 칼집이 수수한 고로 우보와 함께 기념으로 한 자루씩 샀고 조금 돌아가니 버들고리가 많이 나왔는데 그중에는 육모로 테를 꺾어 역시 수수하게 만든 손고리가 있다. 우보가 또 하나를 샀고 이 고장의 특산으로 기장엿과 수수엿이 있으니 유명하기가 황주엿의 다음은 가는 모양이요 황주에서는 그것으로 토질병인 기침을 고친다 하거니와 여기에서도 이것을 퍽 숭상하는 터요, 두터운 덩어리를 지어 놓고 요청하는 대로 한두 근씩 깨트려서 저울로 달아 파는 것이 특별한 풍속이다.

과연 우보는 또 이 엿을 2근이나 사서 버들고리에 봉하여 둔다. 판관인 본령을 유감없이 발휘함이라 할까. 다시 포목전으로 가서 각 1필씩을 사고 장 구경을 마쳤다. 발길을 돌이켜 기자 대회장에 갔었다. 동부 유치원이 회장으로 되었는데 각 군에서 참여자가 58인이나 된다고 한다. 방청자까지 합하여 자못 성황이

---

36) 나이나 신분이 서로 같거나 비슷한 사람 사이.

다. 축사가 시작되어 각각 소회를 말하였는데 재령의 김 군수도 방청석에 왔고 많이 따라 다니며 호의를 표하기에 노력한다.

대회 임원이 선거된 후 언론의 권위와 신문지법·출판법과 언론·집회·결사의 자유에 관한 결의가 있었고 지분국과 각 본사에 대한 결의도 있었다. 이 대회와 함께 황해도 기자단의 정기총회도 열고 여러 가지의 의사를 진행한다. 우리 일행은 중도에 나와서 자유로 두루 돌아다닌 후 향약회관에 가서 대회원 일동과 한 가지로 점심을 먹는다. 기미운동 직후 청년 간에 각종 운동이 일어나매 이에 자극되어 노인 유생 등 유림 측에서도 이 향약회를 만들고 회관을 건축한 것이라 한다.

이선생 봉안소(奉安所)라고 감실(龕室)[37]의 문설주 위에 편액을 붙였으니 물어보지 못하였으나 율곡 선생을 봉안한 곳인가? 재령읍 서남청 수리면 서원리에 율곡 신생 이이가 와서 머물며 서당을 열어 후진을 가르친 300년의 유적이 있으니 이 지방에 깊은 인연이 있는 까닭이다. 마루 밖이 자못 추우므로 여러 사람들의 농담이 일어난다. 재령에는 방이 추운 것과 경찰이 사나운 것이 세 가지 특색 중의 둘이라고 한다.

다시 서너명의 옛벗을 만나 오랫동안 만나지 못한 정을 나누고 속으로 신음하는 몸을 잠깐 비끼어 쉬다가 민병덕 씨의 호의로 신천(信川) 온천행을 하게 되었다. 여기서 온천까지가 10리 남짓하니 자동차를 타면 오래지 않아 곧 도착하는 것이다. 신축 낙성한 높다란 기독교 회당을 굽어 보며 시외로 빠져나가 아직도 눈얼음이 질펀한 수전 지대를 건너간다. 남북으로 길게 뻗친 수백 정의 옥토가 언뜻 보면 일대 장강이 얼음으로 굳은 것과 같으니 이는 경성 숙명여자고보의 소유인 숙명 농장으로 약 400여 정보에 달한다.

워낙 궁가(宮家)[38]의 소유로서 자라나는 아가씨들을 교육하라

---

37) 사당 안에 신주를 모셔두는 곳.
38) 왕실 소유 토지.

고 떼어 준 것이니까 좋기도 좋으려니와 토지일망정 기름이 번드르르한 듯한 옥토이다. 그러나 듣건대 최근 재단법인으로 된 숙명여고보는 수지를 맞추기에는 큰 힘이 드는 듯하니 일본인 교직원으로 거의 전부를 채우게 된 것을 생각하면 그도 괴이할 것이 없는 일일 것이다.

내려 후리는 찬바람이 몹시 싫어서 좌우 산천도 맘대로 못 보겠으나 재령교를 번듯지나 일망무애(一望無碍)한 평야를 마음껏 구경하며 달아나는데 장날인 까닭에 우마차 몰고 가는 행인이 퍽 많다. 경철의 선로를 건너서 들판색이 잡초가 무성한 복판에 다다르니 곧 신천 온천장이라. 총총히 여관에 들어가 한 차례씩 욕탕에 들어가 몸을 녹이고 저녁밥을 재촉하여 먹고 재령으로 돌아오기로 한다. 이 밤 8시부터 신문 강연이 있으므로 곧 다녀가야 하겠는 까닭이다(『조선일보』, 1927년 3월 29일, 2면).

○ 1927년 3월 30일 신천온천에서

『조선일보』에 「해서기행 4」이라는 제목으로 글을 실었다. 저녁에 신명학교 강당에서 신문보도의 표준과 방침에 대해 강연하고 신천온천에 다시 가서 목욕을 했다. 조선인이 운영하는 온천장에서 온천욕과 식사를 하며 지방 동포들의 정황을 알고 향토적 정서를 느꼈다.

온천장 여관 앞에서 자동차에 내리자 유황 냄새는 문득 코를 찌른다. 어느 온천치고 유황 냄새 아니 나는 데기 없지마는 이 온천장에서는 유달리 유황 냄새가 난다. 옷 벗고 들어갈 사이 제씨가 먼저 들어가고 우보가 들어가고 나도 들어갔다. 물이 매우 더워서 동래온천과 그 온도가 비슷하다. 천온이 섭씨 50도 내지 58도이라 하니 그러할 일이다.

"에 뜨거워 이 탕에도 돼지를 튀겨 먹겠군요?"

"아! 소머리도 튀기면은 막 벗겨지는데요"

마침 우보의 머리는 탕에 잠기었다. 웃었다.[39]

물이 매우 미끄러우니 유황질이 많이 섞인 까닭일 것이다. 본 온천의 탕하나 중에 염화가리 18.5 염화 소다 96.1 유산 칼슘 12.9 유산 소다 17.5 중탄산 마그네슘 7.9 중탄산소다 154.5 등이 그의 주요 성분이라 한다. 이 탕을 마시면 체증(滯症)이 떨어진다고 향토인이 말하는 것은 중탄산소다가 많음에 인함인 것을 알겠다.

온천에 관하여는 다시 올 때 쓰기로 하고 사방의 풍경도 볼 새 없이 그대로 재령으로 돌아왔다. 숙소에서 잠깐 들러 내방한 제씨와 함께 그 후의 대회 경과를 들으면서 한참동안 휴게한 후 8시 지나 열리는 강연회장에 갔다. 서산 비탈에 이층루로 짜임새가 자못 거대한 신명학교 강당을 빌어서 연단을 베풀었고 참석자가 약 200여 인이라 한다.

겨울과 같은 추위에 등광이 환한 속에서 강연이 시작된다. 우보의 신문과 신문기자의 상세한 강설이 끝난 후에 나는 일반적으로 보도의 표준과 방침을 말하고 그쳤다. 2층 누상에서 다과회가 있어서 뜨거운 차를 마시면서 간담이 시작되자 신간회에 관하여 문의가 많으므로 아는 대로는 많이 말하였다. 신간회가 시대 의식을 순응하여 나온 것인 만큼 도처에 반향이 큰데 그 대신 책임자들의 임무가 큰 것을 알겠다. 신명학교장인 김낙영 씨가 임석하여 한 가지로 오랫동안 따뜻하게 이야기 하였고 밤이 늦어 여관방에 돌아와 취침하였다.

16일이다. 일어나서 세수하니 물이 매우 미끄럽고 또 건건한 맛이 있다. 이곳의 샘물은 모두 염분이 많아서 청렬(淸洌)한 맛

---

39) 황해도 기자대회에는 우보(右輔) 민태원(閔泰瑗, 1894~1935)이 함께 했다. 민세와는 언론인으로 평생 허심탄회하게 지냈던 사이다. 늘 근엄했던 안재홍의 글에는 웃음이라는 표현을 보기 힘들지만 드물게 '웃었다'라는 표현이 보인다. 우보는 1934년 이른 나이에 타계했다. 민세는 후에 '우보의 추억'이라는 추모기를 쓰기도 했다.

이 적고 씻으면 모발과 피부가 뻣뻣하여진다 한다. 그대로 지우(知友)를 찾아서 쉬고 있다가 오후에 우보와 김동혁은 자동차 편에 사리원을 향하여 경성으로 떠나고 나는 따로 완행차를 몰아서 신천온천장으로 간다. 피곤한 몸을 좀 쉬어 가자는 뜻이다. 날이 적이 따뜻하고 바람조차 잔잔한 고로 좌우의 산천을 운전사에게 물으면서 홀로 서쪽으로 간다. 기세가 가파른 구월산(九月山)의 연봉이 서로 걸쳐 있는 것을 바라보며 백설이 아직도 흰 금장산 내맥을 좌로 보면서 여유있게 간다. 재령평야가 미곡의 보고인 것은 잘 아는 바이지만 볏섬을 싣고 읍내로 들어가는 우마차는 오늘도 어제 같다. 한 시간 이상이나 걸려서 다시 온천에 다다랐다.

친절하게 고별하는 운전사를 보내고 대창여관의 한 방을 잡아 행구를 놓아 두고 즉시 온천에 들어간다. 여기는 조선인의 여관이요 온천도 거의 조선인 전용이다. 높다랗게 지은 탕관에서 여러 욕객들의 들리는 소리가 나온다. 창을 밀고 들어가 넓다란 욕조를 중심으로 백발의 늙은이와 새파란 소년들이 5~7인이나 있으되 더운 김이 소용도는 유황내 나는 욕탕에서 장대한 몸둥이를 가로 걸쳐 누웠으면서 "하나 둘 셋 넷… 백 이백" 하는 류의 목욕 노래를 유장하게 빼여 놓는 것이 두 사람 세 사람 네 사람! 마치 무슨 증열(蒸熱)이 삼는 듯한 인도국의 호숫가에 가서 범패(梵唄)를 외우는 여행자들의 광경을 목격하는 것 같아서 때 아닌 이국 정조조차 일어난다.

여탕에서도 마치 평양의 기방에서 미인의 앉은소리를 듣는 것 모양으로 '영변동대(寧邊東臺)' 류의 길다란 가곡(歌曲)이 병창된다. 추후로 저녁밥을 대할새 밥상에 먹을 만한 것이 또한 여행자의 생활에는 족하다 할 것이다. 항상 조선인 측의 온천장의 여관이 설비가 부족하여 거처하기가 불편하다 하나 이로써도 족하다 할 것이요 지방 동포의 정황을 알고 향토적 정조를 맛보기에는 화사한 여관·호텔보다 썩 나음을 깨달을 것이다.

해서 지방 여성들이 퍽 온건하고 견실함을 알거니와 이러한
특질은 온천장 속에서도 나타나서 어쩐지 매우 믿음직한 멋이
있다. 다만 어제는 모 여관의 젊은 주부에게 수리조합의 우두머
리란 추측을 받았고 오늘은 묵묵하여 입도 떼지 아니한 까닭에
일본 손님의 대접을 받은 것이 웃을 만한 삽화이다(『조선일보』,
1927년 3월 30일, 2면).

○ 1927년 3월 31일 이상재 선생 장례식 장의 위원

민세의 서울황성기독교 청년회 학관 시절 스승이자 조선일보 사
장으로 신간회 초대 회장을 맡았던 월남(月南) 이상재(李商在) 선생
이 3월 29일 별세했다. 안재홍은 이날 오전 10시 조선교육협회에서
열린 월남장 장의준비위원회에서 장의위원에 선정됐다.

고 월남(月南) 이상재(李商在) 선생의 별세하심에 대하여 시내
에 있는 각 단체에서는 선생의 장식 문제를 토의하기 위하여 31
일 오전 10시부터 시내 수표정에 있는 조선교육협회 안에서 그
동안 선정된 장의 위원들이 모여 위원회를 열고 사회장에 대한
절차를 토의한 결과 위원을 증가하기로 하여 교육계·실업계까
지 망라하여 60여 단체는 80여 단체가 되었으며 30인의 위원은
57인으로 증가되었다 함은 어제 이미 보도한 바와 같다.
이미 세상을 떠나신 거인의 마지막 길에 조금도 유감이 없기
를 바라는 마음에 전 사회의 모든 기관은 일제히 궐기하게 되어
4월 1일 오전까지에 참가된 각종 단체는 종교·교육·언론기관으
로부터 전당포조합·포목상조합·금은세공품조합에까지 이르러
그 총수는 조선교육협회, 신간회, 중앙기독교청년회, 무명회 외
110여 단체요 그 위원 총수는 70여 명에 달하였다는데 선정된
장의 위원은 다음과 같다.

김성수, 송진우, 안재홍, 백관수, 이상협, 인동철, 이영, 이병의, 맹성재, 이종린, 김정식, 박동완, 이강호, 변혁, 김용채, 김윤수, 유창환, 박승직, 유각경, 최두선, 유억겸, 김탁원, 김병로, 이관용, 이갑성, 정광조, 홍종숙, 구자옥, 한위건, 신석우, 김정기, 강매, 최정익, 류인원, 신태순, 이승복, 정노식, 이시완, 이현식, 안호형, 박희도, 양재창, 이서구, 이항종, 장우식, 황윤덕, 최명환, 김형배, 조동식, 엄주익, 최규동, 윤우식, 김연수, 최남, 백낙원, 이혼성, 박승빈, 김기전, 박형채, 안종호, 최원, 강창희, 유종익, 강인택, 조우, 김응집, 여운홍, 김진호, 노익형, 김정한, 이원우, 박상규, 박원희(『조선일보』, 1927년 4월 2일, 2면).

○ 1927년 4월호 중국은 공산화 할 것이냐?

『신민 24호』에 「중국은 공산화 할 것이냐」라는 주제로 기고했다. 중국이 좌파가 최후 승리하기 전에 우파에게 군사적·정치적으로 꺾임을 당해 우파가 우세한 시기가 다가올 것으로 예측하고 있다. 또한 사회민주주의 정도에서 노동자와 자본가가 협조하는 방향으로 나갈 것으로 예상했다.

　요원(燎原)의 기세로 전개되는 중국의 시국문제는 그것을 중국 일개국의 문제라기 보다 세계적으로 보기에 족한 일대 문제이다. 이 중차대한 문제를 그렇게 간단한 형식으로 단안을 내린다는 것은 극히 무모한 짓이라 하겠다. 그러나 굳이 나에게 시킨다면 나는 아래와 같이 말하고 싶다.

　중국이 공산화하겠느냐? 이 문제를 말함에는 현재 중국혁명운동에 있어서 중대한 현상으로 볼 수 있는 소위 좌익파(左翼派)와 우익파(右翼派)의 내홍(內訌)이다. 즉 서겸일(徐謙一)파를 중심으로 하는 무한파(武漢派)와 장개석(蔣介石)을 중심으로 하는 남창파(南昌派)의 분규다. 이 내홍의 결과가 어떻게 될 것인가를 말함이 중국의 공산화 여부를 말하는데 적절한 대답이 안될까 한다. 그러면 이 내홍의 결과는 어떠할 것이냐? 무한파의 승리냐? 남창파의 승리냐? 사상적·사회적 견지에서 본다면 무한파의 승리를 말함이 당연할 것이다.

그러나 군사상·정치상으로 관찰할 때 아무래도 남창파를 당하지 못할 것이 필연의 세라 한다. 이렇게 추측 관찰해 나는 좌파가 최후의 승리를 얻기 전에 먼저 우파에게 군사적·정치적으로 일대 꺾임을 당하리라고 보는 바이다. 그리하여 우파가 전성을 자랑할 날이 오리라고 믿는다. 이 우파도 정도문제여서 민중을 상대로해 결코 그에 배치되는 짓을 하지 않을 것이니 중국민의 새로운 시대의식인 삼민주의(三民主義)를 표방하고 제국주의를 반대하여 군벌 타도에 노력함에는 좌파와 큰 차이가 없는 까닭이다.

그렇게 된 뒤에는 중국은 얼마동안은 사회민주주의(社會民主主義) 정도(程度)에서 노자협조(勞資協調)의 정책하에 지배될 것이라고 한다. 이 동안에 공산화의 운동이 늘 진행될 것은 물론이다. 어쨌든 좌우 양파가 어느덧 협조가 된다면 모르거니와 좌파에서 당생지(唐生智)와 같은 주의상 미지의 인물을 그 무력상 옹호자로 장개석(蔣介石)과 항쟁하는 것은 승산이 없는 일이고 만일 무한이 다시 북방세력에 위협되는 날이 있다고 하면 그것은 더욱 장개석파의 세력을 증대하게 하는 기회가 될 것이다(3월 18일 씀)(『신민』 24호, 1927년 4월호).

○ 1927년 4월 7일 월남 선생 영결식

오후 2시 서울중앙기독교청년회(현 서울YMCA)를 떠나 경성역

〈사진 6〉 월남 이상재 선생 장례식 (『조선일보』1927. 4. 8)

(현 서울역)에서 오후 4시에 월남 선생 영결식이 열렸다. 영결식에 참석해서 애도사를 낭독했다.

개식
주악경성악대
식사위원장
약력보고 박승봉
선생 육성 소리 이갑성
애도사 낭독 안재홍
조문 장의위원회 낭독 이종린
조문 각단체와 유지 보고 홍명희
조전 보고 유억겸
애도가 중앙악우회
명상 1분간 일동
영결례 일동
주악 삼우회 악대
폐식
(『조선일보』, 1927년 4월 7일자, 2면).

발인 행렬이 영결식장에 도착하자 즉시 영구를 봉안하고 진영을 또한 모신 후 행렬을 정돈하기에 경호대의 분주한 활동이 있은 후 동 4시 정각에 영결식을 거행하였는데 위원장 윤치호 씨가 개식을 선언한 후 경성 악대의 비의극 주악이 있은 후 윤치호 씨의 선생을 추억하는 오열한 식사가 있은 후에 박승봉 씨의 약력 보고가 있고 선생이 살아계셨을 때에 취입한 레코드의 유훈을 이갑성 씨가 축음기로 들리매 그렇지 않아도 선생의 영결을 애달파 하는 만장의 조객들은 더한층 애모하는 마음을 심각하게 하였다.

다음으로 안재홍 씨의 처절 비장한 애도사 낭독과 이종린 씨의 장의 위원회 조문 낭독과 홍명희 씨의 각 단체 유지에게서 온 조문 낭독과 유억겸 씨의 조전 보고가 있은 후 중앙악우회원 일동의 애도가가 끝나자 일동은 1분간의 명상이 있었고 영결에 들어가 일반의 영결례가 끝나자 근화여학교와 협성여학교, 태화여학교, 반도여자학원 등의 각 여학생들의 영결례 기타 일반 남학생의 영결례가 있은 후 삼우회 악대의 또한 주악이 있은 후에 동 5시에 폐회하였는데 식장에는 사회 각 방면, 각 계급의 인사가 모두 참렬하였고 내빈으로는 시내에 있는 서양 사람과 및 일본 실업가 유지들이 많았다(『조선일보』, 1927년 4월 8일, 2면).

○ 1927년 4월 7일 월남 이상재 선생 조사

월남 이상재 선생 영결식에 참석해서 조사를 낭독했다. 월남 선생의 파란만장한 생애를 회고하고 수많은 사람들의 든든한 지주이자 식민지 시대라는 암울한 밤에 밝게 빛나는 거성이라고 추모했다.

아아! 슬프도다. 월남 이 선생이 드디어 가시도다. 영원히 가시도다. 다시 돌아오지 아니하실 그지없는 길을 멀리멀리 떠나

시도다. 우리를 버리시도다. 선생은 어디로 가시나이까? 우리는 누구로 더불것이요 선생의 넋은 그 아심이 있으실지니이다. 선생의 나신 곳은 조선이었고 나시던 때는 반만년의 역사도 저물어 가던 적이었나이다. 철종(哲宗) 원년 경술(1850년)은 선생 탄생의 해이었고 한양조의 왕업이 또한 시들던 날이었나이다. 선생은 그 쇠세(衰世)에 나신 몸이요 선생이 약관에 미치시매 동점(東漸)하는 서구세력은 선을 싸서 소용돌았고 장년(壯年)에 달하시매 반도의 산하는 문득 안정한 땅이 없으려 하였다. 갑신(甲申)·을유(乙酉)의 사이로부터 건양(建陽)·광무(光武)의 즈음에 이르는 동안 선각 혁신의 운동이 실패에 돌아간 지 10년, 일청(日淸)의 전국은 반도의 운명으로 누란과 같이 위태하게 할 때에 안으로 자유 민권을 부르짖고 밖으로 독립 자강을 고취하게 되니 겹겹으로 내려치는 시대의 압력은 굳센 자 부러지고 우뚝한 자가 넘어졌다.

선생은 부러지고 또 넘어지지 아니할 수 없으셨다. 그러나 풍운은 더욱 13도의 산하를 흔들고 변사가 갈수록 근역(槿域)의 정국에 퉁겨졌다. 어진 선비 부질없이 역명(逆命)을 무릅쓰고 길이 형문에 몸을 매는지라 나라가 무도하거니 선생이 어찌 화액(禍厄)을 면할 줄이 있었으랴. 러일전쟁은 다시 동방의 국면을 번복하고 반도의 생령은 이내 돌아갈 바를 알지 못하니 천하가 한심한 지 누년, 경술(庚戌)의 변국은 또 어찌할 수 없는 바이었다.

민중은 스스로 곤란스럽고 무거운 마음이거늘 선생은 이미 노령에 들어가셨다. 들어가는 세월, 까불대는 시운, 미끄러지는 발자국, 틀려 가는 공업, 국사의 슬픔과 위인의 한은 누가 헤아릴 자이뇨! 아아! 몸을 한미한 데 일으키어 뜻을 거대한 데 두고 때가 패망하는 사이에 있어서 마음은 광구(匡救)[40]의 성충을 버리지 아니하시니 선생은 그저 이치시도다. 늙으시도다. 넘어지지

---

40) 잘못된 것을 바로 잡음.

아니할 수 없도다. 그러나 선생은 더욱 굳세고 씩씩하시도다. 쇠세(衰世)가 다행하여 선생을 내었고 선생이 불행하여 쇠세에 나셨다. 선생은 그 많은 무리의 지석(支石)이요 어두운 밤의 거성(巨星)이었었다.

이제 지주가 문득 사라지고 거성이 급자기 떨어졌도다. 천하를 위하여 슬퍼하고 민중을 위하여 울지 아니하랴. 의(義)는 300년 횡포의 대제국의 간섭을 물리치고 용(勇)은 신흥한 강린의 마수의 발호를 꺾으며 충(忠)은 임금의 진노(眞怒)를 범하여 도리어 그 신뢰를 두터이 하고 도(道)는 형륙(刑戮)[41]에 넘어지는 혈육의 참화에 태연함을 얻으시되 눈물은 생소한 풍경에 헤어지는 동포의 앞에 내리시니 산하 만 리 우주 100년 선생의 맺힌 한이 그 어디 있던 것을 알 것이다.

국면이 번복되고 인민이 너욱 흩어지려 할 때 정계를 떠나 교육계에 들어가고 유교로 시작하여 기독에 마쳤으되 웅위한 기백과 건건한 일념은 천하의 빠짐을 건지게 하고 중생의 헤맴을 인도하려 하여 일찍 쉴 줄이 없으셨다. 일관하는 성충(成忠)이 천인을 통하였거늘 생을 마치는 비운은 드디어 1일의 안을 얻지 못하였다.

이제 선생이 가시니 거듭하는 비운은 그 일생과 함께 가는가? 그러나 태산이 무너지고 동량(棟梁)이 꺾이고 사회는 이로 인하여 의지할 바를 잃었도다. 천하의 민중으로 더불어 선생의 영결을 통곡하자 아니할 수 있으랴. 해학을 잘하심이 선생의 평소이신가? 폐부를 찌르는 해학의 속에는 골수에 우러나오는 분격(憤激)이 잠겼었고 낙천으로 표현됨이 선생의 천질(天質)인가? 화기가 융융(融融)[42]하신 낙천의 그늘에는 천지에 사무치는 비통이 숨었었다. 누가 해학을 해학이라만 하며 낙천을 낙천이라고만 하랴? 이제 선생이 가시니 분격을 풀 길이 없고 비통을 드릴

---

41) 죄인을 형벌에 따라 죽이는 일.
42) 화목하고 평화스러운.

줄이 없으며 마치시지 못한 사업을 누구와 함께 계술(繼述)[43]할 자이냐? 선생의 일생을 슬퍼하여 그 가슴속에 넘치는 비통을 울며 선생의 시대를 슬퍼하여 그 마치시지 못하신 사업 이루노라. 아아! 그러나 만천하의 후진이여, 모든 존경할 선배로 하여금 궁항(窮巷)[44]에서 넘어지게 하였으니 어찌 다만 비통함만 하랴? 선생을 슬퍼하는 슬픔으로 각각 자기를 슬퍼하지 않기를 바라서 이 슬픔으로 그칠 날이 있고자 할지어다. 삼가 제씨를 대표하여 이에 애도의 뜻을 표하나이다.

1927년 4월 7일
월남 이선생 사회장 장의위원 안재홍

(『조선일보』, 1927년 4월 7일, 2면).

O 1927년 4월 8일 월남 선생 사회장 부의금

월남 이상재 선생 사회장 부의금이 『조선일보』에 답지했고 그 명단이 실렸다. 민세도 50원을 냈다. 총 6,962원 50전이 모금됐다.

매일신보사 50원, 경성일보사 30원, 신석우 150원, 최선익 150원

안재홍 50원, 중외일보사 30원, 일본전보통신 경성지국 30원, 최창학 50원

예수교회 일동 312원, 백상규 50원, 한기악 10원, 백관수 10원, 김준연 10원

박승직 10원, 최은희 2원, 장지영 2원, 이길용 1원, 현진건 3원,

---

43) 조상의 뜻과 사업을 이음.
44) 좁고 으슥한 뒷골목.

송진우 5원

　이승훈 3원, 중앙기독청년회 노동야학회원 일동 2원 등 총
6,962원 50전

　(『조선일보』, 1927년 4월 8일, 2면 9단)

○ 1927년 4월 10일 에메틴 중독 사건 대책 강구회

　1927년 3월 함경남도 영흥군 주민들에게 토질(土疾)을 예방하기
위해 에메틴(emetine) 주사를 한 후 100여 명이 중독됐다. 이에 신
간회, 무명회 등은 영흥사건 대책위원회를 조직하고 위원과 의사 등
을 파견한다. 오후 5시 에메틴(emetine) 중독 사건 대책 강구회에
대책위원으로 참석했다.

　　에메틴 중독 사건 대책 강구회에서는 지난 10일 오후 5시에
　시내 종로중앙기독교청년회관에서 보고회를 개최하고 이관용
　씨의 사회로 특파조사위원 권태석 씨의 보고와 특파의사 박승목
　씨와 김탁원 씨의 조사한 결과의 보고를 청취하고 오랫동안 토
　의한 결과 현대 의학의 예증하는 바에 의하면 함남 영흥군에 있
　어서의 함남도 위생과의 처치는 다시 최대 용량을 초과하였음에
　불구하고 개개인의 건강 상태에 충분 유의하지 아니하여 겨우
　105명의 시술자 중에서 6명의 사망자와 60명의 중독자가 나오게
　함은 명백히 인명을 존중히 하지 아니한 것으로 인정한다는 판정
　을 얻고 그에 대한 비판 연설회를 오는 16일 이내에 개최할 것과
　기타 여러 가지 적정한 대책을 위원에게 일임하기로 한 후 아래
　와 같이 위원을 선정하고 폐회하였는데 해남 에메틴 중독 사건
　도 동시에 비판하리라고 한다.

위원

안재홍 이인 권태석 국기열 민태원 이종린 이관용 박승목 김병로

(『조선일보』 1927년 4월 13일, 2면)

○ 1927년 4월 14일 월남기념집 편집위원

월남 이상재의 관련 자료를 모아 정리하는 월남기념집 편집위원
에 선임되었다.

고(故) 월남 이 선생의 기념집을 발행코자 시내 수표정 조선교육
협회 안에서 장의위원 유지들이 모여 토의한 결과 내용은 아직 확
정치 못하였으나 '선생의 전기·일화·유고·유묵·유상(遺像)과 선생
대에 관련되는 일반 사항과 및 사회장의에 관한 상세 사항'으로 이
것이 출판되는 때에는 그의 파란 많은 78년 동안의 기록을 통하여
곡절 많고 감흥 깊은 조선 근대사를 알게 될 것이라한다.

편집위원 명단

김필수 정인보 이관용 이정섭 이시완 민태원 박승봉 신흥우
안재홍 유창환 윤치호 조우 최남선 최원순 홍명희

(『조선일보』, 1927년 4월 14일, 2면)

○ 1927년 4월 21일 단재 신채호 아들 신수범

북경에 있는 단재 신채호가 안질로 인해 실명위기 상황에 있고 병
세가 심한 상황이라 아들 신수범 군의 소재가 파악되면 『조선일보』
안재홍 주필에게 연락을 바란다는 내용이다.

방금 중국 북경에 있는 단재 신채호 씨는 얼마 전부터 안질로 병상에 신음하던 중인데 최근에 이르러는 더욱이 병세가 심하여 거의 실명할 지경이므로 그 아들 수범 군의 있는 곳을 찾는 중인데 소재가 명확치 못하다는바 누구나 수범 군의 주소를 아는 이는 본사 주필 안재홍 씨에게로 통지하여 주기를 바란다.

　　(『조선일보』, 1927년 4월 21일, 2면)

○ 1927년 4월 25일 무명회 총회

　　저녁 7시 조선인 신문·잡지 기자들의 모임인 무명회(無名會) 총회에서 사회를 진행하고 신임위원으로 선출되었다.

　　무명회의 제7회 총회는 30일 오후 4시에 개최코자 하였던 바 여러 가지 사정으로 말미암아 25일 오후 4시부터 동대문 밖 영도사에서 개최하고 최근 위정 당국에서 언론의 압박을 가혹히 하는 것과 당국의 그와 같은 정책을 기화로 여겨 언론계를 상대로 부당한 소송을 제기하여 언론계를 위협하는 분자에 대한 선군책을 토의한 후 이어 위원 개선에 들어가 위원을 다음과 같이 선정한 후 기금 문제와 채무 정리 기타에 대한 것은 위원에게 일임하고 오후 8시에 폐회하였다.

　　신임 위원
　　김우평 안재홍 이정섭 김동혁 박현환 이을 이관용

　　(『조선일보』, 1927년 4월 27일, 2면)

○ 매일신보 기사

무명회(無名會) 제7회 정기총회를 25일 오후 7시 동대문 밖 영도사(永導寺)에서 개최하고 시내 각신문 잡지사 관계자 50여 명이 출석한 가운데 안재홍(安在鴻) 씨 사회 아래 의사를 진행하여 먼저 그 동안의 경과 보고가 있은 후 위원 개선을 하야 신임 위원으로 안재홍, 이종홍, 김평우, 김동혁, 이관용, 박현환, 이을씨 등 일곱 사람들을 선거하고 또 중단회원에 대하야 신문잡지의 자격심사를 하여 정리하기로 가결한 후 동회 채무일비 60원의 정리와 기본금 안배 등에 대하여는 위원에게 일임 하기로 하고 기타 명예훼손에 대한 형법조문과 신문·잡지 등에 관계에 대한 3가지의 결의가 있은 후 폐회하였다(『매일신보』, 1927년 4월 27일, 2면 1단).

○ 1927년 5월 조선민족성의 국제사적 고찰

『현대평론』 4호에 「조선민족성의 국제사적 고찰 (1)」이라는 제목으로 기고했다. 조선인은 하늘숭배사상을 가지고 있으며 나약한 민족이 아니고 용맹하다고 강조하고 있다.

민족, 그것에 대한 정의를 자세히 쓸 필요를 생각하지 않는다. 민족, 국민, 인종까지도 혼동해 쓰는 전례가 상당히 교양있는 사람들 사이에서도 발견할 수 있는 것이지만 일개 민족의 혈통(血統)과 연원(淵源)의 혼합된 관계 여하라든지 민족, 국민, 인종 등의 개념과 그 용례의 적부(適否)를 검토하는 것은 도리어 쓸데없는데 빠지는 걱정이 있을 것이고 또 그만큼 무용한 까닭이다. 그러므로 좀 막연한 감이 있지만 조선민족이란 그것에 관해 인류학적 혹은 역사학적 검토를 그만두고 다만 역사상 나타난 조선민족성의 대체적 경향을 나의 본바대로 쓴다. 이러한 것은 자못 중대한 학술적 문제이고 가볍고 거친 견해를 나타낼 바가 아니지만 다만 그것이 국제사적 측면에서 발로된 부문을 가지고 약간의 논평을 시도하려 한다. 하물며 이에 대하여 충분한 조사와 연구를 더함이 못되고 오직 평소 역사적 사실에 대해 느끼는 바를 종합해 바쁘게 강연을 했었고 이제 또 그것을 글로 기록하는 까닭에 적지않은 학구적 불안조차 느끼는 바이다.

국제사라 하면 흔히 외교사를 연상한다. 그러나 외교라하면 한 국가·한 민족의 권력을 잡은 부분에서 요약된 세력으로 다른 한 국가·한 민족과 교섭하고 절충하는 것을 말하고 국제라는 것은 다만 그런데 국한하지 않고 정치적 교섭·절충으로부터 교천무역(交遷貿易)과 이주·침입하여 핍박하고, 기타 문화상태에 일정한 영향을 미칠만한 상호작용을 모두 포괄해 볼 수 있는 것이다. 한국민·한민족의 특성이 어떠한가 하는 것은 이러한 광범위한 관계에서 더욱 그 전모를 엿볼 수 있을 것이다. 이것이 조선 민족성의 국제사적 고찰을 말하고자 하는 이유이다.

조선 국제사는 일반의 예와 같이 근대에 내려옴에 따라서 점점 빈번한 바 있으니 최근으로는 19세기 중엽 이후인 고종 3년 프랑스 함대의 침입 등을 비롯해 동서열강의 정치적 관계가 매우 뒤섞여 엉클어진 바 있는 것은 그 두드러진 것이겠지만 줄잡아서 삼국정립(三國鼎立) 당시 중국과 몽고 제민족, 일본 등 사방 제민족과 관계되는 것이 우선 중요한 일이라 할 것이다. 그러나 민족성의 진정한 상태는 상고(上古)에 천지가 개벽(開闢)한 시대에 비교적 간단한 방식으로 표현되는 원시적 조건에서 오히려 여실하게 얻어 볼 수 있는 것이다. 그럼으로 이제 내외사적에 단편적으로 흩어져있는 문자를 주어모아 개인 의견을 부치고자 한다.

몽고지방을 거쳐 흑룡강(黑龍江) 유역으로부터 만한(滿韓) 지방으로 남하하고 그 중요한 일파를 의무여산(醫巫閭山) 동방으로부터 바닷가를 쫓아 지나의 직례(直隸)·산동(山東)·산서(山西)로부터 멀리는 안휘(安徽)·강소(江蘇)에까지 갔던 것이 고대 조선민족이 움직인 방향으로 볼 것이다. 우랄알타이계의 혈통에 속한 민족이 배천사상(拜天思想)을 중심으로 한 원시시대부터 경건한 신앙과 상무적(尙武的) 경향을 가졌던 것이 공통적인 한 특성이었다.

그 생활양식은 간이소박(簡易疏薄)을 특색으로 삼은 가운데에서도 일찍부터 톡특한 문화체계를 형성했던 것은 식자들이 이미 정평으로 하는 바이다. 여기에서 조선민족의 특색과 결점을 발견하는 경로를 얻을 것이다. 통상으로 조선은 나약(懦弱) 혹은 유약(柔弱)한 민족이라고 생각하는 것 같다. 그러나 그 천성으로 조선인은 결코 나약(懦弱) 혹은 유약(柔弱)한 민족이 아닐뿐 아니라 가장 강용(强勇)한 어느 경우에는 차라리 매우 용맹한 특성조차 가진 민족이라 할 것이요 그 결점은 도리어 반대 방면에 있을 것이다.

여기에서 긴급하게 문제 되는 것은 이렇게 무용강맹(武勇强猛)한 민족이 어떠한 정도까지 시문을 짓고 읊는 기풍을 띄웠으며 그 반대로 어찌하여 유연(柔軟)하고 나약한 데까지 흘러갔는지가 한가지 의문이다. 또는 상무적이요 경건한 신앙심을 가진 민족인만큼 그 조직적, 통제적인 큰노력과 역사적 대작업에 있어서 조선인은 어떤 정도의 탄력을 발휘하였는지 혹은 그 반대로 비관할만한 결과를 냈는지가 한가지 의문이고 따라서 평화적인 통상시대에 있어서 얼마큼 그 정력을 기술적·산업적 방면에 기울여 시민적 생활을 풍족·견고하게 하였는지가 한 가지 문제이다.

과거에 있어서도 이것이 문제였고 지금으로부터 장래까지도 이것이 큰 문제이다. 하물려 조선인은 어느 정도까지 독립성과 독창력을 가졌으며 또 외국문화에 대한 소화 혹은 동화의 역량을 가지고 있는지 이것을 검토하는 것은 현대의 비상한 민족적 역경에 처해있는 조선 지식인으로서는 결코 한가로운 일이 아니라고 단언할 것이다. 이는 민족전쟁사와 사상변천사 또는 순수한 외교사상에서 그 역력한 증거와 자취를 고찰함을 요하는 바이다(『현대평론』 4호, 1927년 5월호).

○ 1927년 5월 잡지 『동광』에 바란다

『동광』 2권 5호, 1927년 5월호에 「제 명사(名士)의 의견」이라는 제목으로 기고했다. 특히 조선의 현실 상황을 고려해서 교양을 넓히고 특히 자연과학에 관심을 가지도록 잡지를 통한 소개에 힘써달라고 강조했다.

조선에서와 같이 곤란한 곳에서 그와 같이 꾸준히 하여 가심을 먼저 칭찬하고 싶습니다. 그리고 학문과 수양문제를 중심으로 더욱이 조선의 향토문화를 천명(闡明)하고 수양하려고 힘쓰시는 것이 두드러진 점으로 현재 조선에서 매우 필요한 줄로 압니다. 조선의 정음(正音)을 솔선하여 바로 잡아가기에 애쓰는 것 같은 것은 도리어 향토문화의 천명배양(闡明培養)을 위한 일부의 방편이라고 보아서 따로히 추천하고자는 아니합니다.

그리고 혼자 다 겸할 수는 없겠지마는 금후에는 되도록 자연과학을 통속적으로 취미있게 소개하여서 신진청년들은 말할 것도 없고 아직까지도 적막하게 유한(有閒)한 독서계급의 사람들에게 새로운 방면을 개척하게 하면 좋을까 합니다. 조선인의 생존운동의 한 반정도는 그 교양방면에 있고 그 반정도는 과학에로 나아가게 함이 있다는 것은 누구나 공인하는 바니까 말씀입니다(『동광』 2권 5호, 1927년 5월호).

○ 1927년 5월 5일 월남 선생 애도글

미주부인회에서 월남 선생 애도글을 민세에게 보냈다는 내용의
기사가 『조선일보』에 실렸다. 미주지역 여성들의 정성을 모아 약소
한 금액을 장례 비용에 사용해달라고 요청했다.

고(故) 월남 선생을 애도

이번 월남 이 선생께서 돌아가신 데 대하여 미주에 있는 부인
회에서는 다음과 같은 간곡한 조장을 본사를 통하여 보냈다. 하
와이 부인 구제회 회원 일동은 귀 신보사 제위께 평강하심을 문
안하오며 무거운 책임의 얼마나 노력하시옵나니까. 하와이 부인
구제회 각 지방 임원 이하 일반 회원은 문안 하옵나이다. 우리
의 극히 존경하고 바람이 큰 이 선생의 별세하신 소식을 듣고 마
음의 낙망됨과 애통함은 붓으로 기록키 어렵습니다. 연하여 우
리 여성들의 애통하는 정성을 만분지 일이나 표현키 위하여 약
소한 금액을 덧붙여 보내 장례 비용에 사용케 하였습니다. 비록
금액은 약소하오나 우리 여성들의 선생을 위하는 애통함은 만배
나 큽니다. 귀 신보사의 번영 발전함을 비오며 귀 보사를 위하여
분투 노력하시는 제위 선생들의 귀체 건강하옵심을 하와이 부인
회원 일동은 축수하옵나이다.

1927년 4월 11일
부인 구제회 중앙부장 김유실
조선일보사 안재홍 선생 귀하
(『조선일보』, 1927년 5월 5일, 1면)

○ 1927년 5월 14일 전조선중등학생 현상웅변대회

오후 8시 보성전문학교 주최 전조선중등학생 현상웅변대회에 최남선, 민태원, 최원순과 함께 심판위원으로 참석했다.

시내 보성 전문학교 학예부에서는 오는 14일 오후 8시부터 시내 종로 중앙기독교 청년회관에서 전조선 중등 학생 현상 웅변대회를 개최한다는데 이날 저녁 심판 위원은 안재홍, 조정환, 최남선, 민태원, 최원순씨 등 5명이다.

(『조선일보』, 1927년 5월 7일, 2면)

○ 1927년 5월 20일 조선과 동아시아

『조선일보』에 「조선과 동아: 우가키(宇垣)총독의 성명서」라는 제목으로 기고했다. 사이토 총독 대신으로 조선 대리총독을 맡은 우가키 육군대장의 성명서 대한 비판했다. 일본인 본위의 제반 정책은 결국 조선인의 생존을 가속적으로 위협하게 될 것이라고 주장했다.

우가키(宇垣)[45] 육군대장이 조선대리총독으로서 일본으로부터 취임함에 임하여 일개의 성명서를 발표하였다. 이는 자못 이미 들은 이야기에 속하는 것이요, 또는 대관(大官)의 진퇴함에 의례로 성명서를 발표하는 것이라 따로 문제 찾을 것 없으며, 하물며 사이토(齊藤) 씨와 우가키(宇垣) 씨의 사이에 아무 정치적 차이가 있는 위치를 구할 바 없으니, 이것을 평설(評說)함이 거의 무

---

45) 우가키 가즈시게(宇垣一成, 1868~1956): 1927년 4월부터 10월까지 조선임시총독을 지냈다. 육군대장, 육군차관, 육군대신을 지냈으며 1931년~1936년까지 6대 조선총독을 역임했다.

용한 일이지마는, 근일 침체한 중에 도리여 변동의 기세를 많이 가지고 있을 조선 통치의 수뇌자(首腦者)로서의 그의 성명은, 전혀 불문에 부칠 바가 아니다. 우가키(宇垣) 씨에 대하여 개인으로서 정치가로서 우리는 아무 선입적인 고정된 감정이나 관념을 가진 바 없고, 소위 말쑥한 백지로써 대하는 바이다.

세계의 대세, 더군다나 동아시아의 정세에 임해서 20만 동포의 복리를 증진하여 생활의 안정을 꾀하기를 첫머리에 내어놓았고, 적당한 국책의 수행에 맹진(猛進)할 때인 것을 역설하였다.

세계의 대세와 동아의 정세는 지금으로써 새로이 설명하는 바아니요, 허구한 동안에 항상 입버릇처럼 되풀이하는 바이지마는, 현하에 있어서 다난(多難)한 동아의 정세를 쳐드는 것은 다만 진부한 상투어로만 볼수 없다. 중국의 혁명, 러시아와 영제국의 서로 양립하지 못할 동방정책 등에 의해 동아의 정세가 다만 20년 이전 제정러시아의 맹진시대(猛進時代)에 비할 바 아닌 것은 이목(耳目)이 있는 자의 한가지로 생각하는 바이며, 이로 인한 장래의 변동은 스스로 오래전의 보수적인 견지에서 독단할 바 아니다. 이에 대하여 다만 적당한 국책(國策)을 수행키에 힘쓸 것을 말함에 그치고 아무 명백한 표시가 없는 것은, 우물쭈물한 말로 당면문제를 속여 넘기고자 하는 현대식 정치가의 통상적인 태도인 것이 명백하다.

지성과 정성을 가져서 2천만 동포에 접하여 그 심리와 감정과 관습을 속히 이해하여 공정하고 합리적인 요구이면 될 수 있는 대로 달성케 할 것이라고 했다. 두 민족의 알력과 갈등이 심리적 감정과 관습 등 단순히 도덕적 혹은 유심적 이유에 의함인 것은 부인할 수 없다. 따라서 이에 대한 사교적인 주도면밀함으로 두 민족의 알력과 갈등을 줄이거나 없애겠다는 것은 일리있는 기획이다. 그러나 권력, 금력, 지력의 우월로 계획적이고 조직적인 국민적 대진출의 앞에 그 생존의 이해가 서로 양립하지 못하는 관계와 수산, 교통, 운수, 일반상공업 등 각종 산업과 이민, 교육, 취직, 작업, 연찬, 이용 등 각방면의 문제를 합해 양립할 수 없고 도태(淘汰)되지 아니할 수 없는 냉혹한 처지에 대하여 어떠한 정도의 지성과 열정을 가질 수 있는지 우가키(宇垣)씨 자신으로서도 솔직히 단언할 수 없을 것이다.

조선의 통치란 것은 제국의 존위와 이천만 동포의 근심걱정과 관계되는 중대사라고 했다. 조선문제가 그들의 제국적 존위에 중대한 관계가 되는 것은 익히 잘 아는 바이다. 더욱이 소위 현하 동아의 정세에 비추어 보아 매우 중대한 것을 자타가 아울러 부인하지 않는 바이다. 그런고로 독단과 공상으로 가볍게 집어치울 수 없는 것이다. 군비를 증설하고 교통망을 완비하고 산업적 지배를 더욱 엄격하고 단단하게 하고 일본화(日本化) 본위의 교육을 갈수록 풍성히 하면서 합리적·조직적 지배의 기반을 굳히려 하는 것은 그의 공포스러울만한 심모원려(深謀遠慮)[46]에서 나온 것이다. 그러나 이러한 일본인 본위의 제반 정책은 결국 조선인의 생존을 가속적으로 위협하게 되어서 그들의 소위 안정과 복리로써 길들여야 할 동정과 일체가 전연 독단과 공상의 환영에 돌아가고 말 것을 속히 이해해야 할 것이다.

일본인과 조선인의 정신적·경제적 제휴를 강조하여 균열이 생기지 아니할 것을 역설하였다. 일선융화(日鮮融化)가 물질결합으로 전화하였고 다시 또 정신적·경제적 제휴에까지 도달한 것은 적당한 정책을 수립하기 전에 먼저 적당한 숙어(熟語)를 안출한 고심을 알려니와 지성과 열정을 고조함에 대해 옳고 그름을 따지지 않고 조선문제에 관해 어떠한 광명있는 새로운 국면을 열수 없는 것은 거의 명백한 사실이다. 우리는 마침내 조선 자체와 조선인 자체의 비켜설 수 없는 생존의 요구에 의하여 그 주위의 정세에 순응할 것이다. 막연하게 동아의 정세를 고조하여 이천만 동포의 근심과 걱정을 논하는 자에 수긍할 수 있겠는가?(『조선일보』, 1927년 5월 20일 1면 1단).[47]

---

46) 앞날을 생각하는 깊은 계략이나 음모.
47) 본사설은 『조선일보』 원문이 삭제된 상태여서 『조선일보 명사설오백선』 수록본을 참고한 것임.

○ 1927년 5월 21일 미국에서 온 서신

미국 오하이오주 잭슨시에 거주하는 통신원 김홍범이 민세에게 서신을 보냈다. 미국 북부 미시시피강 지역이 홍수로 큰 피해가 나서 10여 개의 도시가 없어지고 이재민이 15만 명 발생했다는 소식을 전하고 있다.

안재홍 좌하

미국의 처음 되는 대홍수의 상황은 일반통신으로 보도되었을 줄 압니다. 여기서 목격한 광경과 듣는 바를 적어 보냅니다. 미국 북방에서 보름 동안이나 그칠 줄 모르고 오는 비가 마침내 유사이래의 대홍수를 내고 말았습니다. 4월 15일부터 미시시피강은 물이 불기시작하여서 매시간에 인치씩 불어가는 물이 그대로 일주간을 계속하더니 평시에는 강폭 반마일의 강이 지금은 30마일이라는 엄청나는 바다를 이루었습니다. '미시시피'라는 것은 토속어에 '물의 조종(祖宗)'(시조)을 의미함이라는데 그야말로 시조 강이 되었습니다.

이러한 결과 3,000마일의 지역이 전부 침수되어서 번화하던 도시와 평화로는 농촌도 온통으로 참혹한 물나라가 되고 말았습니다. 미시시피 연변 5주인 알칸소, 켄터키, 테네시, 미주리, 미시시피 지방은 온통 하늘에 닿는듯한 물결 속에 잠겼습니다. 내가 있는 이 미시시피 주에만 12군이 전부 침수되었고 중국인이 많이 있다는 델타시는 벌써 터전도 찾을 수업도록 싹 쓸어버렸습니다. 혁명의 총알을 피한 중국인들은 물살을 맞아 죽어버렸습니다.

아무리 과학이 진보된 이 시대요 교통기관이 완비하다는 미국이지만 이러한 불우의 천재를 만나서는 하는 수가 없습니다. 기차와 전선은 모두 불통되고 5백 명은 벌써 수장된 것이 판명

되었으며 외부 10여 대도시는 벌써 없어졌습니다. 비행기로 약간의 인명을 구제하는 중입니다. 그런데 오늘 신문을 본즉 집과 옷, 밥없는 인간이 15만 명이라고 합니다. 이런 중에도 물은 여전히 매시간 3인치씩 불기만하는데야 어찌하겠습니까? 집, 가옥, 가축, 작물, 기타 제반 손해는 아직 알 수 없고 또 한없이 불어만 가는 미시시피의 강물도 얼마나 가고 말는지 알 수 없습니다. 상세한 소식은 이뒤에 또 보내겠습니다.

4월 21일 미시시피주 잭슨시에서(『조선일보』, 1927년 5월 21일, 2면).

○ 1927년 5월 23일 일본이민 장려문제 비판

『조선일보』에 「일본이민 장려문제(상)」라는 제목으로 기고했다. 일본 이민으로 조선인이 만주 등으로 이주함으로 인해 유랑자가 발생하는 문제를 지적하고 일본인의 조선이민은 조선과 일본 사이에 재앙의 씨앗이라고 비판하고 있다.

일본의 통치하에 있는 조선의 고통은 이민문제가 우선 가장 큰 것이다. 동경(東京)과 대판(大版)의 자본가들이 자기 저택에 앉아서 걱정없이 조선의 경제계를 통제하고 있는 것이 거의 결정적으로 되어있고 50만을 헤아리는 관공리(官公吏)·군경·상공업인사·일본인 이주자가 또 조선의 모든 기능을 지배하고 있거든 하물며 국가의 장려와 특수회사들의 책동에 의해 다수의 농업이민으로 집단적으로 조선의 농촌에 진출해 차지하게 된다는 것은 흩어짐을 부르짖는 농민 조선의 현상에서 돌아보아 중대한 사태라 아니할 수 없다.

하물며 금후 조선총독부에서 이민계획을 갱신하기로 하고 직접 이민을 모집하여 상당한 액수의 인구문제와 식량문제는 일본의 제국주의적 존재를 위해 당면하고 있는 양대 현안이다. 그들의 발표에 의하건데 대정(大正) 14년[48] 말까지 일본내 총인구는 5천 9백 7십만 6천인이었는데 15년 도중의 차이가 9십 4만인으로 현재 인구총수가 6천 6십 4만 명에 달할 것이요 인구 잉여와 식량부족은 그들에게 있어서 더욱 절박한 문제가 될 것이니 이러한 형세에 의하여 자연적으로 조선이민의 방책에 귀결되는 것은 거의 필연적인 일이다. 북미, 만주, 지나 등에 있어 정치적 사정이 일본이민의 자유로운 진출을 허락하지 않는 상태요 남미, 남양에서 요컨대 여의치 않게되니 그들의 유일하고 안전한 식민지로 믿는 조선을 향하여 수일 선선히 몰려오는 것은 괴이한 바가 아니다. 그러나 이로 인하여 반드시 일본의 영원한 국책사업이 이루어지는 것도 아니요 도리어 극동화액(極東禍厄)의 씨앗을 뿌리는 것이다.

내국이민의 정책이 선지가 벌써 수년이 되었다. 10개년 계획인 북해도 이민정책은 합계 200만의 농민을 보내고자 함이란다. 그러나 현재 더욱 늘고있는 인구수로 보면 북해도 200만의 수용으로는 해결할 수 없는 것이 명백하다. 이에 있어서 저들은 당연히 대만의 미질개량과 조선의 산미증식(産米增殖)으로 식량의 공급을 완화시키고 다시 조선을 중심으로 대륙방면에 대대적인 이민계획을 결행하려는 것이다. 만한(滿韓)집중의 주장이 일한병합으로 대륙정책에 일단락을 지은 계태랑(桂太郎), 소촌수태랑(小村壽太郎) 무리들에 의해 주창되었고 지난번에 지적했던 영목(鈴木)군사령관이 조선에서 떠날 때 일천만 이민의 조선이주의 가능을 말하며 헌정회(憲政會)의 아무개들이 조선인의 만주추방론과 함께 일본 이민의 대거 이주를 토론하던 것은 모두 이민문제에 관하여 음미함을 요할 것이다. 이제 조선총독부로부터 이민의 모집장려를 결행하고자 하는 것은 앞에서 서술한 모

---

48) 1924년.

든 관계를 계승한 그들 제국주의 정책의 정통적인 구현이라할
것이다.

작년 이래 조선인의 해외 이전은 거의 획기적으로 두드러지게
되었다. 금년 1월 아래만 보더라도 일본에 도항하고자 하는 자
중에 4만여 명이 저지되고 오히려 5만의 도항자가 있었으며 봉
천성(奉天省) 당국의 발표에 의하건데 금년 1월 이후 북만주와
봉천성내 접근지에 이주한 조선인이 17만에 달한다 하였다. 만
주이민 중에는 해당지역에서 다시 이주한 자가 상당한 수에 달
하였으려니와 각지에서 속출하는 조선인의 떠도는 무리가 10만
을 헤아리게 되는 것은 확실하다. 황해도 봉산, 재령, 경남의 진
주, 함안, 호남의 김제 태인 각군의 비옥한 평야에서 일본의 이
주자 무리에게 쫓겨나는 조선인 농민이 넘쳐흘러 일본에 도항하
거나 그렇지 않으면 만주로 가는 것은 고치기 힘든 영속성을 가
지게 되었다. 여기에 있어서 조선인의 집단적 생활을 깨뜨리고
일본인의 대거 이주를 함으로써 저들의 소위 '동양의 평화'라는
것이 실현되어 심모원려(深謀遠慮)[49]라고 하겠으나 그 실은 도
리어 영원한 화액(禍厄)[50]의 씨를 뿌리게 되는 것을 알아야 한다
(『조선일보』, 1927년 5월 23일, 1면 1단).

○ 1927년 5월 24일 일본 이민이 조선에 주는 피해

『조선일보』에 「일본이민 장려문제(하)」라는 제목으로 기고했다. 일
본인의 조선이민 장려는 조선인의 생활을 어렵게 하고 두 민족간의
갈등을 심화시킬 것이라고 비판하고 있다.

---

49) 깊은 꾀와 먼 장래를 내다보는 생각.
50) 재앙과 곤란함.

인구문제와 식량문제는 서로 겉과 속, 처음과 끝으로 불가분의 문제가 되었다. 뿐만 아니라, 이 두 문제를 종합한 소위 식민정책은 현재 일본의 제국적 존재의 중추기능을 지은 것만큼, 가볍게 논할 바 아니다. 그러나 일본의 식민정책, 제국주의(帝國主義) 정책은 조선문제에 있어서 매우 중대한 암초를 내포하고 있다. 그는 조선인의 민족적 강대(强大)가 장래 일본에 대한 어떠한 무력적 대화란(大禍亂)을 저지를 만하다는 것을 우리가 그릇되이 믿고자 함이 아니요, 일본의 세계적 지위와 조선의 극동에 있어서의 위치가, 그의 역사 진전의 필연적 과정에 있어서 그렇게 성취될 가능성이 있음으로써이다.

조선의 화전민은 116만여 명을 헤아린다. 화전민의 생활은 원시적인 상태를 면치 못하고, 그들이 산에 있는 숲에 주는 손해는 식자(識者)들이 공통적으로 인정하는 바이다. 화전민의 단속 같은 것은 구태여 악의로 해석하지 않는다. 그러나 116만 명의 인민으로 하루 아침에 그 생계를 잃어 조금도 그 선후책(先後策)[51]을 강구하지 않는 것은, 통치당국의 성의를 비판하지 아니할 수 없다. 무성의는 결국 무정(無情)에 인함이니, 저들이 가슴속에 조선인의 평안과 근심을 생각하는 정(情)이 적은 것이다.

3억 2천만의 거액으로 경영되는 산미증식계획(産米增殖計劃)은 비록 다소의 거북함이 있더라도, 이 이산(離散)의 비참한 재앙 중에 넘어지려 하는 가련한 화전민을 구호할 수 있을 것이다. 그러나 저들이 화전민의 이산(離散)에 대하여 무관심한 것과 같이 각지의 비옥한 농촌에서 무산소작민(無産小作民)들을 밀어보내고 또 이어서 몰락하는 소지주와 자작농들의 소유한 토지를 하나로 합쳐 소유해 다음날의 이민을 오게 하는 것이다.

철원, 평강, 중부조선의 평야에서 집단적인 일본이민촌을 보기에 그리 멀지 아니한 장래가 될 것이다. 멀리는 함경남북의 비

---

51) 먼저 할 일과 나중 할 일을 연관해서 꾸미는 계책.

교적 황무(荒蕪)한 땅에도 일본 이민의 집단적 생활을 보게될 것이다. 발이 한번 재령·은율의 평야에 들어섰던 자는, 누구든지 일개의 소일본(小日本)을 그 고장에 이식(移植)하여 논 것에 놀라려니와 이러한 일은 금후 예정한 계획으로써 착착 실현하게 될 것이다.

뿐만 아니라, 이러한 농업이민단과 어민촌과 공업지가 저들에 인하여 곳곳에 생겨남을 볼 것이요, 그와 호응하여 철도망과 신작로의 우편자동차와 주둔군과 경찰서와 일본인 전용 학교가 더욱 많아질 것이요, 장갑열차의 시운전과 군용비행기의 항공이 더욱 빈번하고 관문해협의 해저철도는 더욱 조선과 일본간의 교통을 신속케 할 것이다. 이런 것은 소위 저들 자손만년(子孫萬年)의 계획이 될 것이다. 그러나, 그의 결과가 저들이 예기한 바와 합치되지 않고 어떠한 반대의 현상을 이루지 아니할까.

저들의 물질적 모든 시설과 지배력의 계량적 표시는 조선을 제압하고 이기고도 남음이 있음을 확신케 할 가능성이 있다. 저들의 정치적 우월과 함께하는 문화적 지배력에 의하여 마침내 조선인으로 그들에게 압력에 굴복하고 사라지기를 별수없이 할 것을 강하게 믿으려 한다. 그러나 지금까지 조선에서 체험하는 바와 해외 선진식민제국(先進植民帝國)의 그의 문화적인 피예속 민족(被隷屬民族)에게서 경험한 바에 의하면 조선의 인민들이 저들에게 융합 혹은 동화될 수 없는 것은 물론이요, 이해의 차이에 인한 끊임이 없는 충돌은, 그의 가속적으로 발표되는 민족적 경제의 차이와 함께 결국은 영속하는 갈등으로 문제해결의 날에까지 갈 것이다.

여기에서 만일 지금보다 개선됨이 있다 하면 그는 다만 현실과 동떨어진 감정적 알력(軋轢)으로부터 냉정한 이지적 갈등으로 전화(轉化)됨이 있을 뿐일 것이다. 그리하여 두 민족의 혼거(混居) 상태가 복잡할수록, 그에 따르는 재앙은 오랜동안 지속할 것이다. 현대 과학의 진보와 교통의 발달은 역사적 원칙을 많인

뒤바꾼 것 같다. 그러나 해양국가인 일본으로써 반드시 연연(戀戀)하게 대륙에 발전하기를 힘쓰는 것은 퍽 부자연스러운 일이다. 현재 국제 정세와 지리적·인종적 제조건이 일본의 북진정책을 가장 타당하게 하겠지만, 자연스러운 형세는 일본으로 하여금 해양국가로서 발전이 시급하다. 영제국의 동방정책과 미합중국의 태평양정책은 모두 일본으로 해상의 진출을 단념하게 하는 바 있지만 그러나 일본으로 하여금 서남(西南)으로부터 그대로 남양(南洋)에 내려가게 하는 것은 영원한 장래를 위하여 매우 자연적이요 또 행운을 가져오게 할 것이다. 만일 일본에 현명한 정치가와 지도자가 있다 하면 그의 대륙정책이 영원한 재앙의 요소를 품고 있는 불행한 전통적 무거운 짐인 것을 깨닫게 될 것이다(『조선일보』, 1927년 5월 24일, 1면 1단).[52]

○ 1927년 5월 26일 미국에서 온 편지

『조선일보』에 「북미 학창에서 1」라는 제목으로 미국 오하이오주 휴론(Huron)시 유학중인 유학생 통신원 윤성순(尹珹淳)[53]이 민세에게 보낸 편지가 실렸다. 고향에서의 추억과 친구들에 대한 그리움, 어학과 인종차별로 인한 어려움 등을 이야기하고 있다.

안재홍 주필 귀하
일전에 주신 서한을 배하옵고도 다시 회신을 못 올리어 죄송합니다. 경성에도 벌써 봄기운이 움직여서 적이 정서 연면(連綿)

---

52) 이 글은 원문 삭제여서 선집 글을 실음.
53) 윤성순(尹珹淳, 1898~1975) 경기도 포천 출생. 경성고등보통학교, 경성공업전문학교(현 서울대 공대 전신) 광산과와 미국 컬럼비아대학 철학과 박사과정 졸업. 이화여전 교수를 역임하고 해방 후 상공부 광업국장과 2대~4대 국회의원을 지냈다.

하게 하는 바였다고 하셨으니 시간의 빠름을 다시 안 느낄 수 없나이다. 지면을 대하실 때에는 화창한 시절이 다 가고 녹음방초의 아름다운 계절로 변할 그때일 것입니다. 이 무궁한 세월에 인생 칠십을 비겨볼 때에 일개 점만도 못한 감을 느낄 그동안을 살겠다고 발버둥질 치는 그 진의가 어디 있을까? 자문하였으나 시원한 답은 얻지 못했습니다.

천고의 서철 소크라테스도 "너 자신을 알라!(Know thyself)"고 부르짖은 만큼 자아를 알기는 가장 어려운 중에 하나가 아닌가 합니다. 이곳 휴론성(城)에도 봄소식이 이 구석 저 모퉁이에 만발하였습니다. 창밖에 지저귀는 아름다운 로빈(Robin) 새소리를 들으며 파룻파룻 올라오는 정원의 풀을 볼 때에 일종 형용키 어려운 감회가 샘솟듯 걷잡을 수 없어 재빨리 펜을 들어 회신을 쓰기 시작하였나이다.

아―옛동산에 같이 놀고 싶은 친구의 생각 간절하나 수만 리 가로막혀 빈 마음의 실마리만 산란하여 창공에 배회하여 마지 않습니다. 자연히 자질구레한 일들이 얼마나 자기와 밀접한 것을 더욱 깨닫겠으며 또한 그들의 옛날 행동 하나하나가 어슴프레하게 연상됩니다. 한 예를 들어 옛 생각 옛 친구들을 추억할까 합니다. 제가 이곳 오기 전에 친구들로부터 윤바람이니 샌프란시스코 멍키니 기타 많은 별명을 얻었답니다. 아마 성이 윤가이니까 윤바람이라고 하였겠지요. '멍텅구리'[54]의 친구 윤바람은 아닌 것만은 말씀드리고 싶습니다. 제가 바로 이곳 오기 전에 우연한 기회에 샌프란시스코 멍키, 즉 상항원(桑港猿)라는 별명을 들었더니 과연 얼마 아니되어서 그와 같이 된 것을 생각하면 우연한 부합이라고 생각됩니다. 이곳 온지도 1년 가까이 되건만은 아직도 식탁을 대할 때에나 교실에서 공부할 때에 원망을 입에 내듯할 때가 많습니다. 미국 사람 생각에는 칼리지 라이푸(대학

---

54) 1924년 10월 『조선일보』 주필 안재홍이 기획한 최초의 4단 신문만화 제목.

생활)를 제일 뜻깊게 생각하나이다. 모든 앞길의 토대가 모두 이 때에 형성되는 까닭인가 합니다. 그렇기 때문에 미국와서 대학 생활를 못 느낀다면 보람이 없을 만큼 중요한 것은 사실입니다.

그러나 우리 조선 학생으로서는 그 또한 쉬운 일이 아닙니다. 첫째, 어학 부족과 풍습이 다른 것과 또는 편견(인종별로 본)으로 그네들과 잘 휩싸여지지 않기 때문에 처음에는 많은 곤란을 받게 되나이다. 그러나 점차 어학도 익숙하여 지고 널리 사귀려고 힘을 쓰면 차차로 처음 당하던 곤란도 적어갈 것입니다. 저는 아직도 고통 중에 있으나 먼저 온 분들을 보면 저으기 위로가 됩니다. 혹 반에 있어서 어떤 때에는 잘 알아들을 수도 없고 취미가 적어질 때에는 부질없이 공상과 잡념이 생기기 시작하여 반에서 공부하는 미국 학생과 우리 학생을 겉면으로 비교해 볼 때도 있습니다. 마음이란 간사한 것이라 많은 수효를 그럴듯하게 보여 지고 한두 사람인 우리들을(자기 나라 사람이건만) 도리어 이상하게 볼 때가 있습니다. 두발은 더욱 검어 보이고 피부색은 더욱 누렇게 보이고 키는 더욱 적어 보입니다. 이것이 역시 편견의 일종이겠습니다.

전일 우리나라에서 전문학교에 다닐 때에는 여학생이라면 신기하기도 하고 수줍기도 하여 마음대로 잘 쳐다도 못 본 나로서는 남자 이상 활발하고 남녀 간 아무 간격이 없이 한 반에서 공부를 할 때에 예전 학생 생활을 가끔 비교해 볼 때도 있습니다. 그리고 또 우스운 것은 미국 학생들이 우리를 볼 때에는 10년쯤은 나이를 덜 봅니다. 나의 연령이 29세이건만 그네들이 볼 때에는 17~18세로 봅니다. 그렇기 때문에 29세라고 말할 수도 없으며 혹 줄여서 20세라고 하여도 도리어 놀라면서 결혼하였는가? 물어보는 때가 많습니다. 결혼하였다면 홀로 유학 온 것을 이상히 생각합니다. 그 이유는 이 사람들은 결혼 후에는 여간한 일이 아니면 내외간 떨어져 있는 예가 드문 까닭입니다. 그렇기에 웃음의 말로 결혼 아니하였다고 대답하는 때가 많습니다(『조선일보』, 1927년 5월 26일, 2면).

○ 1927년 5월 27일 근우회(槿友會) 창립행사

오후 7시 30분 종로중앙기독교 청년회관에서 열린 근우회(槿友會) 창립행사에 참석해서 축사를 했다.

여성 해방운동을 목표로 하고 전 조선 지식계급 여자를 망라하여 근우회(槿友會)가 탄생한다 함은 이미 본보에 여러 번 보도한 바이거니와 그동안 준비위원 제씨의 대대적 활동으로 만반 준비를 유감없이 마치고 마침내 5월 27일 오후 7시 반부터 종로중앙기독교 청년회관에서 창립 총회를 열게 되었다. 첫 여름 상쾌한 밤에 녹색 휘장을 가슴에 붙이고 용감한 태도로 모여드는 회원과 이 여걸(女傑)들의 대기염을 기어이 한번 듣고자 밀려드는 방청인들은 정각 전부터 그야말로 뭉게뭉게 청산에 구름 모인 듯 회원이 150여 명의 다수에 달하였고 상하 방청석은 과연 입추의 여지도 없어 1,000명이나 가깝게 되었다.

정각이 반시간을 지나 준비위원장 유각경 씨가 개회를 선언하니 축하의 박수 소리는 장내가 무너질 듯이 장엄하였다. 먼저 김활란 씨의 의미심장한 개회사가 있었고 준비위원 중 최은희 씨가 회원을 점명한 후 임시 집행위원으로 의장 김활란, 부의장 유각경, 서기 유영준, 차사백, 최은희, 사찰 이덕요, 주세죽, 강정희, 임순분, 현덕신 10인이 선거되었다.

다음으로 우의 단체인 신간회 대표 안재홍 씨와 노동총동맹(勞働總同盟) 대표 김기완 씨의 만강의 충정을 표하는 뜻깊은 축사가 끝나니 장내의 공기는 매우 엄숙하였고 서기 최은희 씨로부터 조선각지와 외국에서 보낸 15통의 축전과 40여 통의 축문 낭독을 마치매 일층 긴장한 공기 속에 사의를 표하는 회원 일동의 박수 갈채가 있었다.

준비위원 중 유각경 씨가 경과를 보고하고 준비위원 중 황신덕, 이현경, 김활란 세 사람이 작성한 강령과 규약 초안을 받아

報 日 鮮 朝 【日曜日】 日九十二月五年二和昭

會衆千名의盛況
槿友會創立完了

◇ 一大綱領과 九個議案可決

〈사진 7〉 근우회 창립 (『조선일보』 1927. 5. 29)

심사위원으로 이경지, 박신우, 심은숙 세 사람을 선거하여 통과
케 하였다. 이어서 준비위원회에서 작성한 의안과 예산안에 대
한 장시간 토의가 있은 후 앞으로 근우회의 사무를 처리하기 위
하여 먼저 전형위원으로 박원희, 황신덕, 이현경, 유각경, 김활
란, 이덕요, 정칠성 등 7인이 피선되어 집행위원으로 다음과 같
은 21인을 선정한 후 최은희 씨의 인도로 근우회 만세를 삼창하
고 자정을 20분 못 미친 깊은밤에 대성황으로 종료하였다.

보행위원 명단
김활란 유영준 차사백 이현경 이덕요 유각경 박신우 현덕신
박원희 최은희 조원숙 정칠성 방신영 박경식 정종명 김선 김영
순 우봉운 홍애시덕 김동준 황신덕
근우회강령
조선여자의 공고한 단결을 도모함
조선여자의 지위 향상을 도모함
(『조선일보』, 1927년 5월 29일, 3면)

○ 1927년 6월 남녀학생 풍기문제

『현대평론』 6호에 「남녀학생 풍기문제」라는 주제로 인터뷰 글을
실었다. 당시 남녀 학생 풍기문제의 2가지 원인을 말하면서 그 대안
으로 적극적으로 청년남녀들을 긴장하고 진작시키도록 사회 운동이
필요함을 역설하고 있다.

　　남녀학생 풍기문제에 관해서는 그 실제 사태에 어떠한 정도에
까지 가는지 말로 듣고 신문 지면을 통해서 보고 하니까 그 진상
이 어떠한지는 꼭 모릅니다. 그러나 그토록 문제가 되고 또 그
대체의 경향만을 목격할 수 있는 바니까 추상적으로라도 정곡
(正鵠)을 짐작은 합니다.
　　남녀 풍기문제는 세계적으로 보편적인 병폐라서 조선에만 있
는 것은 아니니 조선에 한한 일이라고 너무 개탄하거나 비관할
필요는 없습니다. 조선의 현재 사정은 남녀학생 풍기가 좀더 문
란도 하다하겠고 그보다는 남녀학생을 이 풍기문제에까지 가는
것이 다른 어떠한 사회보다도 더욱 걱정거리를 삼게되는 것이라
할 것입니다. 그러나 요컨대 이 풍기문제가 일어나는 이유는 첫
째 청년남녀들이 과도기적 혼란형태에 빠져 상규 이상으로 난잡
하게 되는 것, 둘째 암담한 시대 사정이 그들로 하여금 유일한
위안과 쾌락을 이성과의 관계에서 향유하려는 것에 원인이 있
습니다. 전자에 관해서는 얼마쯤 통과하여야 될 중간형태로 보
아서 그에 대한 지도와 감독이라든지 또는 청년남녀 자체의 반
성을 일으키는데 있다고 하겠지만 후자는 원인이 시대의 불행에
있는만큼 퍽 고려를 요할 점입니다.
　　그것은 다만 구구하게 풍기문제를 운운하느니 보다 차라리 적
극적으로 청년남녀들을 긴장하고 진작시키도록 조직적이고 통제
력있는 사회 운동을 일으킬 필요가 있습니다. 그들로 하여금 다

각각 책임감에 의해 긴장된 경건진지(敬虔眞摯) 생활을 하게되면
풍기문제는 문제가 되지않을 것입니다. 이 점에 관해 아무것도
상당한 학생운동이나 청년운동을 필요 이상으로 억압만 하는 위
정 당국에게 궁극적 책임이 있다고 할 것입니다. 광명이 있는 앞
길을 바라보면서 뜨겁게 달려 나가려는 자들에게 언제 풍기문제
가 날 사이가 있을것입니까?(『현대평론』6호, 1927년 7월호).

○ 1927년 6월 현대 인명사전

『동광』 2권 6호의 「현대 인명사전」 속에 이 시기 거주하던 공평동
75번지 집등 안재홍 관련 정보가 실려있다.

조선일보 주필 안재홍

아호 민세(民世). 개국 500년 11월 30일생. 진위(振威) 출생.
원적 경기도 진위군 고덕면 두릉리 646. 현재 경성부 공평동
75. 아버지 농업, 처 이씨(李氏). 광무(光武) 9년 결혼. 2남 1녀.

1914년 일본 동경 와세다대학(早稻田大學) 정치경제과 졸업.
1915년 경성중앙고등보통학교 학감 (2년). 1924년 조선일보 주필.

신간회에 힘씀. 중국 여행. 좋아하는 책은 역사책과 경서. 취
미는 등산.

현대인명사전(現代人名辭典)

(『동광』 2권 6호(14호), 1927년 6월호).

○ 1927년 6월 7일 조선 공직사회 비판

『조선일보』에 「공직하위(公職何爲)」라는 제목으로 기고했다. 출세
지향적인 공직자들의 태도를 비판하고 민족적 정서에 반하는 행동

을 하는 공직자들에 대한 감시가 필요함을 역설하고 있다.

　　전조선 공직회가 끝났다. 공직자로 출마한 분자(分子)가 최근 자
못 변함이 있다. 공직자란 이들의 언동이 민중적으로 문제화하는
만큼 공직자대회도 또한 무관심할 수 없었다. 31개조 제안에는 얼
숭덜숭한 바 있었지만 저들이 공직자로서 가지는 태도가 어떠한가
를 재는 한 징험(徵驗)이 되는 것이었다. 그러나 떠들썩하게 웃거
나 하품으로 보잘 것 없는 장면을 만들고 말아서 의연히 특수부류
사람들의 본색을 벗어나지 못했다. 그러고 보면 참봉(參奉)의 점지
(帖紙)를 맡아두는 것과 같이 공직자의 직함으로 출세에 재물을 삼
은 그의 누열(陋劣)한 심사(心事)를 다시 한번 데밀어 보게된다.
　　조선의 모든 부류의 사람들은 우선 그 깜냥에 따른 항쟁을 하
는 것이 옳다. 모든 사람으로 언제나 변함없이 오게 하기는 하
루 아침에 될 수 없는 일이니, 차라리 모든 사람으로 그 타고 있
는 처지에서 조선인을 의식하고 항쟁하게 하라. 그런고로, 대중
은 매족적(賣族的) 언동을 한 한 공직자를 용서치 아니 하였고,
기타의 모든 사람을 항상 면밀한 감시를 하고 있는 것이다. 무릇
우경(右傾) 중에 있는 자로 항상 그 타락의 길로부터 목적의식을
향하여 돌아서게 하고 그리하여 반발적 전진(反撥的 前進)의 새
경향을 만들 수 있다 하면, 선구자는 비루하다고 방임할 자 아니
다. 역사의 발전성은 모든 적진 중에 빠져버린 자들을 잘 조종함
으로 인하여 더욱 촉진될 수 있다.
　　(『조선일보』, 1927년 6월 7일, 1면 1단).[55]

---

55) 이 글은 원문 삭제상태여서 민세선집본을 실음.

○ 1927년 6월 7일 관계부침(官界浮沈)

『조선일보』에 「관계부침(官界浮沈)」이라는 제목으로 글을 썼다.

　다나카(田中) 내각이 되면서 일본정계에는 가지가지 파란이 생겨났고 지방관에까지도 겨우 8부현(八府縣)쯤 남겨두고는 쉰 콩나물 대가리 몰골로 우수수 떨어져서 그중에도 기골이 있는 자는 좌천(左遷)에 불복하고 사표를 제출하였다. 이 파란은 필경 조선에까지 미쳐서 우선 지사급(知事級)에서 상당한 변동이 있었다. 이는 이미 지나간 소식이니 이렇다고 내세울 바도 아니지만 관계(官界)란 그곳에 남모르게 추악한 면과 상심처(傷心處)가 있다한다. 사학 출신으로 관계에 나서는 것은 망상이고 아무개 일본 늙은 관리는 그의 지지부진한 관력(官歷)에 불평을 품고 개탄했다 하지만 조선인으로서 관리된 자의 비애는 우리들로서는 헤아리가 어려운 바가 있다고 한다.

　군수도 지정군(指定郡)에는 일본인에 한하는 것이니까 그러한 경우에는 문제도 없지만, 조선인 군수로서 서무과장인 일본인의 발호(跋扈)에 견디어내는 자는, 뱃속을 푹 썩여버리고 덤비지 아니하면 아니되는 모양이다. 모처럼 관계(官界)에 나서서, 지사(知事)면 등용문(登龍門)을 한 셈이요, 그렇지 아니하면 참여관(參與官)[56]쯤으로 빙빙 돌고, 지사까지 올라가되, 석조전(石造殿)[57] 근처에 가서 단단히 등을 대었거나, 그렇지 아니하면 차라리 오장을 빼어놓고 이목을 덮어두고 이좌(吏佐)들의 하자는 대로 따라다니지 아니하면, 며칠이 못되어 목이 잘리는 모양이다.

　그리고 가장 곤란한 자는 반숙(半熟)한 친일가(親日家)요, 만일 조선인이라는 의식을 그대로 지니고 가자면 더욱 말이 못 되는 모양이다. 등을 든든히 대려고, 마침 좋은 기회에 철야체읍

---

56) 부지사에 해당.
57) 총독부 신축 청사.

(徹夜涕泣)한 야살궂은 아첨꾼도 있다 하지만, 이런 것은 피아
(彼我)가 사(邪)를 교정(交征)하는 것이라 하겠다.

머리를 숙이어 관계를 가되, 가서 시원할 일 없고, 돌아서서
민중과는 서로 버스름한[58) 바 있으니 그는 실로 상하사불급(上
下寺不及)[59)의 처지이다. 이미 일대 비협동운동(非協同運動)이
단행될 수 없는 처지이요, 기술·견식·기량으로 관계에 가되 모
든 차별과 냉대 속에 잠기게 된다 하면, 그는 마땅히 더욱 분발
하여 그 권위를 발휘하도록 할 것이요 그리하여 그곳을 전야(戰
野)로써 항쟁을 할 것이다. 그러나, 이러한 기골(氣骨)이 그들에
게 없고 통치군(統治群)은 더욱 편협과 모멸로써 하니, 조선시
국의 화인(禍因)이 여기에 있다. 진출하여 총행(寵幸)과 영귀(榮
富)를 얻지 못하니, 차라리 물러서서 부정(否定)의 무리와 합작
함이 옳지 아니한가(『조선일보』, 1927년 6월 7일자, 1면 1단).

○ 1927년 6월 9일 숙명여보고 맹휴 사건

숙명여보고 동맹휴교 사건 학부형대회에 참석 경과보고를 했다.
당시 여동생 안재영 숙명여보고에 재학중이었다.

학교 당국의 무성의와 무책임으로 또다시 분규를 일으킨 숙명
여자 고등보통학교는 문제가 점차 확대되는 동시에 영향이 사회
에까지 파급되었음은 지금 새삼스럽게 말할 여지가 없거니와 우
선 직접적으로 문제에 당면한 학부형은 문제들 해결하고 학교
당국에 대한 대책을 강구하고자 이미 보도한 바와 같이 9일 오
후에 숙명학교 대강당에서 100여 명의 학부형이 모여 학부형 회
의를 개최하였다. 먼저 안재홍 씨와 전백 씨의 경과 보고가 있은

---

58) 틈이 벌어진.
59) 위도 아래도 서로 미치지 못함.

후 신중하게 심의한 결과 다음과 같은 결의를 하고 그것의 실행에 노력 중이다.

결의
질문지를 작성하여 교장과 학감에게 제출할 것.
학생의 등교 여부는 학생에게 일임할 것.
위원 7인(장도· 이숙종 두 사람 추가)에게 문제가 해결될 때까지 적극적으로 학교 당국을 감시하고 대책을 강구하고 실행하게 할 것.
학교의 내막을 철저하게 조사하여 학부형회와 사회 일반에 발표할 것.
(『조선일보』, 1927년 6월 11일, 2면).

○ 1927년 6월 10일 신간회 경성지회 창립 임시의장

오후 8시 중앙기독교청년회관에서 열린 신간회 경성지회 창립대회에 임시의장으로 사회를 봤다. 이날 창립행사에서는 회장에는 한용운, 부회장에는 허헌이 선출되었다.

신간회경성지회(新幹會京城支會)를 설립하기 위하여 그동안 준비위원회에서는 이에 대한 만반의 준비를 완료하고 예정과 같이 10일 오후 8시부터 시내 종로중앙청년회관에서 설립대회를 개최하게 되었는데 경성에 적을 둔 동회 회원 430여 명 중에서 290여 명의 출석자가 있었고 방청석에도 3백여 명의 방청자가 모여들어 대성황을 이뤘는데 정각이 조금 지나서 김상진 씨가 개회를 선언하자 강인택 씨의 간단한 개회사가 있은 후 임시집행부 선거에 들어가 구두 호명으로 임시의장에 안재홍 씨와 임시 서기로 성원 씨 외 3인이 선출되었다.

안재홍 씨 사회하에 준비위원회의 경과 보고가 있은 후 즉시 임원선거에 들어가 우선 전형위원 11인을 선거하여 후보를 선거하게 한 후 일반 무기명 투표로 선거하기로 하였는데 이때에 경성지회에는 조사연구부와 출판부의 기관은 존재의 필요가 없으므로 이 두 기관은 생략하자는 동의가 있어 즉시 가결되었으므로 지부 간사는 25인을 두기로 결정되었는 바 당선된 간사는 다음과 같다.

회장: 한용운 부회장: 허헌
간사: 이원혁 황신덕 김홍진 박의양 정칠성 이병헌 김항규 강인택 홍기문 이 황 이병의 이시완 이희춘 김정기 김영륜 박완 김익동 김동혁 이갑준 박영태 강상희 박○일 김인수 조원숙 신현구
(『조선일보』, 1927년 6월 12일, 2면).

○ 1927년 6월 11일 국민교육주간 조선 실시 요청

미국국민교육회에서 『조선일보』 안재홍 주필을 통해서 제1차 세계대전 휴전 주간인 11월 11일에 국민교육주간의 조선내 실시 요청을 제안했다.

북아메리카합 중국에서는 지난 1920년 이후로 교육주간을 실시하였는데 그 영향이 매우 좋아서 다른 나라에서도 이것을 많이 시행한다는 바 최근에 이르러 세계국민교육회에서는 이것을 세계적으로 시행하자고 각국에 통첩하였는데 금번에 미국국민교육회(米國國民敎育會) 총무 J.W.캡튜리 씨에게서 본사 주필 안재홍 씨에게로 조선에서도 이것을 실시하도록 하자고 하는 서신이 왔는데 그 전문은 아래와 같다.

안재홍 귀하

1920년 이후로 우리나라에서 방방곡곡이 미국교육주간을 준수해왔으며 그 목적은 교육사업과 그 필요에 특히 주력하므로 학교발달상 무쌍한 좋은 영향을 주는 결과가 있나이다. 타국의 교육가 제씨도 각각 그 자국에 이를 따라 교육주간을 시행하기를 동의한 바 있어 최근에 세계국민교육회장의 명의로 학교의 향상발전을 위하여 세계적 교육주간을 준수할 필요를 환기하는 통신을 보낸 바 있습니다.

미국재향군인단이 국민교육회와 합동하여 그 진행할 순서를 조성하니 타국의 재향군인단이 이와 같은 뜻으로 협력할 줄로 믿습니다. 교육주간은 세계 1차 대전의 휴전주간으로 정하였나이다. 이는 세계 1차 대전의 승패를 따지지 않고 이 평화일에 시행함이 옳은 줄로 생각하는 바입니다. 귀국에서는 여하한 방법으로 시행이 될는지 알 수 없으나 지방에서 시작하여 점차 전국적으로 확대할 것입니다. 또는 교육가들이 모여 즉시 전국적 사업을 만들 수도 있다고 합니다.

(『조선일보』, 1927년 6월 11일, 2면).

○ 1927년 6월 12일 제5회 조선전문학교 연합정구대회 대회장

오전 9시 경성운동장에서 열린 조선학생회 주최 제5회 조선전문학교 연합정구대회에 대회장으로 선출되었다.

조선학생회 주최 조선일보 후원의 제5회 조선전문학교 연합정구대회는 12일 오전 9시부터 경성운동장서 거행할 터인 바 조선의 전문정도의 12교가 전부 참가하게 되어 실로 사계 초기록을 지었음은 물론이요 명실상부한 대회인 만큼 일반 팬의 인기는 전전부터 비등되어 있는 바 그 추첨 결과는 다음과 같다. 그리고 금년 대회 승자에게는 주최 측에 우승컵을 수여할 것이라 한다.

위원과 부서
금번 대회는 제5회인 만큼 그동안의 모든 경험을 갖춰 더욱 신중히 하고자 그동안 주최 측에서는 심판 선정에 고심 중이던 바 대회의 위원은 다음과 같이 결정되었다.
회장: 안재홍　　심판위원: 이길용
본부위원: 강근섭 동창현 윤처현 최병걸 김철용
(『조선일보』, 1927년 6월 12일, 2면).

○ 1927년 6월 12일 제5회 조선전문학교 연합정구대회 축사

오전 9시 30분 경성운동장에서 열린 제5회 조선전문학교 연합정구대회에 참석해서 축사를 했다.

조선학생회(朝鮮學生會) 주최와 조선일보사 후원의 제5회 전조선 전문학교 연합정구전은 예정대로 흠뻑 무르녹은 푸른 그늘로 장식한 대경성의 동편 훈련원 머리의 경성운동장에서 개최되었다. 이날은 모든 사람의 지루하고 피곤한 몸을 쉬는 일요일이라 이른 아침부터 물밀듯이 들어오는 다수 관중으로 앞뒤의 스탠드는 스스로 매

〈사진 8〉 전문학교 연합 정구대회
(『조선일보』 1927. 6. 12)

워졌으며 필승을 기하는 12개 전문학교의 100여 선수 건아는 보기 좋게 모여들어 예정보다 30분 늦어 9시 반에 조선일보사 주필 안재홍 씨의 의미깊은 개회사로 싸움의 막이 열렸다.

그보다 먼저 작년도 우승권자인 고등상업학교로부터 우승기의 반환식이 끝나니 여러 날을 두고 다루고 다룬 제각기 의기를 뽑내게 되었다. 쪼이는 여름날 햇발에 별처럼 나는 볼방울이 남쪽에서 북쪽, 북쪽에서 남쪽으로 오락가락하는 겨를에 취해 날뛰는 관중의 환호성은 훈련원 벌판을 깨뜨리는 듯했다.

(『조선일보』, 1927년 6월 13일, 2면).

○ 1927년 6월 18일 신간회 김천지회 설립대회 강연

오후 3시부터 신간회 김천지회 설립대회에 참석하고 기념 강연을 했다.

신간회 김천지회 설립대회는 예정과 같이 18일 오후 3시부터 금릉청년회관(金陵靑年會館)에서 홍보용 씨의 사회로 개회된 바 김수길 씨를 임시의장으로 추천하여 경과 보고가 있은 후 신간회본부로부터 온 안재홍 씨를 비롯하여 각 단체 대표의 축사와 기타 축전과 축문의 낭독이 있었으며 지회 규칙을 통과 시킨 후 간사회 총무 간사를 전형한 결과 다음과 같은 선정이 있었으며 밤에는 홍명희·안재홍 두 사람의 기념 강연이 있은 후 자못 성대한 가운데 무사히 폐회되었다.

지회장: 여환옥   부회장: 심상민
서무부 총간사: 김수길   재정부 총간사: 금장한
조사부: 홍보용   선전부: 이정득
간사: 석태형 이현대 유진묵 황태성 금수호 외 4명
(『조선일보』, 1927년 6월 21일, 2면).

○ 1927년 6월 21일 신간회 영동지회 설립 지원

신간회 김천지회 설립대회를 마치고 홍명희·권태석 등과 함께 영동에 들려 신간회 영동지회 설립을 독려했다.

> 금번 신간회 김천지회(金泉支會) 발회식에 참여하고 돌아오던 신간회 본부의 홍명희·권태석·안재홍 등 세 사람이 영동에 들렀든 바 이것을 기회로 최지한·김행하·김극수·이상하·장준·정환수 등 제 씨의 발기로 신간회 영동지회 설립 준비회를 열고 최지한 씨를 위원장으로 하여 제반 준비를 하는 중이라고 한다.
> (『조선일보』, 1927년 6월 21일, 2면).

○ 1927년 6월 24일 미국 교육회 서기장 서한

미국 교육회 서기장 크랭튜리씨로부터 전세계적 교육주간 실시 관련해서 2차 서한을 받았다.

> 북미 합중국 교육회 서기장 크랭튜리 씨에게서 교육주간에 대하여 미국에서 실시하였더니 그 성적이 매우 좋으므로 그것을 이제부터는 전 세계적으로 시행하여 보겠으니 조선에서도 이것을 하는 것이 어떻겠느냐는 의미의 서한이 본보 주필 안재홍 씨를 통하여 도착한 일이 있었는데 데 이제 크씨로부터 교육주간에 대하여 제2차의 서한이 또 도착하였는 바 대개 아래와 같다.

> 안재홍 좌하

> 미합중국 내에서 우리들이 교육주간을 기념하여 온 지가 벌써 수년이 되었는데 교육주간 기념은 교육회와 퇴역병회가 후원하

야 이 조직체로 유의미한 순서를 준비하고 기타 일반 국내 교육
과 민간사회단체들이 이 운동을 일으키는데 협력하고 각지방 주
무자들이 각기 소요에 응하여 순서의 세부 목차를 정하였습니다.

각 지방이 각 조직체들이 교육주의 근본적 목적을 보수하도록
하되 그 근본적 목적은 즉 일반공중에게 학교의 사업과 이상과
요구를 잘 깨닫고 알아 과거 5개년 동안에 교육주간의 가치와
이의 기념 범위에 관하여 각국으로서 다수의 문의안을 접수하였
습니다. 작년에는 이 문안의 수효가 월등히 증가됨으로 나의 마
음에 갑자기 하나의 생각이 떠올라 "어째서 각국에서 교육주간
을 실행치 못할까" 함이 올시다.

이 사건으로 세계교육회연맹 회장 타마쓰 씨에게 문의하였더
니 타 씨는 주요 되는 각국 교육회에 왕복이 있으매 여러 나라는
그 전부가 극구 찬동의 회답을 보냈으며 각국의 사정이 상호 차
이가 있으므로 혹 각처에서도 동일한 일자를 채용하기는 곤란할
염려가 없지 않으나 이에 또 기뻐할 것은 휴전일이 포함되는 주
기를 채용하기 원하는 나라들이 대다수가 된다는 사실이올시다.
미합중국내 우리가 그 주간을 택하기는 우리에게 제일 편리한
까닭이며 금년 11월에는 합중국내에서 실제로 방방곡곡이 다 교
육주간을 기념하겠습니다.

미래 몇 개년을 예측하여 각 개별 국가뿐 아니라 전세계가 교
육의 할 일과 제도와 요소의 특별주의를 집중하리라 함은 공연
한 몽상이 아닐까 합니다만 일이 이상을 실시만 하면 각국과 전
세계에 교육적 사회적으로 향상될 것을 생각하여 보십시오. 구
미위원부의 김현구 씨의 찬성하는 주간은 나로 하여금 조선이
이 가치있는 운동을 받아들이는 자중 하나가 되리라 희망하게
하는 바이올시다. 왜 그렇게 되지 않겠습니까.

1927년 5월 26일 미합중국 교육회 회장 크랭튜리

(『조선일보』, 1927년 6월 24일, 2면).

○ 1927년 6월 24일 숙명여자고등보통학교 학부형 위원

숙명여자고등보통학교 학부형 위원으로 활동하며 경기도 고교학무과장학교을 만나 학교 분규에 책임을 지고 관련자가 사퇴하는 것이 필요함을 역설했다.

숙명여자고등보통학교의 분규 사건은 이미 십수일을 경과하였것만 오히려 해결의 기미는 보이지 않고 문제의 해결에는 직접 당사자인 학교 당국자는 학교야 어찌되든지 자기의 지위만을 아까워하는 터이고 도리어 학부형들이 문제 해결에 머리를 앓아 오던 중 22일에는 학부형을 대표 한 장도·안재홍 두 사람이 또다시 제등(齋藤) 씨를 찾고 용퇴(勇退)를 권고하는 동시에 이학무국장, 평정(平定) 학무과장을 방문하고자 하였으나 공교롭게도 출장 중이었으므로 경기도 고교 학무과장을 찾아 재등 씨의 진퇴 문제와 기타 문제중에 있는 교원에 대하여 의견을 들었다.
학무과장은 "만일에 숙명학교가 공립학교 같으면 모르겠으나 사립학교 이기 때문에 학무당국으로서는 어떻게 할 수 없으며 또 자기 개인으로 말하면 학생이 동맹휴학 중에 있는 이 때에 학생의 의견을 받아서 선생을 진퇴하게 함은 교육상 재미없는 일이므로 일이 끝난 다음 같으면 어떻겠느냐"하는 뜻의 의견을 말했다(『조선일보』, 1927년 6월 24일, 2면).

○ 1927년 6월 25일 개성 강연

저녁 8시 30분에 개성 중앙회관에서 재경학생과학연구회 주최 강연회에서 「자연생장과 사회」라는 주제의 강연을 했다.

재경학생과학연구회(松京學生科學研究會)에서 경성 옥선진
(玉璿珍)·안재홍(安在鴻) 두 사람을 초청하여 오는 25일 토요일
저녁 8시 30분부터 시내 중앙회관에서 중외·조선·동아 개성 지
국 후원하에 강연회를 개최하기로 되었다는데 입장을 제한하기
위하여 입장료 보통 20전, 학생 10전 씩 받기로 되었다하며 강
연 주제는 다음과 같다(개성).

이 좋은 시대 옥선진(玉璿珍)
자연생장과 사회 안재홍
(『동아일보』, 1927년 6월 24일, 4면 4단).

○ 1927년 6월 27일 북미통신(北美通信)

미국 캔자스주립대학에서 졸업을 앞둔 통신원 이훈구(李勳求)[60]에
게서 서신을 받았다. 조선 청년들이 자신이 있는 캔자스주립대학으로
유학 오도록 요청하고 있다.

안재홍 형
오랫동안 적조하였습니다. 사무와 일반 운동으로 매우 바쁘
실 줄 믿습니다. 봄이 가고 여름이 와서 무더위가 차차 가까워오
는 이 때에 신문사내 모든 분들 함께 몸 건강하시기를 멀리서 축
원합니다. 저는 다음달 2일에는 이곳에서 수여하는 학위를 받고
여장을 수습하는 대로 곧 이 땅을 떠나겠습니다. 당일에는 전미
국농학자협회로부터 금메달을 주겠다는 통지가 있습니다. 이곳

---

60) 이훈구(李勳求, 1896~1961): 충남 서천 출신. 일본 동경대 농학과 3년을 수료
하고 1927년 미국 캔자스주립대에서 농과대학원을 수료 후 위스콘신대학교에
서 철학박사 학위를 받고 돌아와 숭실전문학교 교수가 되었다. 해방 이후 미군
정청 농무과장을 거쳐 제헌의원과 성균관대 총장 등을 지냈다.

에 유학하는 조선인은 아직까지 저 하나였고 다른 동포도 없었습니다. 그러나 대학의 총장과 교수 등은 조선청년을 교육하기에 많은 흥미와 동정을 가지며 금후에 더욱 우리 학생들을 교육하여 보기를 희망합니다.

이뿐만 아니라 현하 우리의 경우에 다대한 동정을 합니다. 혹 미국 이민을 결행한 동포가 있으며 이곳으로 오도록 소개하시면 좋겠습니다. 이곳에는 외지 대도회처럼 너무 번잡한 폐단도 없고 농과와 공과 이외에 교육·동물·식물·수의·가정 등 각과가 있어 교수들이 모두 친절히 가르치고 이끌어줍니다. 처음으로 연찬하는 청년학도들은 이렇게 안정하고 또 교수의 지도를 직접으로 받을 수 있는 지방의 대학에 입학하는 것이 퍽 필요 합니다. 여기서 떠나면 곧 위스콘신대학으로 가겠습니다. 위스콘신주 매디손 시에 있습니다. 짧게 잡고 1개년 빈, 오래되면 2개년을 그곳에서 지내겠습니다. 도중에 시카고에 열리는 우리 유미학생대회를 보겠습니다. 참고될 만한 것이 있으면 별편으로 통신하겠습니다. (중략). 일대의 위인 월남 이선생이 서거하신 데 대하여는 재미동포에게도 무한한 반향을 주었습니다.

1927년 5월 31일 북미 맨하튼시에서

(『조선일보』, 1927년 6월 27일, 2면).

○ 1927년 6월 28일 숙명여고 학생 동맹휴학 진상(眞相)

사립 숙명여자고등보통학교 학부형회 위원으로 김병로·이숙종·최은희 등과 함께 조사 내용을 발표했다. 학생들의 동맹 시위의 원인을 나열하고 재등(齋藤) 교무주임의 사퇴를 촉구하며 문제가 해결될 때까지 학생의 학교 등교를 학생 자유에 맡길 것 등을 주장했다.

조항을 일별하면 다만 자주적이라는 법이론을 방패 삼아 최초

교장·학감이 이미 약속한 바를 일축한 것은 물론이오 제4항 '일본과 조선의 차별' 운운의 문구는 학부형 측을 우롱함이 심한 것이니 조선 재봉에 조선인 교원을 쓸 것과 언어·풍정·관습에 불편이 심할 뿐 아니라 따라서 교수상 불만한 것이 너무 많으니 조선인 교원을 증가하도록 하여 달라는 것이 소위 일선차별이 된다고할 이유가 없다. 만일 구태여 차별설을 말하자면 조선인 교원은 차례로 퇴임하게 하고 일본인 교원으로만 전체 숫자를 채우려 하는 것이 차별의 심한 경우라할 것이다.

뿐만 아니라 평의원 중 하나인 모씨는 "공식 결의 외에 내정방침으로 해결책을 정할 수도 없느냐"는 위원의 문의에도 거만하게 거절하고 전혀 무성의한 태도를 보였으며 이 교장은 "그때는 그러하였지마는 지금은 사정이 어쩔 수 없게 됐다"고 회답하였으나 연택(淵澤) 학감은 "그렇게 대답한 생각이 없소" 하고 과거 미리한 약속의 사실까지 부인하다가 예전에 작성한 문안을 증빙으로 제시하니 그 때에야 "평의원회의 결의가 된 이상 무엇이라고 말할 수 없다"고 모호한 핑계만 하고 있었다.

이로 인하여 숙명교 당국은 최초에 원만 해결을 이전 약속하였던 바를 전부 번복하여 사태를 더욱 분노케 하였을 뿐 아니라 교육자로서 가장 싫어할만 한 배신행위까지 감행하게 되었다. 요컨대 최초 맹휴사건이 발생하여 교장·학감과 같이 고령이요 숙덕(淑德)[61]이 있는 부인들로 원만한 해결을 사전 약속하여 당면을 수습케 한 후에 수주간의 여유를 만들어서 그와 같이 배신적인 처치를 준비하여 400인의 여학생들로 하여금 할 수 없는 분규 중에 들게 하고 고령(高齡)에 숙덕(淑德)이고 동교 창립이래의 공로자인 교상과 학감까지 비난의 초점이 되게하는 것은 교육자들로써 생각할 수도 없는 일이다.

그뿐만 아니라 추후로 위원과 부형대회 대표 등이 전후 2차례

---

61) 단아한 여성의 미덕.

나 재등(齋藤)씨를 방문하고 400인 생도들을 위하여─ 숙덕(淑德)에 으뜸 공로가 아울러 있는 교장과 학감을 위하여 또는 20년간 좋은 평판을 가졌던 숙명교의 운명을 위하여 용퇴하기를 권고한데 대하여서도 항상 반동적인 오만으로써 대하고 하등 반성의 빛이 없었다. 이리하여 중간에 들어서 문제의 정당 해결을 노력하던 학부형들이 마침내 헛수고에 그치게 하고 말았다.

평의원 측의 보고서에 의하면 금번 맹휴사건에 대하여 첫째 사감문제를 발단으로 우연히 확대된 것으로 전혀 근거가 없는 일이라 하나 그 원인과 유래는 상술한 바와 같고 학교 당국의 취한 태도는 공명하지 못한 바가 많다. 최초에 학교당국은 학부형 중 16명을 초청하여 자기들에 유리한 방책을 만들려고 하였으나 그것이 실패되었고 다시 4학년 이외 3·2·1학년 각 학급 학부형을 따로따로 초청하여 만사를 마음대로 이용해 볼 생각이었다.

그러나 학부형 측의 반대로 마침내 일시에 소집하는 수밖에 없게되고 말았으며 학부형회에서 상술한 결의가 된 것을 본 후에도 모두 그 정당한 것을 승인하여 필경은 그것을 번복하게 한 것이나 평의원회에서 9인의 정원이 있는 중소전(中篠田) 씨는 해외 여행 중이고 송산상차랑(松山常次郎) 씨와 지하결(志賀潔) 씨는 결석하였고 교장 이정숙 씨, 연택(淵澤)학감, 엄계익 제씨 외에는 문제되는 재등(齋藤) 씨와 송본정관(松本正寬) 씨와 재정에 관한 임무를 맡은 천정(淺井) 씨 등이 토의하였는데 이 평의회에서 앞서 말한 언급한 것과 같이 결의안을 일축하고 교장·학감의 지난 약속까지 폐기하게 된 사정은 짐작할 만하다.

맹휴원인이 학교 내에 있는 오래 쌓인 폐단에 있거늘 일시의 선동과 같이 꾸며서 그 책임을 전가하고자 학부형회의 결의는 사태의 진상을 신중하게 토의함에 불구하고 이것을 특히 아무개 한 개인의 극력과 지지에 인함이라고 무언한 것이 소위 보고서의 제4장을 가득채웠고 학부형의 전체를 망라함이요─ 학부형 1인이 5~6인의 대하여 보증 혹은 후견을 겸한 까닭으로─그 중에는 각방면을 대표할 만한 사녀들이 참가되었거늘 누누이 논의하였느니 "이들 모두는 과연 진정의 보호자인 보증인 뿐 아니요 부형이라 칭하는 사람도 얼마간 섞여 들어왔다"는 등은 극도로 학부형을 무시하는 폭언으로 학교당국의 심사가 더욱 의심되는 바이다.

학부형회에서는 반드시 학부형의 담보한 생도의 학년별 씨명, 보호자와의 관계 등을 명백히 기입한 후 입장하게 하였고 전후 1개월이나 되는 분규중에 그 씨명과 안면까지도 알 만큼 되었거늘 전기한 중상모략은 그 무슨 이야기냐? "생도가 교직원을 배척한 예는 적지 않으나 부형이 이를 지지하고 교직원을 배척해 성과가 난 예는 거의 없을 것이다"하고 학교 당국은 말하나 학부형들까지도 생도의 요구가 정당하다고 인정할 만한 처사를 하여 온 학교 당국은 마땅히 반성할 것이다.

하물며 최초에 학부형 등은 이 교장과 연택(淵澤) 학감을 신뢰하고 학교의 위신과 교육자의 체면을 보전하면서 책임지고 생도를 등교하게 하였거늘 그것을 여지없이 번복하여 "조선인 교원을 절대 다수로 채용해달라 하였으니 또는 배일사상에서 나오는 것이니 하여 현하의 조선인의 처지로써 정치적으로 불리한 지위에 빠지도록 하려는 주장으로써 자기의 자리만을 유지하기에 급급하여 학교의 운명과 교육자로써의 정신까지 잊어버린 심사는 실로 자녀의 교육을 맡길 수 없는 공명치 못한 일이라 아니할 수 없다. 그런 고로 지난 제2회 학부형대회에서는 그 아전인수적인 평의원회의 보고서를 반박 성명기로 된 외에 재등(齋藤) 교무주임의 사퇴를 권고할 것, 문제가 해결될 때까지 등교 여부는 생도의 자유에 일임할 것, 학부형은 개인으로서는 학교 당국과 기타 본사건에 관한 교섭에 응치 못할 것으로 할 것 등을 결의하게 되었다.

요컨대 400인의 생도와 20년 역사있는 숙명학교와 고령 숙덕의 교장·학감등을 희생하겠느냐? 문제의 재등교무주임으로 하여금 남자답게 또 교육자답게 용퇴하겠느냐? 이 사건에 관하여 판단하여야 할 양단 간의 하나가 될 문제다. 현명하신 학부형 제 위는 정확한 판단이 있을 줄 믿는다. 최초부터 동맹휴교 사건으로 하여금 교문 내의 문제 조용히 처리하기를 희망하고 또 권언한 바이거늘 학교 당국의 배신과 술책을 짙으므로 이다지 확대한 것은 동교(同校)와 교육계를 위하여 유감의 극치이다.

　1927년 6월 23일 사립 숙명여자고등보통학교 학부형회

　위원: 장도 최은희 안재홍 서범석 김병로 전백 이숙종

　(『조선일보』, 1927년 6월 28일, 1면).

○ 1927년 7월 1일 신간회 해주지회 설립대회

　오후 9시 해주청년회관에서 열리는 신간회 해주지회 설립대회에 참석해 축사를 했다.

　신간회 해주지회설립대회는 예정과 같이 지난 1일 오후 9시부터 남본정 해주청년회관에서 개최하였는데 정각이 되자 회원 점명과 경과보고가 있은 후 임시집행부를 선거할 새 의장으로 최명현 서기로 정길현 두 사람이 선출되어 대회를 진행케 되었는바 서기로부터 회칙 낭독과 준비회원 여덕현씨의 축전·축문낭독이 끝난 후 신간회 경성본부로부터 방문한 안재홍 씨의 의미심장한 축사가 있었고 다음으로 부문 작정과 임원 선거 등이 있은 후 동 11시경에 폐회하였는데 부문별과 임원의 씨명은 다음과 같다(해주).

　회장: 황학소 서무부 총무간사: 정길현 상무간사: 손태운 최상직

　조사연구부 총무간사: 여덕현 상무간사: 정운영 전희철

　정치문화부 총무간사: 최명현 상무간사: 이봉직 송남섭

　(『조선일보』, 1927년 7월 5일, 1면)

○ 1927년 7월 2일 맹휴학생(盟休學生)

『조선일보』에 「맹휴학생(盟休學生) 제군(諸君)」이라는 제목으로 시평을 썼다. 10여 개 넘는 학교의 동맹휴교 사건이 발생하는 상황에서 정당한 사유가 있다면 필요한 일이지만 다소의 불만을 가지고 동맹휴교를 하는 것에 대해서는 진지한 성찰이 필요함을 주장하고 있다.

　　최근 학교맹휴사건(學校盟休事件)이 경향 각처에는 계속 발생하는 경향이 있다. 고등보통·실업·보통학교 등과 여학교까지 합해 동서남북에서 거의 십수개 교를 넘게되었다. 요구 조건으로 다 각각 자기들에 상당한 이유가 있겠지만 학기 시험을 앞에 두고 맹휴가 속출하는 것은 결코 간과할 수 없는 사태이다. 학교 당국에 각각 얼만큼의 과실이 있는지는 검토하지 않았으나 학생 제군은 전체로서 찬성하지 않는다.
　　맹휴는 불상사이다. 마치 전란과 같은 것이다. 전쟁은 흉사(凶事)라 마구 일으킬 수 없다. 만약 부득이해 일으키는 것이고 일으키기만 하면 어디로든지 회피할 길 없는 정당한 이유가 있어야 한다. 다소의 불만이 있는 이유로 맹휴를 한다하면 맹휴함이 반드시 옳은 것은 아니다. 하물며 이로써 일종의 유행병과 같이 하는 것은 옳지 않고 심한 나쁜 풍습이 된다. 깊은 혹은 만부득이한 이유가 없이 맹휴를 하는 자가 있다하면 이것은 천박한 행위에 지나지 않는다. 이것은 학생 제군이 자기의 당한바 사태에 대해 새로이 마음을 비우는 반성을 해야 한다. 만일 어떠한 맹휴의 원인이 학교 당국에만 있다고 해석하는 줄 알아서는 안 된다.
　　숙명여고보(淑明女高普)에 맹휴사건이 일어나니 학부형들은 그 학생 측 요구가 통상의 것과 성질이 다른 것을 발견했다. 그들은 학생들과 다른 문제로 그 문제를 해결하려 했다. 학교 당국이 다만 교권의 논리로 자기의 지위를 옹호하고자 하는 자가 있어 그것을 옳지 않다고 했다. 저들이 이것으로 사상문제와 같이 중상하는 자가 있었으나 그것은 순전히 스승과 제자 간의 불신임문제로 다만 스승된 자가 민족적 견지에서 싫어할 만한 잘못을 저지른 것이 그 중 하나의 원인이다.

숙명학교 맹휴사건이 아무 정치적 의미를 섞어 가지고 나온 것이 아닌 한편으로 또 학생 측의 요구가 인간적으로 정당한 일이요 하물며 오래 쌓인 나쁜 습성이 드디어 어찌할 수 없었기에 학부형으로서 이를 지지하고 여론이 또한 당국의 태도를 비난하는 바이며 하물며 거짓말 사건을 비롯해 학교당국의 완고하고 잘못된 태도가 도리어 교육자의 정신과 배치됨이 있음으로 물의가 더욱 높아지는 것이다. 모든 맹휴사건을 반드시 일률적으로 표준을 정할 수 없다. 맹휴 학생 제군은 마땅히 반성할 것이다.

어떤 평론가가 있어 일본인이 교직원이 까닭에 조선인 희생이 배척당한다고 남달리 울분을 표한바 있으나 이런 것은 마치 고령의 노승이 금불당 앞에서 목어(木魚)를 치며 정식 염불을 하는 것과 같아서 별로 비판적인 언론으로도 볼 수 없다. 오늘날의 조선의 처지를 이해하는 이상 일본인 교원이기에 덮어놓고 배척할 학생도 없고 이를 지지할 자도 없는 것이요, 오직 인간적 요구로서 교육적 견지로서 간과할수 없고 용인할 수 없을 때 최후의 일계(一計)로 맹휴가 되고 또 그것을 지지하는 것이다. 학생 여러분! 어찌 맹휴를 쉽게하겠는가?

(『조선일보』, 1927년 7월 2일, 1면 1단).

O 1927년 7월 6일 사리원 거쳐 평양으로

『조선일보』에 「잠자다 모란봉(牧丹峯)에」라는 제목으로 기고를 했다. 6월 30일 신간회 해주지회 설립대회 참석차 해주행을 떠났다. 사리원을 거쳐 평양에서 동경유학시절 친구인 정세윤을 만났다.

문필을 직업으로 하는 것도 인생의 멍에인양 하여서 소털 같이 많은 날을 펜과 원고지 사이에서 보내게 되는 생활은 어찌한지 그만 염증이 난다. 어디에고 수명산자(水明山紫)한 승지(勝地)에 가서 속세의 때를 다 털어버리고 형해(形骸)[62]의 밖에 방랑하는 자연의 생활이 그립다. 그러나 이러한 낭랑한 선연은 인간세에 부침하는 범용한 한 자로서는 드디어 가지기 어려운 일이다. 이제 우연이라 할 기회로 해주까지 가서 청수명미(淸水明媚)한 해산(海山)의 광경중에 홀홀한 수일의 생활을 하게 된 것은 의외의 청복(靑福)이다.

　올봄 기자대회를 위하여 재령(載寧)·신천(信川)으로 사리원(沙里院)을 잠깐 둘러보고 귀경하여 해서기행을 쓴 바 있었으나 지면도 남지 않았고 늘러서 또 세속의 일이 복잡다단함을 인하여 끝을 맺지 못하고 말았다. 뿐만 아니라 평안북도의 명승지 영변(寧邊)의 약산동대(藥山東臺)로부터 묘향산의 영봉(靈峯)을 더듬고 영동(嶺東)의 연하승구(煙霞勝區)인 양양의 낙산사로부터 영랑호·삼일포 등 인근의 명소를 찾아볼 기회조차 있는 것을 의외에 모두 놓쳐 버리고서 손바닥만한 한양의 시가 속에서 상가집 개처럼 쏘다고만 있던 나로서는 이와 같이 수일의 여행에 참신한 풍경을 접촉만하는 것도 적지 않은 위안이 된다.

　6월 30일이다. 새로 설립되는 신간회 해주지회 발회식에 참석키 위하여 7월 1일 오후까지는 반드시 해주에 도착하기로 하고 오후 10시 50분 발차로 경성역을 떠나 황해도 봉대(逢臺)행 열차의 손님이 되었다. 출발하기 바로 전까지 허둥지둥 한 끝이라 차창에 들어가 곧 쓰러져 잤으나 과도한 피로는 도리어 깊은 잠을 못 이루었다. 어찌어찌 하는 동안 어름풋 선잠을 자면서 출렁거리는 차실(車室)에 실려서 몇백리인지 달아난 모양이다.

　무서운 줄은 몰라도 떨리기는 하더라고 그래도 잠은 달게 잤

---

62)　육신. 사람의 몸과 뼈.

던지 꿈 하나없이 몇 시간을 잤다. 자물쇠하고 증기를 내뿜는 소리에 부시시 일어나 보니 벌써 흥수(興水)역을 당도하여서 사리원(沙里院)까지는 두어 정거장 남아있다. 7월 1일 오전 3시30분이 좀 넘었든가 한다. 자기의 머리를 믿음으로 조금 더 자고 때맞춰 일어나리라고 깨기 안타까운 잠을 또 자기 시작하였다. 다시 깨어보니 끝없이 펼친 대평원이 있어야 할 철길 부근에는 평저(平底)한 구릉이 좌우로 거치고 으스름하여야 할 농촌의 밤은 벌써 훤하게 다 밝아서 새파란 모포기 사이로는 고요한 흰불조차 즐펀히 보인다. 아뿔싸! 이곳을 지나쳤구나 하고 돌아보니 기차는 벌써 사리원을 멀리 지나 흑교역의 구내로 들어간다. 여객 안내의 말대로 평양까지 가기로 하고 그 즉시부터 세수기구를 꺼내 들고 세면실로 간다.

씻고 닦고한 후 흩어진 머리 빗실하니 이빈에는 그럴 듯한 여행자의 신분이다. 어느덧 차는 벌써 중화역을 훨씬 지나 대동강 양각대에 걸쳐 있는 철교 위를 건너고 있다. 차창을 통해 연돌이 검성 드뭇한 옆으로 능라도(綾羅島) 위에 솟아 있는 자고 깬 듯한 모란봉(牡丹峯)의 고운 자태를 보면서 뜻 아니한 평양역에 내렸다.

약간의 골 안개를 띄고 있는 새벽의 모란봉은 마치 자고 깬 미인의 묵은 단장의 맵시를 보는 것같아서 은근한 정취가 담뿍하여 보인다. 오전 8시 5분발 남행열차까지는 약 2시간쯤 남았으므로 그동안에 곧 차를 몰아 모란봉에 놀고 가는 어린시절 흥취를 발휘하고 싶으나 그처럼 단행할 용기도 없었고 전차에 내려서 대동문 연광정으로 홀로 거닐다가 가까이 있는 금성병원으로 낯익은 고인을 찾아서 달게 자는 잠을 깨어 일어나게 하였다. 주인공은 두흔(痘痕)[64] 얼굴 가득한 괴장부(怪丈夫)로 동경 학창에서부터 유명하신 정세윤(鄭世胤)[65] 씨이었다.

---

63) 평평한.
64) 종두 자국.
65) 1910년대 초반 동경 유학시절 안재홍과 함께 동경유학생 학우회를 조직 활동했다.

의외의 길인 것을 놀라면서 환담하는 동안 본보 지국장인 김경빈 씨도 내회하였고 평양놀이의 의론이 일어났으나 드디어 어찌해 볼 수 없는 바쁜 길이었다. 후기를 약술하면서 즉각에 떠나서 다시 남행열차의 손님이 되었다. 전차를 타는 분의 말에 의하건데 근일 중국 동란으로 인하여 피난온 백인들이 많다 하거니와 객실 안에는 단발미인을 섞은 늙고 젊은 부부의 백인 승객이 듬뿍하다. 차차 알고 보니 장연반도의 명소인 구미포로 피서가는 선교사들의 일행이라 사리원에서 내려서 신천 방면으로 가는 경편차까지 꼭 동행하게 되었다.

〈사진 9〉 잠자다 목단봉에
(『조선일보』 1927. 7. 6)

사리원역에서는 훌훌히 해주행 자동차와 연락되는 신원행 차표를 사가지고 잠시를 기다려서 곧 출발하였다. 두 번째 길 되는 서사리원 영천 서종하는 잣자붓한 정거장을 거쳐서 김삼성의 이야기로 정들게 된 좌우의 수봉(秀峯)을 바라보면서 장수산(長壽山)을 남으로 끼고 털털거리면서 달아난다.

(『조선일보』, 1927년 7월 6일, 1면).

○ 1927년 7월 7일 근우회 제1회 부인강습회

신간회(新幹會)의 자매단체인 근우회(槿友會) 교양부가 주관하는 제1회 부인강습회에 강사로 참여 '조선 근대사'라는 주제로 강연을 했다.

근우회 교양부(敎養部)에서는 그 회의 사업의 하나로 보통 정도 이상의 지식을 가진 여성을 위하여 제1회 부인강습회(婦人講習會)를 개최하게 되었는데 강습회의 모든 규정은 아래와 같다.

과목별 강사
경제학: 김준연 사회학: 백남운 논리학: 서춘
과외 강연
조선근대사: 안재홍 신문학: 민태원 부인문제: 박원희
음악에 대하여: 이을라 회의진행법: 홍명희
강습기한 : 7월 7일부터 21일까지 2주간
강습장소: 인사동 중앙예배당
강습 인원 : 약 100명
그리고 강습을 지원하시는 분은 왕복 엽서로 강습 신청을 7월 5일 이내에 인사동 중앙예배당안 부인 강습회로 제출하기를 바랍니다.
(『조선일보』, 1927년 6월 30일, 3면)

○ 1927년 7월 7일 해서평야

『조선일보』에 「해서평야 번듯지나」라는 제목으로 기고를 했다. 사리원에서 상해, 장수산, 신원을 거쳐 해주가는 여정과 견문을 담았다.

사리원(沙里院)! 사리원은 조선 취미가 담북한 향토내 나는 지명이다. 하물며 황해도 봉산(鳳山)·사리원은 원산·강경·법성 등의 지명과 한가지로 오랫동안 조선인의 귀에 익고 입에 올랐던 땅이다. 그리고 봉산·재령(載寧)의 일망무제한 평야는 해서의 대표적인 곡창이고, 동시에 또 조선의 대표적인 기름진 땅이다. 사리원역이 이미 대평야의 한복판에 있지만 서사리원으로 영천·서종을 거쳐서 상해역에 오는 동안 동서로 전개된 대평야는 조선이 좁고 긴 반도국인 것을 생각하면 웬간치 않게 넓은 하늘이 준 기름진 평야이다.

1만 5천 명의 인구를 포용하고 장래 서조선 굴지의 대도회가 되려 하는 소위 대사리원 현상에 관하여는 다시 후일 다시 방문할 기회로 미뤄두거니와 신성한 도회인 만큼 가산(家産) 건축이 엉성하고 빈약함을 면치 못하고 더욱이 동척(東拓) 창고를 비롯하여 서종 일대까지도 동양척식회사 이민의 가옥이 도처에 흩어져 있는 것은 가장 간과하지 못할 이 지방의 새로운 형세를 말함이다.

좁다란 경편 차안에는 특등·병등할 것 없이 도시인·농촌인·백인·일본인·중국인 등을 합하여 마치 인종전람회를 연듯이 사람들이 붐비는 형태를 싣고 간다. 차중에서 본선 경영의 주체인 조선철도주식회사의 이태형 씨와 얼굴 맞대고 대화하니 이씨가 종종의 편의를 알선함에 감사함을 느꼈다.

상해역에서 한 20분 휴게하고 신원행 경편차를 기다리는데 11시 반에 떠난다는 것이 빗속에 30분을 에누리해 정오가 되어서 겨우 출발한다. 평양에서도 바쁜 중에 아침 식사을 그만두었고 보통열차 속에서 식사가 없었으므로 물 한 병과 과자 1개로 간신히 배를 재우기로 하였다. 이 조선철도에는 차장 이하 종업원의 대부분이 조선인이다. "담배! 과자!"하고 조선 말을 외치는 장사꾼의 소리는 마치 외국 갔다가 돌아온 여객 모양으로 반갑게 들린다. 상해역이 재령 강안의 한 요지(要地)이요, 옛적에 한인(漢人) 이주의 유적지인 것은 올봄에 대강 소개한 바 있었다.

상해역에서 백인(白人)의 일행과 대부분의 승객을 작별하고 신원선을 쫓아 출발한다. 별로 큰 공역(工役)도 들이지 않고 평지에 침목을 늘어놓고 궤도를 깐 경편철도이지만 이 부근은 산하 경치가 가장 평범하고 오직 사이짓기로 경작한 밀밭과 가뭄으로 인하여 엉성해진 콩밭이 좌우로 이어져있을 뿐이다. 그리고 서북 조선의 특이한 풍속인 긴나무 멍에에 양두(兩頭) 큰소를 매어서 넓으나 넓은 밭을 갈고 있는 것이 유장(悠長)한 농촌의 경광을 그려내는 듯할 뿐이다.

개성 부근에서부터 서조선 일대를 아울러 보리밭의 경작은 모두 밭두둑 사이에 2척의 넓은 간격을 두어 그 사이에 다시 콩류를 경작하는 것이 남조선에서는 통상으로 아니하는 특색이고 밭곡식의 산출이 논곡식보다 많은 것도 일반이 아는 바이다.

최근 조사에 의하건대 황해도 쌀 생산량이 822,000여 서을 추산할 때에 보리류가 681,000석, 콩류가 755,000여 석, 조(粟)가 182,000여 석으로 밭곡식이 농산물의 대종이요 조가 또 그의 대종이거니와 이것은 서북조선과 강원도 일대에 공통된 현상이다. 통치 당국의 산미증식계획이 거의 그 주력을 이 해서평원에 집중하게 되는 것은 또 해서의 장래를 논하는 자가 깊이 음미할 바이다.

광탄을 지나 석탄역에 이르니 이름과 같이 긴 계곡이 차고 시원한 물결을 몰아서 암석이 뒤섞인 사이로 구비져 내려오니 이는 재령강의 상류로서 수영과 낚시가 아울러 가능한 땅이라 한다. 차차 가까워지는 양안의 봉우리를 쳐다보며 화산역에 다다르니 해서 금강의 일컬음이 있는 동경 되는 장수산(長壽山)은 그 간들어진 듯하게 보이는 늠름한 모습, 아니 옥같이 고운 모습을 곧바로 눈앞에 나타낸다.

석탄의 상류를 아주 비켜놓고 장수산역에 버썩 들어가서는 홀홀한 봄이지만 생래(生來)의 유산(遊山) 기분이 불현듯이 움직여서 웬만하면 내려서 아름다운 소리의 십이곡의 신령스러운 경치

를 뒤져보고 싶은 생각이 난다. 올봄 재령에서 민병덕씨와 오는
가을 단풍철로 해서지방 여러읍의 산하경치와 인문 산업의 정황
을 일차 순방하기를 서로 약속하였지만 이같이 괴롭고 힘든 일에
시달리는 생애로서는 쉽게 실현하리라는 가망이 없어 보인다.

　장수산의 연봉이 구불구불하고 크고 넓어서 아직 다하지 아니
한 곳에 말력소역이 있으니 뾰족하게 솟은 봉우리와 계곡의 절
승의 땅으로서 늦가을 붉은 낙엽이 볼만하다 한다. 그 길로 산을
끼고 돌아 신원역에 오니 여기서는 하성으로 가는 경편 철도와
해주로 들어가는 자동차 선로가 서로 갈리는 곳이다. 내리자 마
자 곧 해주행으로 이어지는 자동차에 올랐다. 자동차는 경적을
울리어 떠날 길을 재촉한다(『조선일보』, 1927년 7월 7일, 1면).

○ 1927년 7월 8일 신원에서 해주로

『조선일보』에 「해주성 나그네로」라는 제목으로 기고를 했다. 신원
에서 해주로 가는 여정과 견문을 썼다. 금성여관에 여장을 풀고 신
간회 해주지회 설립대회에 참석했다.

　신원에서 해주행을 하는 여객은 별로 없고 오직 천주교(天主
教)의 승려(僧侶) 1인이 동승하였다. 신원이 재령군의 한 요지
요 최근 발전되는 바 있다하나 시간이 없으므로 시가를 한 번 둘
러볼 사이도 없이 해주를 향하여 쏜살같이 내닫는다. 이러는 데
에는 유한한 취미를 얻을 수 없는 대신 얼마큼 긴장미를 맛볼 수
는 있다. 장수산(長壽山)이 황해도 5대산맥의 하나로서 장연(長
淵)·재령(載寧)으로 평산(平山) 일대에까지 길게 뻗은 멸악산맥
(滅惡山脈)의 중추 부분을 만들어서 그의 최고 높이는 747m에
달한다 하거니와 신원역도 상당히 높은 지대로 되어서 여기부터
해주까지 가는 동안에는 자동차가 줄곧 완경사로 된 비탈을 내

려가고 또 내려갈 뿐이다. 말하자면 상해역 부근에서부터 장수산역까지 올라오고 올라오고 해 신원역까지 겨우 같은 비율의 고도를 유지하였고 신원서부터는 줄곧 내려가게 되는 것이다. 이것은 마치 운봉에서 자동차에 올라 남원성 50리를 내려만 오던 것 같아서 당시의 일이 적지 않게 추억된다.

길은 자못 평탄하지마는 조약돌을 잔뜩 깔았고 내내 시골길이 되어서 차체의 반동이 심하므로 견디기가 조금 어렵다. 양안의 산천을 연방 보면서 우굿우굿 자라 오르는 기장·조 밭의 중간으로 줄지워 선 아까시 나무, 포플러의 사이로 달아난다. 새로 지은 주막(酒幕)을 번듯 지나 잠시도 멈추지 않고 달아난다. 해주에서 신원으로 나오는 자동차는 앞뒤 3대에 각각 승객으로 만원이었는데 번개같이 서로 작별하는 데에는 언제든지 찰나적인 석별의 정이 있다. 새주막을 지나 한참 달아나니 우측으로 산악이 버썩 솟고 소나무숲이 제법 어울렸는데 약간의 폭포가 암벽 위에 걸렸으니 이것은 해주 금산면 지성산(池城山) 폭포이라 한다. 산위에는 수양산성의 고적이 있다 하나 급한 길에 그 윤곽조차 살피기 어렵고 금강사 망덕대의 풍경이 볼만하다 한다.

신원과 해주간은 70리이라 벌써 50~60 리를 달아나서 해주읍에 가까울수록 점차 평야지대에 내려와서 우측으로 수양산 일대 산맥이 멀찌감치 바라보일 뿐이고, 길가의 풍경은 한층 평범하다. 인하여 일파 바닷물이 기어들어오는 광경을 보자 문득 토성·남천으로 갈려가는 갈림길을 뒤로 두고 양배추와 대길파를 심은 채소밭을 바라보며 건너가니 해운교는 해주읍 동부에 있는 옛전쟁의 유적이다. 고려말 우왕(禑王) 3년에 한양 태조 이성계가 왜구를 요격하여 일대 격전을 하던 땅으로 동국여지승람의 기록에 의하건대 당시에는 진흙 땅이 1장 넘게 됨으로 태조의 말이 한번에 뛰어 지나가고 태조의 백발백중하는 대우전(大羽箭)에 적병이 기가 꺾인 후 드디어 적을 쫓아 대파하는 용장한 막이 열렸다하거니와 근년에는 철근콘크리트의 십수간 긴다리

가 일본인들에 의하여 가설되었다. 해운정의 고적이 있었다 하
나 없어진 연대도 모르겠고 부근에는 약마지(躍馬池)와 영종왕
(英宗王)의 표승첩(表勝捷) 옛터의 비가 있다하나 답사하지 못하
였다.

좌우로 늘어있는 돌담과 우뚝우뚝한 노괴수(老槐樹)를 바라보
며 수많은 소주 광고의 간판이 유달리 눈에 띄면서 자동차 정류
장 앞에 내려 본보 지국을 잠시 거처 금성여관으로 숙소를 정하
였다. 뽀이의 말대로 교반(交飯)[66] 한 그릇에 우선 요기를 하고
방문객이 없는 틈에 한 잠을 자기로 하였다. 때는 오후 3시였다.

북창청풍을 맞아 단잠을 한숨 잤다. 피로가 풀렸다. 금성여관
은 편리한 편이다. 오래지 않아 신간회지회 준비위원과 지국의
제씨가 내방하고 옹진 신간회지회장인 유병철씨와 간부 이경호
두 사람도 이곳 신간회 설립회에 참석하고자 일부러 내방한 바
한참 동안 환담하였다. 오후 5시부터는 어해(魚海)씨와 같이 부
근 시가 상황을 잠시 살펴본 후 수양산록에 있는 수도수원지(水
道水源池) 경내로부터 광석천(廣石川)의 연안 풍경을 감상하고
돌아와서 저녁식사를 마친 후 저녁 9시부터 남본정(南本町) 해
주청년회관에서 열린 신간회지회 설립대회에 참석하였다. 특히
선전(宣傳)을 하지 않고 회원과 이 곳 기관 책임자와 약간의 방
청인이 있어서 회장은 자못 정숙하였다. 모든 일이 미리 협정한
바에 의하여 간담회식으로 착착 진행됨으로 문제없이 곧 다 진
행 되었다.

지회장에 추천 선임된 황학소(黃鶴巢) 씨는 기미운동 때로부
터 수차례 철창 생활을 겪은 이 지역 인사로서 면모와 풍봉(風
丰)[67]은 저절로 풍상의 자취를 머물러서 대하매 조용히 경건함
을 느끼게 한다. 기타 간부 정길현·최명현 여덕현·정운영 외 제
씨이었다. 신간회가 민족적 단일정당을 실현키 위한 첫걸음인

---

66) 해주식 비빔밥.
67) 풍채.

것은 일반이 다 아는 바이거니와 금후 각 지방·각 계급의 인사
를 대대적으로 망라하여 민족적 총역량을 집중하기에 여한이 없
이 하여야 할 것이다. 회가 끝나니 찻집에서 잠시 쉬고 자정이
지나서 취침하였다(『조선일보』, 1927년 7월 8일, 1면).

○ 1927년 7월 9일 해주청년회관과 부용당

『조선일보』에 「해서의 산수향(山水鄕)(상)」이라는 제목으로 기고를
했다. 이 날 해주시내, 해주청년회관과 임진왜란때 선조의 임시숙소
였던 부용당을 돌아보며 그 소회를 적고 있다.

  7월 2일이다. 워낙 이른 아침에 출발키로 하였던 것인데 자동
차 형편으로 오후 3시에 토성(土城)을 향하여 출발키로 하고 오
전에는 약간의 옛친구와 이 땅의 명소 풍경을 잠간 살펴보기로
하였다. 그러나 오래전부터 아는 사이인 유훈면 씨가 내방하여
하루 더 여관에 머무르기를 강권하고 그 외 동지도 만류하므로
마침내 본사로 타전하고 그 호의에 응하기로 하였다. 이리하여
시내의 명소를 비롯하여 용당포로부터 율곡선생의 만년 은거지
인 석담(石潭)의 뛰어난 경치를 탐방하기로 되었다.
  해주가 황해도의 수부(首府)[68]로서 해산의 풍경이 자못 명미(明
媚)[69]하다는 것은 일반으로 아는 바이지만 실제의 유력한 경험으
로는 조선 굴지의 산수향으로서 상상하던 바를 넘는 바 많다. 북으
로는 황해도 5대산맥의 하나인 수양산의 통봉(通峰)이 해발 945m
의 쓰레·설류봉(雪留峰)을 중심으로 선회·중첩하여 결구(結構)가
자못 장려한 중에 오히려 십분 청수(淸水)한 맛을 띄웠다.

---

68) 수도. 한 도의 감영(監營)이 있던 곳.
69) 풍경이 아름다운.

골골이 흘러내리는 물이 동남으로 집중하여 광석천 연변의 수석은 시원하고 맑음이 거의 그 견주어 비교할 만한 것이 드물며 넓은 황해의 물은 연평(延平)·강화(江華)의 모든 섬을 좌우로 늘어 놓으며 용당포를 지나 시가의 밖에까지 이어져 마치 대택평당(大澤平塘)이 수풀 사이에 은현(隱現)[70]함과 같은데 선녀산의 일맥이 수양산의 동쪽 봉우리인 주개봉(朱盖峰)의 그쪽으로부터 이어진 듯 끊어진 듯 새로이 아름답고 수려한 등성이를 이루어 남산의 구릉은 그의 울창한 수림과 아울러서 곡선의 미가 묘령의 처녀의 맑고 고운 모습를 바라봄과 같다.

18,000여 명의 인구를 포용한 4,100여 호의 각양의 가옥은 이 중간에 동서로 박혀앉아 모양이 격에 어울리고 깨끗한 맛이 타고난 주택지이고 유락지로 되었다할 것이다. 해주 청년회관은 남본정(南本町)에 있으니 6척이 넘는 돌계단의 위에 목조양옥의 건물로 이땅의 풍경에 걸맞는 높고 우아한 건물이다. 곁에는 조선식으로 결구한 십수 간의 사무소가 있다. 회관에는 노동연맹의 본부까지 겸하여 이 고장 각종 운동의 책원지[71]같이 되었다.

뒤로 기독교당이 있어 건축이 비록 소홀하나 다수의 교도가 모이는 모양이다. 청년회관의 옆으로 나와 옛 남문터를 지나 북본정 일대로 올라와서 문화건축으로 된 도립의원을 돌아서 서쪽으로 수 정(町)을 가면 옛날의 선화당(宣化堂) 금일의 도청인 신구의 건물이 있다. 입구에는 남문루를 뜯고서 그 돌로 지은 홍구(虹口)만 옮겨 놓은 것이 볼품이 사나운 듯 고아한 기색이 있다. 홍구의 위에는 칠엽연화(七葉蓮花)의 조각이 있어 수법이 자못 교묘한 것이 눈에 뜨인다.

홍구로 들어서면 곧 해주의 자랑인 부용당(芙蓉堂)이 방형으로 된 연지(蓮池)의 북부에 솟았으니 본관(本館)만 25개의 대석주에 지탱해서 그 매우 큰 규모와 창고(蒼古)한 색채가 스스로

---

70) 드러났다 나타났다 함.
71) 중심지.

고전적인 취미를 돋우는 바 있다. 옛날 한양조 연산군 6년에 목사 김공망의 건축으로 지금까지 423년을 지난 옛 건물이요, 선조 임진의 난에 대가(大駕)가 서천하매 일시 해주에 몽진(蒙塵)하여 부용당은 그의 하룻밤 임시 숙소가 되었다. 더욱이 인조왕이 난중에서 탄생한 곳으로 유명하게 되었다. 연못 가장자리부터 작은 돌다리를 건너면 곧 부용당의 누 아래로 들어가니 승선교(昇仙橋)의 3자를 돌바닥에 새겨서 필치의 비범함을 깨닫게 하며 승선교를 지나면 선조대왕 주필비(駐蹕碑)가 단청이 찬란한 작은 누각중에 있어서 옛 역사를 말하고 있다.

당시 선조가 해주에 잠시 머물렀다가 적의 세력 오히려 포악한 바 있으니 다시 서수(西狩)의 길을 떠났고 적장 흑출(黑出)은 마침내 본거를 이 집에 두었다한다. 지금은 마침 열린 황해도 군수회의의 회장으로 되어 자못 심한 더위를 모른다는 듯이 열을 지어 앉은 것이 더욱 이제와 옛날의 감이 있게 한다. 연못 아래 수면에는 푸른옥으로 꾸민 듯한 연꽃잎이 수면에 깔렸는데 뜰위에 서있는 노괴수는 두터운 녹음을 시원한 바람에 흘러서 상쾌한 기미가 세속관리들이 있는 곳이라고는 생각되지 않는다. 이곳으로부터 다시 서쪽으로 나아가면 즉 서문 성벽을 뜯어 버리고 새 길을 만든 도청 우측의 통로로서 석축으로 된 담 옆으로 해주읍의 진산(鎭山)으로 된 용수봉(龍首峰)을 향하여 낮은 비탈을 올라가게 된다. 이 일대에는 옛 향교를 비롯하여 제일공립보통학교의 건물과 호신(豪紳)의 주택이 많고 향교 서쪽으로 북산공원(北山公園)이 있다(『조선일보』, 1927년 7월 9일, 1면).

○ 1927년 7월 10일 해주향교와 병산정

『조선일보』에 「해서의 산수향(山水鄕)(하)」이라는 제목으로 기고를 했다. 해주향교와 병산정을 거쳐 용수봉에 올랐다.

용수봉은 수양산계의 한 고봉으로 도청의 바로 뒤에 솟아 있다. 수양산은 광석천의 동안에 솟은 청성묘의 뒷봉을 이름이다. 북산공원이 용수봉의 아래턱에 있어 평탄한 대지를 중심으로 되었으니 누백년 이래의 늙은 괴목이 그야말로 하늘에 닿은 듯이 해발을 가리어서 삼엄한 기미가 사람을 누르는 듯 시가와 떨어져서 남산공원과 상대하였다. 남산공원이 울창하고 부드러운 산과 한 가지 근대식의 아름답고 단아한 맵시가 있는데 비하여 북산공원은 썩 고전적인 취미에 부합했다.

공원의 서쪽으로 향교가 있어 돌로 쌓은 고대(高臺)의 위에 있다. 명륜당의 앞뜰을 지나 대성전의 문밖에 서니 두 그루의 은행나무가 동서로 대립하여 높기가 누십 길이고 크기가 수십 위(圍)이니 수령이 또한 수백년을 지났을 듯하다. 이곳은 고려 명현으로 당시 해동공자라 불리웠던 문헌공 최충(崔沖)의 옛터로써 처음에는 향인이 충으로써 문묘에 같이 제사지냈으나 사전(祀典)[72]에 없는 바이므로 그만 두었다 한다. 최씨가 해주세거의 명족(名族)인 것은 세간에서도 아는 바이지만 본사 기자 최은희(崔恩喜)[73] 양도 본군의 출신으로 항상 자부하던 것이 기억된다.

교직(校直)에게 의뢰하여 잠긴 문을 열고 일행이 참관한다. 전(殿)의 중앙에는 상례와 같이 지성문선왕(至聖文宣王)의 주위로 오성(五聖)[74]의 위패가 봉안되었다. 좌우로 십철(十哲)[75]과 송대 제현의 위패를 안치하였다. 따로이 동서양무에 들어가서 공자 문하 72현과 조선 승무(陞廡)[76] 18현의 위패를 참관하였다.

대성전의 대뜰에 서서 보면 서쪽으로 선녀산 저쪽으로 옹진

---

72) 제사 지내는 예법.
73) 최은희(崔恩喜, 1904~1984) 한국 최초의 여기자로 알려져있으며 안재홍과는 『조선일보』에서 함께 근무한 인연이 있다.
74) 다섯 성인《공자·안자(顔子)·증자(曾子)·자사(子思)·맹자(孟子)》.
75) 공자의 열 사람의 뛰어난 제자. 곧, 안회(顔回)·민자건(閔子騫)·염백우(冉伯牛)·중궁(仲弓)·재아(宰我)·자공(子貢)·염유(冉有)·자로(子路)·자유(子游)·자하(子夏).
76) 승무 (陞廡): 학덕이 있는 사람을 문묘(文廟)에 올려 함께 제사 지냄.

일대의 산악이 아득하게 하늘가에 벌어 서있고 앞으로는 고운 돛단배가 거울 속 같이 내려다 보이는 일편해곡(海曲)의 위에 떠서 표묘(縹緲)한[77] 기운이 스스로 범속(凡俗)을 떠나는듯 누백년 문교의 중심이 되고 국론을 움켜 쥐던 곳이 되던 문묘(文廟)·향교(鄕校)의 터인가 하면 그도 괴이할 것이 없는 일이다. 여기서 과수원의 한 중간 녹음(綠陰) 속의 길로 빠져서 인가가 차차 드문 곳으로 향한다.

전포(田圃)[78]가 끝이 나자 수림이 더욱 울창하고 계곡의 사이에 물소리가 철철하며 빨래하는 부녀들의 방망이 소리가 울려나온다. 익연(翼然)[79]한 정자가 그 사이에 솟았거늘 일행은 들어가서 옷을 끌러 땀을 들이고 잠시 휴게한다. 이곳은 기사정(耆社亭)으로 속칭을 노인정이라 하니 연장자들을 중심으로 지금도 사정(射亭)과 같이 사용된다. 다시 수십 보를 올라가면 병산정(並山亭)이 한적하고 외진 골짜기 속에 있어 풍치와 규모가 기사정에 비하여 손색이 있으나 신축된 것으로 특색을 지었다. 이 지역의 자산가로서 공익 사업에 공헌이 적지 않던 고(故) 유순익(劉淳益)씨가 경영한 바로서 유훈면(劉壎冕) 군은 그의 계식(季息)[80]이다.

병산정에서 다시 떠나 산등성이로 길을 찾아 뙤약볕이 내리쬐는 밑에 상봉을 오르기로 할 새 일행중 이경호씨는 돌아가는 길이 바빠서 그만 더 동행치 못하므로 바쁘게 작별하였고 어해씨도 이씨를 따라서 잠시 갈렸다가 길거리까지 전송하지 못하니 섭섭한 정이 깊다. 씨도 2일에 돌아갈 것인데 석담행의 동도(同途)가 되시기 위하여 하루를 미루었던 바 오늘은 먼저 떠나는 것이다.

---

77) 아득한.
78) 남새밭.
79) 새가 날개를 편 것처럼 좌우가 넓은.
80) 막내 아들.

용수봉 오르기를 단행한 것은 3일의 일이다. 도중에서 두 사람과 작별하고 김덕영 씨와 송림의 사이를 헤치고 돌길을 찾아 올라간다. 몸도 좀 피로하였고 마침 아침밥이 얹쳐서 고통조차 있으므로 몸에 흥건한 땀을 씻어가며 정상을 향하여 올라간다. 수없이 해어져 있는 화강석의 암편을 주어 모아 곳곳에 3~4척 혹은 5~6척의 탑을 모았으니 돌길의 한길에는 이러한 탑이 십수 곳이 있어 아기 낳기를 비는 자의 소원탑이라 하며 반석(盤石)이 있는 곳에 미인의 화명(花名)과 아울러 자기 이름을 기록한 자있으니 풍류랑의 호사(好事)가 자취로만 남아있다(『조선일보』, 1927년 7월 10일, 1면).

○ 1927년 7월 11일 해서의 산수향

『조선일보』에 「해서의 산수향(山水鄕)(하)」이라는 제목으로 기고를 했다. 해주 용수봉 정상에서 주변을 조망하고 칠성대, 탁열정 등을 답사했다.

용수봉의 정상에 올라서면 두개의 불상인 화강석 소원탑이 있어 거의 사람 키 정도가 된다. 무엇을 위함이든지 이러한 인간 노력의 자취를 보는 데에는 언제든지 법열(法悅)을 느끼게 된다. 상의를 벗어 걸고 이마에 땀 씻으며 원근의 경치와 풍광을 살펴본다. 봉의 등성이가 그대로 이어져 서쪽으로 주개봉(朱盖峰)은 쳐다볼만큼 치솟았고 주개봉 일대로부터 기세 좋게 뻗친 맥이 쓰레봉을 향하여 북으로 감돌으니 여기서보면 수양산의 웅려한 전경을 거의 한눈에 거둘수 있다.

마재고개의 험하고 좁은 통로가 쓰레봉의 동쪽을 넘어가니 회소(恢疎)한[81] 숲속에 아직도 한집 혹 두집의 초가집이 뜸뜸이 있

---

81) 넓고 트인.

고 쓰레봉의 동쪽 산기슭으로부터 휘둘러 내려오는 맑고 깨끗한 시냇물이 무릉도 거기런가할 만큼 유벽통활(幽僻通闊)[82]한 골짜기를 이루었으며 반석이 솟고 심연을 이룬 곳에 수십 명의 빨래하는 늙은 여자들이 떼를 지어 늘어앉아 방망이 소리는 들리지 아니하되 수백 필 베와 비단이 줄을 이루어 널린 것이 도리어 심산절협 소조(蕭條)한 정경보다 낫기가 몇 배이다. 이는 곧 이름높은 광석천(廣石川)의 긴 계곡이다.

김덕영씨의 말에 의하건대 옛날에 마재고개 일대에는 도적이 절발(竊發)[83]하여 통행이 곤란하였고 최근에는 거의 산간의 잡초가 우거진 길이 되고 말았다 한다. 이 고개의 저쪽에는 정각사(正覺寺)의 승지(勝地)[84]가 있어 1일 정도 머무르는 것이 알맞다 하나 물론 탐방할 겨를이 없다.

바라보니 많은 봉우리가 감싸고 계곡이 깊어 마치 무힌신비의 세계를 감춘 것 같다. 아아 무한신비의 세계! 속세의 사람을 감추어 안한(安閑)을 탐내게 하지 아니 하니 돌아설진저 돌아설진저! 남은 용기를 가다듬어 진세(陣勢)의 전진중에 나아갈진저! 산자수명(山紫水明)한 정벽(靜僻)[85]한 천지를 당할 때마다 현대 청년의 무한한 충동이 있는 것을 체감할 것이다.

동남으로 바라본다. 대자연의 거장이 연파묘망(煙波渺茫)[86]한 서해— 평탕(萍蕩)한 거울과 같은 천지를 만들었다. 연평·강화·교동의 모든 섬을 늘어놓고 즐편히 또 고요히 일야로 잠겨 있다. 이것은 해주(海州)가 해주의 이름을 얻은 이유이다. 시가를 굽어보며 건물을 손가락으로 가리켜보는 동안 관악의 소리가 일어난다. 보통학생들의 연습이라 한다. 남산 사이에 일편 돌비석이

---

82) 한적하고 막힘이 없는.
83) 강도, 절도 사건이 일어나.
84) 경치가 아름다운 곳.
85) 고요하고 외진.
86) 안개 자욱하고 아득한.

쓸쓸하게 홀로 선 것을 본다. 왕년[87] 용당포(龍塘浦)에서 조난한 학동 68명의 어린 혼을 위안하기 위한 기념비이라 한다. 2일 오후 용당포에 나아가 무심한 해면을 바라보며 그 당시의 비극을 추억하였더니 높은 봉우리에 올라 구부려 그 비애를 애도하는 데에는 일층 심절한 정이 솟는다. 듣건대 의창학교(懿昌學校)에서는 합계 28인의 조난자를 내어 각 학교 중에 최대한 희생을 당하였으므로 따로이 기념비를 그 교정에 세웠다 한다. 이는 해주를 찾는 자의 전혀 무심할 수 없는 근대의 애사(哀史)이다.

동쪽 산기슭을 좇아 내려온다. 송림이 자라 오르고 떡갈나무·개염나무 등의 넓은 잎이 바위 표면을 덮고 연한 줄기를 묻었는데 모든 산에 도무지 해로운 벌레가 없고 오직 도마뱀이 있어 때때로 달아날 뿐이다. 수양산 일대는 근년 보안림으로 편입되어 채벌을 허락하지 아니하므로 이와 같이 숲의 상태가 볼만한 바 있다 한다.

중턱을 다 내려서 소나무 아래 반석에 팔을 베고 누웠다가 맑고 시원한 바람이 다시 일어 내려온다. 돌담으로 두르고 중간에 조그마한 7층 석탑을 세웠으니 곧 칠성대이다. 무축(巫祝)이 모이는 곳이고 다시 십수보를 내려오니 옥계정의 수석이 무르녹은 녹음 사이에 열렸으니 술 한병에 안주 하나로 몇몇 인사가 더위를 피하고 있는 것도 그럴 듯하다. 옥계정의 풍경은 해주에서도 칭찬하는 바이지만 좌우암벽에는 각자(刻字)가 너무 많아서 아까운 천연의 형태가 살풍경(殺風景)으로 되었다.

이곳으로 내려오면 신성한 신사(神社)가 있어 화표(華表)[88]가 솟았고 앵두나무가 벌어섰는데 저편 숲 속에서 종과 북의 소리가 요란히 난다. 해주의 아름다운 풍경에 다시 부유한 사람들이 많으므로 계곡의 돌과 물이 있는 곳에 유흥하는 남녀가 많고 하물며 또 무축이 성행하여 숭신인 등의 행사가 끊일 새 없다고 한다.

---

87) 1924년 5월 초순.
88) 신사 입구의 문.

신사(神社)의 경내으로부터 수원지 부근을 지나면 기미 운동 당시 임시 증축하였던 일본수비대 영사가 대부가 빈 채로 있어 쇠락한 자취가 뚜렷하고 동쪽으로 돌아 탁열정(濯熱亭)에 나오면 광장이 노괴수의 앞으로 벌어지고 앞으로 광석천의 쏟아지는 물이 가뭄 중에도 오히려 맑고 시원함을 느끼게 한다. 다시 100여보에 지환정(志歡亭)이 있고 정자 아래 바위층이 우뚝한 밑에, 두어 길 깊은 높이 구슬을 담아 부은 듯이 도시에 견주어서 이 수석(水石)은 희한한 일이다. 그러나 최근 지환정의 명소도 비관하는 남녀들의 투신처가 되었다 하니 개탄할 바이다. 지환정을 지나 사미정(四美亭)이 있고 이곳으로부터 계곡을 건너 수양산이 제대의 남쪽 기슭에 다다르면 곧 청성묘(淸聖廟)이다. 수양산 청성묘는 또 해주의 유명한 사적이다(『조선일보』, 1927년 7월 11일, 1면)

○ 1927년 7월 12일 해주잡필

『조선일보』에 「해주잡필」이라는 제목으로 기고를 했다. 해주의 행정과 교육기관, 특산술인 방문주와 특산물, 과수 농업현황과 산업 등을 소개하고 있다.

해주의 산수는 약간 소개하였다. 석담(石潭)의 내력과 그 감상은 별도 이야기로 하려 한다. 그러나 해주에 관하여는 다시 일필이 없을 수 없다. 도청·군청이 있고 지방법원·형무소가 있고 금융기관으로는 식산은행(殖産銀行) 지점이 있고 금융조합연합회로부터 기타 두 개의 조합이 있고 수산합자회사가 있어서 근자 연안어업 외에 차차 해상에까지 출어하게 된다.

교육기관으로서는 3년 수업의 도립사범학교가 있고 공업보습학교가 있어서 지금까지는 거의 조선인 본위로 되어 있고 고등보통학교가 있고 일본인의 고등여학교가 있는데 중학교가 없는 까닭에 고보에도 일본인 공학자가 약간 있으며 여자고보가 없으므로 고등여학교에는 조선인 여성의 취학자가 수십인에 달한다 한다. 황해도 일대에 오직 1개의 고등보통학교가 있고 일찍 여고보의 시설이 없으므로 해주·사리원 두 개 도시에서 조선인 여생들을 모두 일본인 여고에서 공학을 하게 되니 해서 인사들로서는 한 번 고려할 일이다.

제1, 제2의 두 개 보통학교가 있고 사립으로 의창학교·정내여학교가 있고 기독교회에서 설립한 의정여학교가 있고 남본정의 기독교회 안에는 심정강습소가 있어 취학하지 못한 여성들을 가르치고 있다. 이 외에도 원잠종제조소의 잠업교습이 있다. 해주에는 명물이 많다. 산수가 좋은 것은 약술하였지만 돌이 많은것도 명물이고 괴목이 많고 과수가 많고 소주가 많고 또 미인이 많다. 그리고 철도 교통 편이 없기에 자동차 정류장과 자동차가 많은 것 또한 특색이다. 술에는 방문주(方文酒)가 있어 요새가 그 계절이라 하나 우리들과 같이 술을 마지시 않는 사람에게는 전혀 인연이 없고 금성여관에서 보이가 소주의 반주를 강력히 권하는데 나도 애오라지 피미(披靡)[89]한 감이 있었다.

돌이 많은 고로 돌의 사용이 매우 흔하다. 용수봉 위에서 화강석의 원탑을 본것은 이미 적었지마는 돌담·돌섬은 말할 것도 없고 널판보다 더 고운 넓은 돌로 개천에는 돌다리, 우물에는 돌난간 그리고 돌로 지은 건축물도 쏠쏠이 많다. 전기회사도 돌집, 천도교당도 돌집 경찰서와 같은 데는 마침 죄수들을 풀어서 돌담을 쌓기에 바쁜 중이요 조선인 측의 무역상인 해용상회의 건물도 대부분이 석재이다. 시가지에 돌이 많으니 청산벽계 널브러진 반석이 얼마나 좋을 것은 상상할 만하다.

해주에 과수원이 많으니 일본인의 것도 많지만 조선인의 경영

---

89) 위력이나 권세에 눌려 굴복함

은 더욱 많다. 봉산·사리원이 배(梨)의 명소인 것은 일반이 알지마는 해주에도 배가 가장 많다. 용수봉의 남쪽 기슭 향교부근 일대로부터 광석천의 연변 일경이 모두 과원이요, 촌부로 가면서도 원예적으로 잘 정리된 과원이 나란히 서로 연하였다. 황주가 해서과물 산출의 명소이지마는 거기서도 조선인 측에서는 판매·수출의 방법이 강구되지 아니하여 매우 곤란하다하니 해주 인사는 여기에 유의하여야 할 것이다.

소주의 양조업은 조선인측이 상당하다 하지만 시가 간판의 대부분은 소주광고인 것같다. 그리고 해주경제화(海州經濟靴)란 것이 있어 자동차의 헌 타이어로 바닥을 댔으니 자동차역이 많다는 지방 사정에 인함일 것이다. 만일 풍류랑이 있어 자동차에 미인을 싣고 한 말의 소주와 한 종류의 과실로 괴목의 그늘 반석의 위에 흘러가는 푸른 시냇물에 임해 하루 종일 놀기로 한다 하면 다시 세간 흥망을 잊을 것이라고 하겠다.

내가 해주의 풍속을 접하니 오히려 한산 안일의 경향이 있어서 명문호족의 인사들이 즐겨 정신봉공(挺身奉公)의 생활을 하지 않으려 하는가 개탄하였다. 북본정(北本町) 일대에는 시가가 자못 정리되었고 개천은 모두 콩크리트로 수축한 바 있으니 경성의 남부시가와 같이 북본정은 일본인촌이 된 까닭이라 차별(差別)의 시설은 전체가 같은 모습이다. 교통운수로 일반상업은 대부가 일본인의 수중에 들고 포목상점은 예에 의하여 중국 상인의 전성을 자랑하는 현상이다. 시가에 잠깐 살펴보니 조선인 부녀들이 떠들썩하게 청(淸) 독두(禿頭)[90]의 중국인 점원을 상대로 자투리의 포목을 끊어 내고 있다. 기괴하고 개탄할 일이다. 이는 조선의 부녀들이 아직도 옛 관습에 끌려서 호인(胡人)과의 거래가 무관하다 함이냐? 산욕에서 고통하는 조선 부녀들이 의사를 보이기 부끄러워하되 외국 의사이면 무방하게 생각하니 이

---

90) 대머리.

또한 봉건적 신분관에 인함이라 고객을 끄는 점으로는 조선인 상업자들이 여러 번 생각할 점이다. 그러나 이제 다만 해주에 한정하는 일이겠는가?(『조선일보』, 1927년 7월 12일, 1면).

O 1927년 7월 13일 중국 향산(香山)에서

중국 향산에서 통신원으로 활동하고 있는 전무식(田武植)이『조선일보』주필 안재홍 앞으로 서신을 보냈다. 중국과 비교해서 조선농업기술의 발전에 대한 자부심을 이야기하며 조선동포의 단결 노력과 조선인 유학생학우회 활동을 소개하고 있다.

> 향산학창(香山學窓)에서 전무식
> 안재홍 선생 족하
> 귀사에서 이역에 헤매는 고학의 동포를 위하여 성의 있게 날마다 보내주시는 귀보에 의하여 이곳 있는 우리들은 고국의 소식을 들을 적마다 귀사에 감사하나다.
> 어제 밤에는 졸지에 우박이 쏟아져 북경 서쪽 교외 지역인 향산 일대에는 농작물이 퍽 손실되었습니다. 그런데 중국 전부는 몰라도 이곳 중국인의 경작법은 우리나라에 비하여 어리석기 짝이 없습니다. 옥천산(玉泉山) 밑에 천연 옥답은 우리나라 밤밭과 같이 볍씨를 그대로 부어 제자리에서 성숙할 때에는 다 거꾸러져서 반수 이상이 감소됩니다. 강소(江蘇)와 절강(浙江) 벼농사가 유명한 데는 모르지만 북중국의 벼농사법은 말이 못 됩니다. 이것을 눈앞에서 볼 때마다 우리나라의 농업이 얼마나 발달된 것을 알수 있사오며 압록강과 두만강을 건너 외지에서 떠도는 농촌 형제의 현상을 눈앞에서 볼 때마다 현재의 비통(悲痛)을 깨닫겠나이다.
> 이곳은 누런 먼지 가득한 북경성을 떠나 서교 만수산(萬壽山)

아래의 한적한 땅입니다. 이곳을 본거로 하고 있던 국민군의 진영은 소실되었고 그 당시에 만행을 많이 목도하고 실감하였나이다. 가정의 따뜻한 낙원을 뒤로 두고 나와서 정다운 고국을 이별하고 멀리 이역의 학창 차가운 불빛 아래에서 백열한 희망에 고투하는 우리들은 아! 가엾게도 부모와 처자의 자애도, 형제와 제매의 정의(情誼)도 떠나서 온갖 사랑의 포옹을 한 갓친한 동무밖에 또다시 구할 곳이 없습니다. 그러므로 자연 다정한 동무들의 단결을 생각하게 하고 단결을 조성함에는 반드시 생면부지의 이방인보담 동혈동족의 단합을 절망하게 됨은 순결무구한 본능으로서 비난치 못할 만한 사실입니다. 이곳 향산자유원(香山慈幼院)에 우리 학생의 발자취가 7년이라는 짧지 않은 역사를 가졌으니 인제 무엇이고 성과를 거둘 때가 되었습니다.

과거의 이 풍파 저 풍파에 밀려서 재향유학생회가 있었지만 유명무실에 불과하였습니다. 가뭄 뒤에 단비가 있는 법이라, 작년 10월에 여러 동무의 열에 넘치는 성의로 종전의 학생회의 면목을 쇄신하며 우애돈목과 지지향상의 아름다운 목적하에 재향 조선유학생으로 통일된 회가 조직하게 되니 회원수가 21명이고 위원으로는 김연회·이규열·김해산과 필자 등이 뽑혔습니다. 변변치 못하나마 우리 회의 경과 사업으로는 지난 3월 1일에 ○○운동이라는 각본으로 중국인에게 많은 동정의 효과을 보았으며 주일마다 토론회와 시사연구로 흥미진진했습니다. 따라서 본원에 있는 어린동무를 위하여 우리 역사과를 특설하며 이래에 적지 않은 성적을 얻었습니다.

끝으로 학에 뜻을 두시는 형제자매에게 촉망하옵나니 장래 우리의 유일한 활 무대인 중국에 다수 유학하시기를 간절히 권하오며 약한 힘이나마 후에 올 학생을 위하여 진력하려 하나이다. 시간이 급하여 자유원의 상황을 기입하지 못함은 유감이나마 이다음에 소개하겠나이다(『조선일보』, 1927년 7월 13일, 1면).

○ 1927년 7월 16일 청성묘에서

『조선일보』에 「청성묘 잠깐 보고」라는 제목으로 기고를 했다. 백이
와 숙제의 절의를 추모하는 해주 청성묘를 답사했다. 해주행 최고의
인상이라고 평가하며 두 선비의 비장한 삶의 태도를 본받아야겠다
는 다짐을 적고 있다.

  7월 1일이다. 마침 여가가 있는 때에 내방한 정중씨와 함께
청성묘(淸聖廟)[91]를 찾기로 하였다. 부용당(芙蓉堂) 앞을 잠깐
들렸다가 되돌아서서 동으로 청성묘를 향한다. 동문 턱을 나서
서 사미정(四美亭) 쪽으로 광석천의 하류를 그로끼고 올라가서
황금같이 노랗게 피어 벌어진 밭에 가득한 호박꽃을 보면서 돌
무더기가 들어 쌓인 시내 기슭을 내려서 늘어 앉은 빨래하는 여
자들이 비켜주는 대로 암석을 모아 놓은 징검다리를 건넜다. 수
양산 동봉의 바로 밑창 보리밭 언덕위에 풀매미 우는 나무 그늘
이 우거진 곳이다. 백세청풍(百世淸風)의 비(碑)를 보고서는 우
선 발을 멈추었다. 문자(文字)의 직경이 1척 6촌이나 된다 하거
니와 웅혼한 필세가 그 사람의 기운를 상상케 하니 숙종대왕 34
년 감사(監司) 이언경의 글씨라 한다.
  글뜻이 이미 좋고 필법이 또 그러하므로 탁본(拓本)을 박아가
는 자가 답지(遝至)하여 비면은 먹자국이 시컴해서 적지 않게 풍
치를 상하였다.
  청백한 백이(伯夷)와 숙제(叔齊)로써 영(靈)이 있으면 반드시
속세인의 버릇에 눈살을 찡그릴 듯 이미 표표(漂漂)한 감상을 일
으키며 층층의 돌계단을 올라간다. 구인문(求仁門)의 편액(扁額)

---

91) 청성묘(淸聖廟); 북한 황해남도 해주시 수양산에 있는 백이와 숙제의 절의를
     추모하여 해주의 유생들이 1687년(숙종 13년) 세웠으며 흥선대원군의 서원 철
     폐 때도 훼손되지 않았다.

이 눈에 뜨인다. 흑판에 하얗게 쓴 것이 고결한 표상같이 마음을 깨끗이 할 생각이 난다. 숨소리를 죽이면서 고요히 발을 옮겨 디딘다. 사람도 없이 문을 걸어둔 강당을 옆으로 쳐다보며 대뜰 위에 올랐다. 묘지기집이 우측에 있으나 안팎문을 꼭꼭 걸어 잠그고 불러도 대답하는 이 없으니 밭을 매려간 것이 분명하다.

　검은 구름에 백로 지나듯이 총총이 다녀가는 속세의 나그네가 기구를 부리자 할나위도 없이 그 어른들의 청덕(淸德)을 본 받아서 그대로 잠깐 보고가자! 기와에도 이끼가 실린 단장의 옆에 서서 쓸쓸하게 닫힌 묘안을 본다. 숙종대왕의 사액으로 된 청성묘(淸聖廟) 3자는 말이 없이 당 위에 달렸는데 단청도 빛깔이 변하여 더욱 고색창연한 기운이 돈다. '청혜후백이(淸惠候伯夷) 인혜후숙제(仁惠候叔齊)' 두 개의 위패는 굳게 잠긴 묘내에 안치되었다 한다. 탈모하고 서서 그 광경을 본다. 당시 역사를 추억한다. 고죽국(孤竹國)의 두 사람으로서 군위(君位)를 서로 사양하는데서부터 시작한 이분네의 성결(聖潔)한 생활은 고마이간(叩馬而諫)[92]하다가 수양산(首陽山)에 아사(餓死)하는 데에 종막을 지었다. 등피서산혜채궐미(登彼西山兮採厥薇)[93]라고 노래한 그 분네들은 마침내 주(周)나라의 천하를 등지고서 소슬한 그러나 성결한 만세에 광채나는 죽음을 이루었다. 백이숙제는 성(聖)의 청(淸)한 자이라고 도도한 속류(俗流)가 이것을 본받을 수는 없다.

　그러나 인류 영원한 역사들 위하여서 없어서 아니 될 청결한 교훈을 남겨두고 간 두 분네는 드디어 숙연히 경건함을 일으키고 대단히 동정하지 아니할 수 없는 신비한 힘을 지금까지 대여주고 있다. 순간! 탈모하고 서서 그의 생애를 추억하게 되던 순간 표표한 생각이 스스로 세상 물욕을 쓸어버리고 우주 간에 독존함과 같은 경지에 들어갔다. 눈을 다시 뜨고 볼 때 두 그루의

---

92)　말을 잡아당기며 간언(諫言)을 하다가.
93)　서산에 올라가 고사리를 캐련다.

노괴수가 동서로 단장에 바싹 대여서서 만곡청음(萬斛淸音)[94]이 뜰에 덮혀 가득하다. 묵례하면서 내려선다. 진실로 떠나기가 아까웠다.

해주행의 최고의 인상은 청성묘(淸聖廟)의 참관이었었다. 백이숙제의 일생은 슬펐다. 그가 서산에 굶어 죽던 때는 주나라 8백년 기업(基業)이 굳어진 인간세상의 융운(隆運)을 자랑하는 때였던 만큼 더욱 슬펐다. 그러나 그가 죽되 천생창생은 오히려 잊을 수 있었으니 그가 굶어죽는 날에 후진(後進) 영원한 노예의 멍에 그의 파멸의 수탄(愁嘆)[95]은 걱정되지 않았다. 아아 백이숙제! 그의 죽음은 비절(悲絕)하였다. 그러나 그의 뒤끝은 거뜬하였다. 현대의 고통에 오뇌하는 선구자들! 뉘 백이숙제와 같이 거뜬히 수양산의 죽음으로 단념할 자이냐? 백이숙제는 또 행운이었다.

청성묘는 숙종대왕 13년의 건설이니 지금부터 240년 전의 일이다. 수양산의 경치가 요서(遼西)의 수양산과 비슷하므로 이름 지은 바라 하나 이제가 아사한 곳은 중국 합서성 서안부 이서(以西)에 있으니 이제가 문왕(文王)을 따라 호(鎬)[96]에 갔고 무왕이 주(紂)를 치매 피하여 서쪽으로 가니 등피서산(登彼西山)은 호경(鎬京)으로부터 이서(以西)에 간 것을 표증함이다.

돌아오는 길에 해주제묵소를 방문하니 최형규씨가 맞아 편안하게 이야기 했다. 어유(魚油)로 불을 켜서 그을음을 받고 그것을 재료로 묵을 제조하니 한림풍월부용당(翰林風月芙蓉堂)으로 수양매월백세청풍(水楊梅月百世淸風) 등은 개량품으로서 그 수용(需用)이 넓다 한다(『조선일보』, 1927년 7월 16일, 1면).

---

94) 맑은 소리가 온세상에 퍼지는
95) 근심과 탄식
96) 호경(鎬京): 주의 무왕이 처음 도읍했던 곳.

○ 1927년 7월 17일 해주 용당포항

『조선일보』에 「석담구곡 찾아가서(상)」이라는 제목으로 기고를 했다. 해주 용당포항의 해안 풍광과 항만조성공사 상황에 대해 서술하고 있다.

안민세

7월 2일이다. 오전에 약간 명소를 찾고 오후에는 귀경할 준비로 여관에서 여러 벗과 이야기한다. 유훈면(劉壎冕)씨가 석담행을 준비하고 나에게 강력하게 권하므로 처음 뜻을 뒤집고 곧 석담행을 단행한다. 유훈면·이경호(李京鎬) 두 분 외에 일행이 7인이다. 교반(交飯)[97]으로 섬심을 먹고 먼저 용딩포를 힌번 살펴코자 자동차를 몰아 급행한다. 선녀산(仙女山)의 실은 등을 넘어 잔산단록(殘山短麓)[98]의 사이로 달아난다. 수양산 연봉에 비하면 이 방면의 평범함이란 비할 수가 없다. 7~8리나 빠져나가서 감람(甘藍)[99]과 가지와 기타의 소채 등을 보기 좋게 가꿔놓은 전원이 있으니 중국인의 경작이다. 중국인의 소채경영은 각 도시가 일반이지만 해주에서는 더욱 많다 한다. 조선인이 농업국민이라 하면서도 도시의 소채공급이 중국인에게 점탈되는 것은 맹렬하게 각성할 필요가 있다.

십수 년쯤 자라난 수목이 퍼렇케 우거진 산등성길로 꼬불꼬불 내려가는 자동차 길은 마치 청도(靑島)의 시가를 한번도는 것과 같아서 예전일이 추억된다. 부두에 내려서니 마침 간조의 때인 고로 개펄이 훨씬 드러났는데 석축으로 된 승강장에는 나룻배를 기다리는 시골 남녀들이 늘어 앉아 있다. 부두로부터 수백 간 깊

---

97) 비빔밥.
98) 비바람에 깎인 낮은 산과 길지 않은 산기슭.
99) 양배추

이가 헤아릴 수 없어 보이는 바다물은 왕년에 68명의 어린 혼을 잠겨 버린 곳이라 한다. 원래는 비애의 인상이 깊던 불행한 어린 혼들의 침몰하던 자취를 조위(弔慰)코자 하였든 바이건만 당해서는 부질없이 다만 넓은 흰 파도만 보고 돌아서니 허무하기 짝이 없다.

용당포가 해주의 중요한 항구됨은 물론이거니와 만일 계획하는 축항(築港)[100]이 완성되는 때에는 서해안의 유수한 좋은 항구가 될 것이다. 황해도는 지금도 곡물의 산출이 조선에서 손가락으로 꼽을 만하지만 금후 위정당국의 산미증식정책이란 것이 황해도 한도에 대부분의 힘을 집중하는 바 있으니 만일 용당포로써 축항이 완성되고 조선철도의 선이 신원(新院)으로부터 이곳까지 들어 닿게 되면 해주의 발전이 괄목하게 될 것이다.

더욱이 옹진군 용호도의 축항계획이 실현되고 경의선 토성역으로부터 벽란도를 건너서 해주로부터 용호도에까지 본선을 직통케 하면 해주뿐이 아니라 모든 황해도 일대의 경제 사정도 따라서 아주 달라질 것이다. 50만 원의 축항비 중 20만 원은 국고보조로 20만 원은 지방비보조로 10만 원은 해주를 백위(百位)로 한 부근 각군의 인민의 부담으로 한다 하며 경찰당국은 이것을 이유로 민간의 다른 기부를 거의 금지하게 된다한다.

용당포의 일파해곡(一派海曲)이 오른쪽으로 서쪽 가장자리 해남 양면의 중간으로 들어가 길이 30리 너비 20리에 가까운 얕은물의 만(灣)을 이루었는데 이를 만일 개간하면 넉넉히 70만석의 벼를 수확하리라 하며 대창(大倉) 씨 외 수삼의 일본 부호들이 정부의 보조로써 장차 착수할 계획이라 한다. 현재 황해도 일대에 이미 조성된 논 131,160 정보(町步)로서 쌀 생산액이 평년 85만 석이라 하거니와 이것이 완성되는 날에는 일약하여 그 배액(倍額)이 된다할 것이다.

---

100) 항구를 조성하는 일.

해주와 사리원이 최근 도청의 쟁탈로써 은연히 서로 시새워하지만 용당포가 축항되고 철도가 개통된다 하면 혹은 도청은 영구히 굳을 것이고 그와 정반대로 도청쯤은 넘겨주어도 무방할는지 지금으로서는 판단하기 어렵다.

돌아보니 용당포의 부두에는 일렬로 된 단촐한 가옥이 수십 호쯤 되어서 퇴락한 시골의 몰골을 벗지 못하였고 그나마도 거의 전부가 일본인으로 되었다. 축항 완성하는 날에 조선인이 얼마쯤 근거를 잡을는지는 의문이다. 이 점은 붓으로 미리 동포에게 경고하여둔다. 지금에는 여기 경관파출소가 있고 수산조합이 있다.

바닷가 바위곁에 들러붙은 굴깍지를 밟으면서 도시(都市)의 짝들은 뇌(腦)를 식히다가 곧바로 자동차에 올라 석담행을 바쁘게 한다. 읍내까지 되돌아갔다가 서쪽 해변으로 빠져서 수양산의 등 뒤로 달아난다. 그편으로 긴 계곡이 구비진 곳에 신광사(神光寺)의 영구(靈區)를 손으로 가리키면서 일대의 긴 계곡을 끼고 앉은 숲이 무성한 곳에 기와집 처마가 우뚝 솟은 것을 보니 이는 즉 문헌공(文憲公) 최충(崔冲)의 서원으로 그 후예들이 세거(世居)하는 곳이다.

송충이가 먹어 까칠한 소나무들을 좌우로 보면서 고개를 넘어서 한참 간다. 손가락 같은 송충이가 더덕더덕 붙은 것이 보기에도 징그럽다. 다시 평야부에 내려서니 조선식으로 된 석동공보(席洞公普) 마당에는 등(藤)넝쿨이 뻗었고 목숙[101](苜蓿)이 다부룩하고 자운영(紫雲英)의 꽃이 피어서 농촌학교의 본색을 가진 것이 반가웠다. 개울에는 훈도의 부인인듯한 서양머리 얹은 젊은 여성이 빨래를 해서 물을 탈탈 짜는 양이 동정이 간다.

차차 고개를 넘을수록 전답이 더욱 비옥하고 산의 생김새가 갈수록 수려한데 붓끝같이 쭈뼛하고 나무가 다부룩하게 된 상봉을

---

101) 콩과의 두 해 살이 풀.

바라보며 좁은 재를 넘어가니 이곳은 즉 유명한 석담구곡(石潭九曲)으로서 심수영명(深邃靈明)한 기상이 저절로 현자(賢者)[102]가 거하든 땅인 것을 깨닫게 한다(『조선일보』, 1927년 7월 17일, 1면).

O 1927년 7월 18일 석담구곡 가는 길

『조선일보』에「석담구곡 찾아가서(중)」라는 제목으로 기고를 했다. 이날 석담구곡 가는길에 요금정, 소현서원, 청계당, 무이석담 등을 둘러 봤다.

안민세

산이 높지 않아 수려하고 물이 깊지 않아 징철(澄澈)[103]하다고 제갈량(諸葛亮)이 삼고초려(三顧草廬) 할 때를 기다리고 와방강(臥龐崗) 일대의 산수를 예찬하던 삼국지 필자의 말이다. 석담구곡의 산수는 이 문구로써 평할 수 있다. 서북으로부터 시작하여 동남으로 반상(盤相)한 일대의 계곡을 끼고서 산수의 정명수려함이 자못 조그만 별계(別界)를 지었다.

시내 위 한길 옆 외딴 초가 앞에 자동차를 머무르고 무성한 숲속 빼어난 봉우리가 높낮아서 벌어 놓인 계곡 속으로 들어간다. 으슥한 골짜기 사이로부터 구비져 내려오는 두어자 넘는 시내물을 크고 작은 암석으로 된 징검다리로 건너서 누각이 그림 같은 녹음(綠陰) 속으로 들어간다.

푸른 풀이 덮인 모래사장 위에 하나의 작은정자가 있으니 율곡선생 완상처(玩賞處)로 후일 수축한 바라 하며 편(扁)하여 요금정(瑤琴亭)이라 하니 암영담심(岩影潭心)을 흘려보며 탄금우

---

102) 율곡 이이.
103) 물이 아주 맑음.

회(彈琴寓懷) 하던 모습이 비슷하게 생각된다. 옆으로 한그루 편백(扁柏)이 서리어 땅을 덮었는데 수백년이나 묵었을 듯. 십수보를 들어가 은병정사(隱屛精舍)의 결구(結構)가 자못 간결한데 비어서 사람이 없다.

얼마 지나지 않아 한 노인이 수염과 머리가 새하얀데 제맨머리에 탕건을 눌러 쓰고 천천히 걸어오거늘 씨명을 물었는데 묵묵하여 말을 많이하지 않는다. 이 노인은 선생의 후예로서 전(前) 교리(校理) 이종신(李種臣) 씨라 한다. 노인의 지휘로 일개의 팽인(伻人)[104]이 나와서 높은상투에 검은빛 얼굴로 열쇠를 잡고 후당(後堂)으로 인도한다. 중정(中庭)에 들어서니 소현서원사적비(紹賢書院事績碑)가 있어 조각이 새로운 듯 일행은 담배를 내리며 모자와 신발을 벗고 일좌(一座)의 사우(祠宇)에 들어간다. 정면의 위판(位版)을 여니 일축(一軸)의 진영(眞影)이 나타나 표표(飄飄)한 기상이 스스로 탈속한 바 있다. 숙연히 기경(起敬)하면서 선생의 진영인가 하였더니 회암(晦菴) 주희(朱熹)의 상이다.

청계당(聽溪堂)의 서쪽으로 하나의 작은 못이 있고 못 가운데 조그만 섬이 있으니 물이 흐린 것이 흠이라 하겠다. 계곡의 좌우에 노괴수가 곳곳이 서있고 청계당의 곁으로는 두 그루의 은행나무가 있어 정정하게 수십 장(丈)을 솟았으니 울창(鬱蒼)한 기세가 도리어 사람을 누르는 듯 뒤로는 구불구불한 연봉을 두르고 앞으로 은병산(隱屛山)의 암만(岩巒)[105]이 기초(奇峭)[106]한데 솔나무 전나무가 창끝같이 치솟아서 더욱 기수(奇秀)함을 놀라게 한다. 참새가 재잘대고 꾀꼬리 노래하고 때까치가 짖고 무명한 산새가 마디꺾어 우는데 풀매미가 읊조리고 풀 속에는 찌르르하는 여치 소리조차 난다.

---

104) 부리는 사람.
105) 바위 봉우리.
106) 기이하고 가파른.

돌아보니 기장·조밭이 있고 감자를 가꾸었고 들깨가 더부룩하고 누렇게 핀 금은화(金銀花)는 곳곳에 늘어졌는데 흘러가는 시냇가에는 한필 청라(靑騾)[107]가 풀을 뜯고 한가히 섰다. 가다가

다시 십수 보에 한 개의 계곡이 있어 위에는 자단(紫檀)의 고목이 서있고 아래에는 적은 샘이 돌우물에 가득했다. 바가지를 들어 먼저 양치질을 하고 몇 잔을 마시니 시원하고 단맛이 있어 위장이 새롭게 바뀔 듯 하다. 이 계곡의 자연이 참 살기 좋은 낙토(樂土)인 것을 알겠다. 만일 한주의 겨를을 얻으면 몇몇 벗들과 함께 청계당의 독서인(讀書人)을 지음도 기쁜 일일 것이다.

다시 서남으로 계곡을 건너 한길이 넘는 뜰위에 수십간 기와집이 있으니 홍도지향(紅稻地香)의 현판이 있고 무이석담(武夷石潭)이라는 완당(阮堂)의 글씨가 있다. 은병산(隱屛山)의 이어진 산줄기 등지고 북향으로 계곡에 임하였으니 규모는 가장 크다. 선생 연거(燕居)[108]의 정침(正寢)[109]이 있는 곳이다. 이 노인과 앉아서 차례로 이야기하며 보관하고 있는 유물을 본다. 뜰에는 신록이 흐르는 듯한 사철나무가 있고 밑창에는 두어 포기의 자소엽(紫蘇葉)이 바람을 맞아 나부끼는 것이 더욱 청초한 맛이 있다. 허청(虛廳)에는 다부서진 초헌(軺軒)[110]의 잔해가 있어 철바퀴에는 구리녹이 슬었다. 선생이 타고 다니던 유물이다.

(『조선일보』, 1927년 7월 18일, 1면).

○ 1927년 7월 20일 석담구곡가

『조선일보』에 「석담구곡 찾아가서(하)」라는 제목으로 기고를 했다.

---

107) 푸른 빛을 띤 노새.
108) 편안하게 지낸 곳.
109) 거처하는 곳이 아닌 일을 보는 곳으로 쓰는 방.
110) 종2품 이상의 관리가 타던 수레.

율곡의 친필 서한과 모친인 신사임당의 자수 작품을 살펴보고 고산구곡가를 읊으며 벼슬에서 물러나 세속에 초연한 가운데 살아간 이율곡의 삶을 추모했다.

안민세

한글과 한문으로 중용(中庸)에 토를 달고 자세히 해설한 수초(手草)[111]가 있고 경연일기수초(經筵日記手草)의 일부가 있다. 또 전형적인 어진 부인으로 이름이 높은 선생의 모친 사임당(思妊堂) 신(申)씨의 자수품 몇점과 간이(簡易)한 채화가 있다. 최종으로 칠칠(七七) 최북(崔北)[112]의 작인 십첩소도를 보았다. 구곡 외에 전경의 대체를 그려서 선생의 구곡가로 화제를 삼았으니 원작은 한글과 한문이고 추후로 우암 송시열이 한역으로 대조한 비있다. 최칠칠이 근고명화(近古名畵)인 것은 식자가 알지만 오곡은병(五曲隱屛) 청계당도(聽溪堂圖)에는 두 그루의 은행나무가 정정하게 중천에 솟은 것을 그렸으니 칠칠 당시에도 지금 있는 은행나무가 이미 상당한 고본(古本)[113]이 든 것을 알겠다.

구곡의 이름은 일관악(一冠嶽) 이화암(二花岩) 삼취병(三翠屛) 사송애(四松崖) 오은병(五隱屛) 육조협(六釣峽) 칠풍암(七楓岩) 팔금탄(八琴灘) 구문산(九文山)이니 노인에게 물었는데 손가락을 꼽으면서 외어주더니 구곡병(九曲屛)을 보니 더욱 그 경치의 대강이 일목요연하다. 지금 정사와 청계당은 구곡의 정중(正中)인 오곡은병산수석(五曲隱屛山水石)을 중심으로 배치한 것이다. 은병의 빼어난 경치는 어제에 약술하였지만 소나무와 회나무 사이 암벽의 비탈에는 역대유람객의 새긴 글씨가 있어 매일곡에 이러한 것이 많아서 7~8개 적어도 4~5개는 된다 한다.

---

111) 직접 쓴 초고(草稿).
112) 최북(崔北): 전북 무주 출신의 조선 후기의 개성적인 화가로 호는 칠칠(七七). 남종화풍의 산수화에 능해 심사정과 함께 쌍벽을 이루었다.
113) 오래된 것.

이곳은 수양산맥중의 일부 계곡으로 광석천·신광사·지성산폭포 등과 아울러 일대의 신비한 경치를 이루었고 선생 큰 이름으로 인하여 더욱 많은 사람의 입에 회자(膾炙)[114]하게 되었다. 그 전장이 약 30여 리에 달하여 차제로 유람하고자하면 며칠의 일정을 요한다 한다. 이에 제씨와 함께 느티나무 그늘 아래에 늘어앉아 좌우풍경을 손가락으로 가리키다가 신을 끌르고 발을 벗어 백수명사(白水明沙)[115]를 밟아 담심(潭心)[116]으로 건너가니 시원한 맛이 스스로 사람을 영화케 하는 것 같다. 그리하여 탁족(濯足)하고 암석 위에 걸터 앉았다.

작년 봄에 남방의 동지 제씨와 지리산 쌍계에서 탁족을 하고 세이암 내리는 물에 세면을 하면서 회회(恢恢)한[117] 회사(回謝)[118]를 명산수에 부쳤으니 오늘의 이 인연도 진세에 드문 행운이다. 그전에는 상류에서 내려오는 물이 은병암벽의 밑으로 감돌아서 이름과 같은 연심한 석담을 이루었었는데 재작년 을축년 홍수에 토사가 내려 밀려 지금 같이 막혀버렸다 하나 암벽의 바로 밑창에는 지금도 5~6척에 가까운 깊이로 아주 깊어서 들어가기 어렵다. 자고이래로 자라가 있고 뱀장어가 있어 놀고 헤엄치는 것을 볼 수 있었으나 최근에는 일본인의 어부가 자주와서 어별(魚鼈)[119]의 씨를 말리게 되었다 한다. 오직 가느다란 모래무지가 물결을 쫓아 오르고내리는 양이 손으로 주울 듯이 어여삐 보인다.

일곡(一曲)은 어디메오 관악(冠嶽)[120]에 해 비춘다

---

114) 사람들의 입에 오르내리다.
115) 맑은 물 눈부신 모래.
116) 연못의 중심.
117) 크고 넓은.
118) 사례하는 뜻을 표함.
119) 물고기와 자라.
120) 높은 산.

평무(平蕪)[121]에 내거드니 먼산에 그림이라
송간(松間)에 녹준(綠樽)[122]을 놓고 벗 오는 양 보노라

사무한신(事無閑身) [123]같이 강호(江湖)에 맹세 두고 송간녹준
으로 유유자적하는 기상을 읽을 만하다.

이곡(二曲)은 어디메오 화암(花岩)[124]에 춘만(春晚)커다.
벽파(碧波)에 꽃을 띄워 야외(野外)로 보내노라
사람이 승지(勝地)[125]를 모르니 알게한들 어떠하리.

평활(平闊)한 심경에는 연어(鳶魚)가 비약(飛躍)하여 일찍이
막힐 바 없음을 볼 것이다.

오곡은병(五曲隱屛)을 노래하여 말하기를

오곡(五曲)은 어디메오 은병(隱屛)이 보기 좋구나
수선(水線) 정사(精舍)는 소려(瀟麗)[126]함도 가이 없다.
이 중에 강학(講學)도 하려니와 영월음풍(詠月吟風) 하오리라.

만년 은퇴한 생활을 엿볼 것이다. 석담일기(石潭日記) 전체는
오로지 시사득실(時事得失)[127]과 정계(政界)의 곡절(曲折)을 기
록한 것으로 보아서 더더욱 교훈을 전하고 있다.

---

121) 잡초가 우거진 들판.
122) 술통.
123) 일없고 몸이 한가로운.
124) 꽃이 핀 바위.
125) 멋진 경치.
126) 시원한
127) 때의 얻고 잃음.

칠곡(七曲)은 어디메오 풍암에 추색 좋다
청상(淸霜)이 엷게치니 절벽이 금수(錦繡)로다
한암(寒岩)에 홀로 앉아 집을 얻고 있노라

구추청상에 절벽이 금만(錦灣)[128]일때 차가운 바위에 홀로 앉
아 넓은 천지 맑은 바람을 들어 마시면서 도도한 속세에 끝없는
한탄을 그윽히 지어낼 때 표표한 가슴에 도리어 외로운 비애를
품으니 고인의 심사를 어찌 또 속세의 사람들이 헤아리려 할 것
인가?

팔곡(八曲)은 어디메오 금탄(琴灘)[129]에 달이 밝다.
옥진금휘(玉軫琴徽)[130]로 수삼곡 노래하니
옛가락을 알리 없으니 혼자 즐겨하리라.

난명(亂鳴)하는 와부(瓦釜)[131]에 고종(孤鍾)이 울릴 길 없어 초
월의 비애가 사장(詞章)에 나타난 것이다. 옛 가락을 알리 없어
혼자 즐기는 곳에는 그로 하여금 초연독존(超然獨存)하는 고귀한
비분(悲憤)이 있는 것이다(『조선일보』, 1927년 7월 20일, 1면).

○ 1927년 7월 20일 신간회 위원회 개최 성명서

신간회위원회 개최 성명서를 발표했다. 학생 맹휴사건의 진상을
밝히고 대책강구 9인 위원에 선정됐다.

---

128) 산봉우리에 가득한 단풍.
129) 물가에서 악기를 연주하다.
130) 좋은 거문고.
131) 기왓가마.

근래에 이르러 학생맹휴사건이 점점 수효가 증가되며 그 정도가 심하여 왔는데 최근 2개월 동안에는 급속히 확대되어 그 수효가 28교에 달하여 남자고보가 12, 여자고보가 2, 농업학교가 3, 공보가 11이고 그 지역도 전국적이며 그 분쟁은 극히 신랄하여 쉽게 해결되지 못하는 모양인데 이제 이러한 문제는 학교 당국자에게만 맡겨둘 것이 아니라 널리 중요한 사회문제로서의 하나인 동시에 사회의 여론이 비등해졌다.

신간회에서는 이 중대한 학생맹휴사건의 진상을 밝히고 그 원인과 및 대책을 강구하기 위하여 위원 9명을 선정하고 2차 협의한 결과 지난 20일 오후 5시 경부터 동회본부에서 위원회를 개최하고 그 대책을 결정하였다는데 그 요령(要領)은 일반 사회에 성명서를 발표하여 여론의 향하는 바를 선명하는 동시에 각 학교 당국자에게 통고문(通告文)을 발표하여 그 반성을 촉할 터이라는 바 위원 씨 명은 다음과 같다.

이관용 이옥 김준연 권태석 이관구 송내호 안재홍 한위건 홍명희
(『조선일보』, 1927년 7월 22일, 2면).

○ 1927년 7월 21일 석담구곡 찾아가서

『조선일보』에 「석담구곡 찾아가서」라는 제목으로 기고를 했다. 조선 주자학의 대가로 덕(德)을 강조한 퇴계와 함께 학(學)을 실천했던 두 사람은 조선 유학의 역사에 그 빛을 남겼다고 평가하고 있다.

안민세
일행은 떠나려 한다. 기울어가는 해는 벌써 송림이 빼곡한 서봉의 저쪽으로 넘어가서 파란 시내 물속에는 산그림자가 거꾸로 잠겼다.

사곡(四曲)이 어디메오 송애(松崖)[132]에 해넘는다
담심암영(潭心岩影)[133]은 온갖 빛이 잠겼세라
임천(林泉)이 깊도록 좋으니 흥을 겨워 하노라

기수영명(奇秀瑩明)한 산수가 속세의 경치 좋은 곳인 것은 두
말할 것 없지만 굴곡이 많고 앞이 밭아서 장원통창(長遠通暢)[134]
한 기상이 적으며 옥야일대(沃野一帶)에 경작의 이익을 둘 수 없
으니 은둔생활에는 맞을 터이나 소위 자손번창의 기업(基業)[135]
으로서는 적당하다고 할 수 없다.

율곡(栗谷)은 주자학파의 일학도이었다. 퇴계(退溪)가 덕(德)
으로서와 같이 율곡은 학(學)으로서 두선생의 고풍이 백세의 아
래에 오히려 그 광채를 보는 것은 유학에 치우친 한양조를 위하
여는 일대 빛을 가하였다 할 것이다. 그리고 두 분은 모두 동양
윤리와 철학사상 중요한 지위를 차지하였다. 당시에 있어서 유
학이 아니면 학(學)이 아니오 주자학(朱子學)이 아니면 또 유학
이 아닌 줄 알았으니 그는 석담구곡(石潭九曲) 맑은 산수에서 세
상일의 득실에 마음 아파하는 한편 주자학을 강구(講究)하기에
또 여일이 없었을 것이다.

고산구곡담(高山九曲潭)을 사람이 모르더니
주모복거(誅茅卜居)[136]하니 벗네 다 오신다.
어즈버 무이(武夷)를 상상하고 학주자(學朱子)를 하여라

구곡가 첫머리 서론격으로 나오는 시이다. 무이석담 동서의

132) 소나무 절벽.
133) 깊은 물 가운데 바위그림자.
134) 시원스럽고 탁트인.
135) 기초가 되는 일.
136) 풀베고 터를 잡아 집짓고 사는.

양구곡은 그 지명부터를 서로 본받은 것이어니와 남송(南宋)의 쇠퇴한 국면을 시대의 환경으로 복건(福建)의 한구석인 무이(武夷)의 깊은 계곡 속에 은둔하여 사서오경을 주석하고 자양강목(紫陽綱目)을 기술하며 한편으로써 성리의 학을 천명하기에 힘쓴 주희(朱熹)씨와 비하여 율곡의 전생애도 얼마큼 비슷한 바 많다.

임진왜란이란 자가 금(金)나라인의 남침에 비할 것이요 동서 당론의 분분함이 민파(閩派), 촉파(蜀派), 육상산파(陸象山派)의 문호(門戶)를 서로 대립함에 비할 것이다. 만주의 침입과 남한(南漢)의 성하맹(城下盟)은 몽고의 남침과 제병애산(帝昺崖山)의 아픔에 그 비슷한 점을 발견할 것이다. 이제에 있어서 이러한 오래된 역사이야기를 구중중하게 늘어 놓을 경우가 아니니 그는 차라리 흘러가는 구곡물에 부치어 시간의 황해로 돌려보내리라.
육상산의 학이 전하여 왕양명(王陽明)을 낳고 양명의 학이 개창을 더욱 크게 함이 있어 정주학파와 대치하매 중국 윤리 철학의 분야에 있어서 외연히 거대한 세력을 지었으니 그의 본토에 있어서 이미 그러하였고 일본에 있어서는 거의 전성의 지역에 달하였다. 이제 육·왕·정주학설의 우열과 세도인심에 영향하는 바 깊은 것을 논할 바 아니니 이도 또한 높은산의 뜬구름 오고감을 임의로 함에 맡기리라. 아아 이제 육왕이 갔고 정주가 갔고 의례가 갔고 당론(黨論)이 갔고 석담구곡 고요한 산수 선생의 성해(聖骸)[137]도 머물는 곳 없으니 그에 인하여 쓸데없는 말을 하자할 필요가 없다(『조선일보』, 1927년 7월 21일, 1면).

○ 1927년 7월 22일 율곡 이이와 개혁정신

『조선일보』에 「석담구곡 찾아가서」라는 제목으로 기고를 했다. 율

---

137) 성인의 유해.

곡의 깊이 쌓아둔 재주와 학식, 고매한 식견을 평가하고 십만양병설의 역사적 의미를 서술하고 있다.

안민세

율곡선생을 생각하여 석담에 은둔하신 이유에 미치고 석담 은둔으로 당쟁의 극심함을 생각하며 필경은 임진의 참화와 천하후생(天下後生)의 비통을 잊을 수 없다. 귤강광(橘康光)[138]이 조선에 사신으로 와서 상주목(尚州牧)을 조롱한 말이었다. 태평 이백년 모든 일이 다만 당쟁중에 사그러져 버리고 다시 미연의 방지가 없었으니 세상사를 족히 알 것이다. 깊이 쌓아둔 재주와 학식과 고매한 식견으로 내외의 정세를 살피고 화란(禍亂)이 반드시 미칠 것을 예단하니 선생의 양병십만론은 항간에서도 오히려 전하게 되는 바이다.

임금 앞에서 베풀은 바 6조(條)는 비록 길게 이야기할 바 아니나 서얼(庶孽)을 받아들이고 천민을 인정하여 인재를 등용하고 민심을 결합케 하며 주현(州縣)을 덜고 공안(貢案)[139]을 고치며 둔전제(屯田制)를 베풀어 개간에 힘써서 쓸데없는 비용을 깎고 재원을 풍부히 하며 군적을 개선하고 성지(城池)를 굳게 하며 기계(機械)와 군마(軍馬)를 다스려서 병사 양성의 열매를 들어내며 당쟁을 그치고 사헌부의 귀를 막는 풍습을 없이하고자 했다.

석담구곡이 이미 해주성에서 50리의 산중에 있어 땅이 후미지고 교통이 드물며 선생의 후예 옛풍습을 어리석게 지켜 변할줄 모르니 이종신씨 또한 세간의 정세를 이해하지 못하고 다만 실의(失意)의 인연을 지은 지라 일행의 청년들을 향하여 열심히 응수하나 일찍 웃는 낯을 짓지 않는다. 내 충심으로 슬퍼 자식이

---

138) 다치바나 야스히로. 1586년 일본 도요토미 히데요시의 사신으로 조선을 방문했다.
139) 조선시대 공물(貢物)을 적던 장부.

있습니까? 오직 나이 어린 것이 하나 있습니다 하니 인간세상에 아울러 적막한 표정을 지었다. 선생 선견의 고풍에 비추어 보건대 노인은 어찌 홀로 옛 것을 어리석게 지켜 세상에 명문(名門)으로 칭하는 자 때로 보수(保守)를 즐기는 자있으니 안타까운 바이다.

여러 사람과 함께 귀로(歸路)에 오를 새, 달려 오매 오직 기장과 조밭을 매는 산촌이 여성들이 일손을 멈추며 멀리 볼 뿐이요 은병산의 빽빽하게 우거진 노송나무도 벌써 고개 너머에 잠겨버렸다. 작년 봄에 내가 통영의 여러 벗들과 함께 돛단배를 타고 한산도의 운주당(運籌堂)을 찾고 돌아올 때 더욱 머리숙여 방황(彷徨)함을 금치 못하였더니 오늘 석담에 놀아 선생의 은둔을 생각하니 감회가 앝지 아니하되 오히려 한산도의 전적(戰跡)에 미치지 아니 하니 선인(先人) 만사일생(萬死一生)[140]의 유혈의 고전장이 그 느낌의 깊은 바가 현자 은거의 명구(名區)에 비할 바 아닌 것을 느낄 것이다. 돌아온 후 요정에서 석반을 특별히 대접받고 피곤하므로 일찍 취침을 했다(『조선일보』, 1927년 7월 22일, 1면).

○ 1927년 7월 23일 벽란도 건너와서

『조선일보』에 「벽란도 건너와서」라는 제목으로 기고를 했다. 연해 수리조합의 공사 상황을 둘러보았다. 이어 임진왜란때 육전에서 승리한 이정암의 연안대첩비를 잠시 둘러보며 그 승전의 의의를 소개하고 벽란도를 거쳐 귀경했다.

안민세
7월 3일의 일이다. 조식 후에 내방한 제씨와 담화하다가 용수

---

140) 만번의 죽을 고비에서 한번 살아남. 매우 위태로운 처지.

봉을 올라 원근의 경치을 한눈에 가둔 후 시가에 들어와 몇 분과 피서배(避暑盃)을 한 잔씩들고 3시발 자동차로 바쁘게 토성행(土城行)을 떠난다. 신원(新院)으로 해서 경편차를 타고 사리원을 거쳐가는 것이 차비가 훨씬 덜 들지만 연안(延安)·백천(白川)을 지나 벽란도(碧瀾渡)를 건너는 것이 미지의 땅인 만큼 흥미도 끌므로 일부러 이 길을 고른 것이다.

오후 3시 해주동지와 친우제씨의 전별을 뒤로 두고 악수 한번 사궐 사이도 없이 차안에서 머리 숙여 거듭 인사하며 동문 길로 내닫는다. 동행이라고는 이곳 고등여학교 교유(敎諭)인 모군 1인이요 해운교를 번듯지나 남천으로 가는 길을 슬쩍 비켜 놓으면서 영동면을 지나간다. 간지 10리 미만 영동면사무소 앞에서 뒷바퀴 고무가 터져 진행을 정지하고 수선하는 데에 잔뜩 1시간이 걸렸다. 꼬부라진 쇠못이 들어 박혀서 두어치 가깝게 찢어졌다. 유럽 대전란 중 독일인은 부인과 아동까지 길위의 쇠못과 깨어진 유리쪽을 주워서 자동차의 왕래를 안전하게 하였다 하더니 비로소 그 정성을 체감하겠다.

수선이 끝나자 1시간 지체한 보충을 하려고 급속력으로 내닫는데 연방 경적을 울리며 내빼는 것이 도리어 씩씩한 맛이 있다. 해주 구역의 하나이던 청단리를 지나 좌우로 늘어진 기장과 조밭에 노동하는 부녀들을 보면서 해주 군계를 지나 연백군에 들어간다. 밭농사의 노동은 거의 전부가 여자이고 논농사에는 남자들이 전력하는 것이 자못 흥미 있게 보인다.

해주의 옛 명칭이 퍽 여럿이니 고구려는 내미홀이고 신라는 폭지(瀑池)이고 지성(池城)·장지(長池)의 명칭이 아울러 보인다. 수원(水原)이 매홀이니 매는 물, 홀은 골로 변하여 수주(水州)로 되었고 이러한 지명 변천 사적은 전 조선 도처에서 보게 된다. 미홀은 수성 내미(內米)는 내리물 폭포의 향역으로 폭지·지성은 내미홀을 의역한 한문식의 지명일 것이니 언어학적 취미가 있는 고증 거리가 될 것이다. 수양·고죽의 명칭이 백이·숙제와 인연

있는 것은 이미 언급한 바 있으므로 여기서는 그만둔다.

　화양강의 본교를 건너 얕은 물 모래 위에 머리 깎은 벌거숭이 학동 3~4인이 탐방탐방 목욕하며 노는 모양을 보고 귀여운 생각을 하는 동안 그다지 높지 않은 산악과 곳곳에 전개된 평야는 저절로 연안·백천 인절미의 원료로 생각되는 쌀의 명소인 것을 수긍케 한다. 그리고 밭두둑 논 위에 시커멓게 쌓아놓은 이탄(泥炭)[141]의 더미를 보는 것도 적이 색다른 느낌이 생긴다. 전후 40~50리 지방에 이탄 더미가 나란히 쌓였다.

　천대리를 지나 승객을 더 싣고 연해수리조합의 공사 상황을 좌우로 보며 지나간다. 천막의 속에는 파란 옷을 입은 중국 노동자가 움덕움덕 들어 모여 값싼 생활을 하고 있으니 최근 서조선 일대에서 더욱 분규(紛糾)되는 노동권 문제가 심상치 않은 것을 알겠다. 총경비 7,366,580원에 3개년 계속사업으로 현재 진행 중인데 면적 1만 6백여 정보에 달한다 하거니와 지금에는 크고 작은 관개용 도랑을 만드는 중이다.

　현충사의 중수한 당우가 해사하게 바짝 솟은 것을 보고 벌써 왔는가 할 사이도 없이 가옥이 즐비한 시가 속으로 들어가니 곧 연백 읍내이다. 자동차가 멈추자 장다름박질로 연안대첩비를 가보고 와서 예정시간보담도 빨리 떠나는 차에 올랐다. 비가 크기 한 길이 넘고 백사 이항복(李恒福)의 찬(撰)인 것이 눈에 박힌다. 선조 임진에 이정암(李廷馣)이 이조참의로서 이곳에 피란하였다가 4백무사와 수천 주민을 모아서 여러 가지 계책으로 성을 지킨지 3일에 주위를 공격하던 적군이 마침내 패주하였고 그로 인하여 양호(兩湖)로부터 강화·연안을 거쳐서 서쪽으로 의주에 통하게 되었든 것이요 임진에서 패한 이후 첫번째 승첩이 되었던 것이다.

　산천과 시가의 형세를 일별하건대 북으로 비봉산을 등지고 앞

---

141)　땅속에 묻힌 시간이 오래되지 않아 탄화 작용이 충분히 이루어지지 못한 석탄의 일종으로 발열량이 적으며, 비료나 연탄의 원료로 씀.

으로 작은 강을 놓고 남서로 넓은 뜰을 펼치니 1,800여호 9천 내외의 주민을 가진 지방의 소도시이요 남강의 아래에 남대지가 있어 유명하나 찾아볼 겨를이 없다. 여기서 떠나서 다시 40여 리에 벽란도에 이르니 북서쪽으로 일대의 푸른 산맥의 형세 자못 웅려한데 수점 채색한 돛단배가 중류(中流)에 떠있다. 창창하게 넘어가려는 낙조를 보면서 옛사람들의 늘어지게 부르는 노래에 문득 강산의 경치에 도취하였다. 예성강의 하류로서 바다 수문이 가까워 넓기가 수삼리이다. 해주 벽란도가 170리요 벽란도에서 사성역까지는 10리이다. 이날에 190리를 자동차로 행하여 토성역에서 경성으로 직행하였다.

(『조선일보』, 1927년 7월 23일, 1면).

○ 1927년 7월 23일 제왕의 조락

『조선일보』에 「제왕(帝王)의 조락(凋落)」이라는 제목으로 기고를 했다. 루마니아 국왕 페르디난드 사망에 대해 제정제도의 몰락은 시대의 대세임을 역설하며 일본의 천황제도 오래가지 못할 것임을 암묵적으로 비판하고 있다.

부쿠레슈티(Bucharest)시 20일 발 전보는 루마니아왕 페르디난드(Ferdinand)황제의 붕어(崩御)를 전했다. 페르졸성 적막한 요양지에서, 오전 2시 15분인 천지도 잠 속에 들려는 밤중에, 마리 황후(皇后)와 왕자·공주들의 간호 아래에 붕어(崩御)하였다 한다. 처소 시간과 그 전후의 사정이 일층 소슬한 감을 일으키게 하는 바 있다. 페르디난드 황제의 붕어한 전후가 이미 쓸쓸함과 불안을 느끼게 하는데, 하물며 미하엘 새 황제는 어린 5세의 몸으로 삼섭정(三攝政) 아래에서 다난한 발칸 정국의 한 국가의 원수로 즉위하였다 하는 데에는, 회창회창하는 감촉이 소위 주소국위(主少國危)[142]의 옛말을 생각케 한다. 제왕(帝王)의 조락(凋落)은 근래 세계사정의 한 중요한 경향이다.

페르디난드 황제에 관하여는 유럽 대전란(大戰亂)을 생각할 수 있다. 1914년 10월 전란의 한가운데에서 카를로 황제의 뒤를 이어 즉위하였고, 1916년 독일·오스트리아 동맹에 대하여 선전(宣戰)한 결과, 마켄젠(Mackensen)장군의 철기(鐵騎)가 문득 남하하면서 도하작전의 영웅인 본색을 드러내어, 다뉴브강의 커다란 물결을 가로질러, 전 루마니아 영토를 석권하매, 왈라키아(Walachia)·몰다비아(Moldavia)의 두평원의 밀과 석유(石油)의 풍부한 생산은 도리어 궁핍한 가운데에 있던 독일로서는 그 물자를 보충하는 기회를 얻게 되었고, 부쿠레시티 조약은 굴욕적으로 맺었던 것이 연합국 승첩(勝捷)의 결과 의외로 배싸라비아(Bessarabia)라는 러시아령으로 뇌었던 땅까지 받는 행운을 만났다. 그러나 그러므로 해서 결코 황실의 위엄과 영광이 높여진 것은 아니었다.

카를로 황태자는 여배우를 사랑하여 그와 사이에는 연애생활이 시작되었고, 만승(萬乘)[143]의 황제의 자리는 내어던질지언정 여배우와의 달콤한 사랑은 끊을 수가 없노라고, 자못 멍텅구리식의 생활 전환을 하였다. 이것이 아무리 평민적인 유럽의 제왕가(帝王家)에 있어서도, 이미 재미없는 사태였다. 그러나 작년 가을, 그의 배우자 마리황후는 자기 홀로 대서양을 건너, 하루 5만 달러의 싸지 아니한 품삯으로 활동 배우로 나서서, 자극적인 것을 좋아하는 아메리카 사람들로 하여금 때아닌 호기심을 일으키게 되었다. 병석에 누운 부황(夫皇)을 두고 해외에 가서 배우 품팔이란, 어찌했든 루마니아 제권(帝權)을 허름하게 만드는 걱정이 없지 않았다. 황태자가 여배우에게 반하여 버렸다는 것도 좀 색다른 짓이거든, 황후가 배우 품팔이란, 세계 제왕의 위신과

---

142) 군주가 어리면 국가가 위태롭다.
143) 1만대의 전쟁에 쓰이는 수레라는 뜻.

권위로 하여금 그 수준을 떨어지게 하는, 형평운동(衡平運動)의
한 사역(使役)인 것 같은 관점조차 없지 않았다. 이제 페르디난
드가 가고, 카를로는 비켜섰고, 미하엘은 5세도 다 차지 못한 어
린 황제니, 더욱이 그 장래가 미덥지 못하다.

　루마니아에는 지금 정정(政情)이 매우 문란(紊亂)하고, 정계의
거두(巨頭)를 중심으로 괴상한 풍설(風說)조차 가끔 돌게 된다.
로마노프· 합스부르크·호엔쫄레른·오토만의 모든 제왕가(帝王
家)가 다 몰락되고, 포르투갈과 독일 수십개 연방 왕실의 왕관
이 모조리 땅에 떨어지며, 그리하여 점점 제왕(帝王)의 조락(凋
落)이 서방 역사의 대세를 표징(表徵)하고 있는 것과 같은 이때,
루마니아의 황제권이 또한 자못 풍우표요(風雨飄搖)[144]하는 감
이 있는 것은 주목할 가치가 있다. 이때에 있어서, 천진(天津)의
한 화원에서 청나라 270년의 역사를 편찬·저술하여 자가(自家)
의 조상을 변명하고자 한다는, 한 평민이 된 전 청대황제 부의
(溥儀)씨의 일을 생각함도, 퍽 감회가 나는 일이다(『조선일보』,
1927년 7월 23일).[145]

○ 1927년 7월 23일 서강청년회 주최 강연회

　오후 8시 서강청년회 주최 강연회에 참석 '객관적 정세를 바라봄'
이라는 주제로 강연을 했다.

　시외 서강 청년회에서는 근일 대중운동의 방향 전환 문제를 일
　반에게 잘 이해하게 하기 위하여 본보 고양지국 후원으로 다음
　과 같이 하기 납량 음악 강연회를 개최하리라는 바 특별히 경성
　여류 악사의 흥미 있는 음악이 많이 있으리라는데 일반은 많이

---

144)　비바람에 흔들리는.
145)　이 글은 원문 삭제되어 민세선집 1권을 인용.

출석하기를 바란다.(고양)

일시: 7월 23일 토(土) 오후 8시
장소: 서강 예배당
강연: 객관적 정세를 바라봄 안재홍선생
　　　미정 김순복 선생
　　　미정 황신덕선생
(『조선일보』, 1927년 7월 22일, 2면)

○ 1927년 7월 24일 경원 차중에서

『조선일보』에 「비에 젖은 청산백수(靑山白水)(상)」이라는 제목으로 기고를 했다. 신간회 원산지회 설립대회 참석을 위해 용산, 서빙고, 왕십리, 의정부, 덕정 등 경원선 연변의 견문을 적고 있다.

　　7월 11일 아침이다. 오랜 가뭄 끝에 수삼일 동안 휘여 박던 장마가 잠깐 개이고 우의(雨意)가 오히려 뜸뿍한 오전 8시 조금 지나서이다. 이번에는 원산에서 열리는 신간회지회 설립대회에 참석하고자 가는 길이다. 나에게는 이 방면이 처음이다. 지금까자 다소의 여행을 하였다 하지마는 강원·함경양도와 전라남도에는 이때까지 한발자국 드려놓지 못해 보았고 더욱이 경원선 방면에는 거의 20년 전에 다락원으로 도봉산 망월사까지 가 보았던 일 외에는 기찻길로는 청량리 이북 한 정거장을 가볼 일이 없으므로 일부러 낮차를 타고 좌우의 산천풍경을 빼어놓지 않고 보면서 가기로 한 것이다. 원산지회의 설립대회가 오후에 늦게 되려니 하였던 것이 어제 밤 깊게야 오후 2시부터 된다는 줄 알고 미안하다고 생각하였으나 벌써 어찌할 수 없이 아침차에 떠난 것이다.

용산역을 지나서 조금 갔는가 하고 마음 놓고 있는 동안 높다란 일본식의 충혼비가 좌로 보이며 문득 다시 철로 뚝밖 동부이촌동의 다 무너져가는 집들이 홍수의 위협을 눈앞에 두고있는 것이 안타까웠다. 서빙고역을 향하여 가는 동안 우로는 용용(溶溶)한[146] 한강의 흰 물결 저쪽으로 진하게 푸른 포플러의 긴숲이 줄줄이 늘어선 것도 새삼스레 시원해 보이고 좌로 깎아지른 벼랑 위에 강촌 누각이 번듯하게 보이는 것도 새로이 여행자로서의 정서를 자아낸다.

좀더 나아가서 역철리 남단에 솟아있는 석벽은 대동강가의 청류벽을 생각하게 하나 물가가 멀고 아무리 보아도 평범하다. 만일 이 부근의 건축물이 좀 더 미관을 돕고 강산에도 좀더 인공미를 가했으면 강 연안의 풍경이 그다지 평범하지도 않을 것이다.

왕십리 부근 넓다란 채소밭에 무르녹게 핀 호박꽃을 보며 청량리로부터 창동역을 지나간다. 좌로 바라보니 우이동의 동서로 기세 좋게 솟아 잇는 삼각산과 도봉의 장엄한 산악미란 조금도 볼 수 없이 비를 머금은 뿌연 구름이 천만겹 내려덮여서 산허리 아래까지 아득하고 또 으슥한 맛이란 비에 씻겨 한층 수려하게 보이는 산하의 경치와 아울러 무한 심장한 정회를 돋아 준다.

운우양대(雲雨陽臺) 긴긴날 인해를 지은 한양성에 그리울 사람 없는 것도 일대 한스러운 일이라고 할까? 남을 꾸짖는 글쓰기 수년의 생활에 고담(枯淡)과 쓸쓸함 중에 지내와서 일찍이 본성 세계의 쾌락을 누리지 못한 것을 한탄하던 바 있음에 돌아보아 스스로 동감하는 쓴웃음을 금할 길이 없다.

원근의 전답에는 해어진 흰옷 입은 농사꾼들이 학과 같이 히뜩히뜩 평화로운 기분이 휘돌고 있는데 말쑥한 서산에서 쫓아내리는 북정물에 논바닥보다 높은 개골창에서는 토사가 내려 밀려 파랗던 모포기도 볼 농안에 묻혀버린다. 이름 높은 금수강산이

<hr />

146) 질펀히 흐르는.

지만 버리어 황폐하게 하고 오늘날 새 사람들이 치산치수의 대공역을 공로 삼아 떠벌이는 동안 향토 인민의 생활이 거침없이 침식되는 경제사정 변동의 실제에 돌아보면 역사 흥망의 인과율이 급작이 무한감상을 일으킨다.

의정부 일대에는 보는 눈도 시원하게 실과나무·뽕나무·나물밭이 깨끗하게 정리되었는데 붉은 옷을 헤치고 서서 천하태평을 콧노래하고 농작 상태를 살피고 있는 일본 부녀의 모양이란 고운지 미운지 형언하지 못할 심경이 생겨난다. 회룡사(回龍寺)·흥국사(興國寺)에 인연 많은 옛 역사를 추억하며 달아나니 양안에는 뭉투룩한 토산이 이미 가파르고 높은 기미가 없다. 비에 젖은 강아지꽃이 하나·둘·셋 점점이 놓였는데 도랑과 새하얀 뚝에 나선 농촌의 처녀는 굳센 남성을 보는 눈이 꿋꿋한 맛이 있다. 늦은 비끝에 들일이 바빠져서 안방에서부터 뛰어니온 그들인가 하면 그도 마음을 든든케 한다.

덕정(德亭) 부근부터는 왼쪽으로 자못 장려한 산악을 보고 오른쪽으로 무미(嫵媚)[147]한 연봉을 맞이하여 갈수록 점점 나아가 동두천 일경에 다다르니 비로소 가파른 연변의 산하가 참으로 소위 푸르름이 용솟음 치는 기개가 있는데다 다북하게 자라 오르는 어린나무의 숲은 온 국면에 수량없는 점선을 그었고 묏봉우리 감돈 구름 속에는 한없는 시취(詩趣)를 비추고 있다. 동두천은 고인(故人)이 내왕하던 곳이다.

정차하기 한참 차에 내려서 향토 사정을 묻고 다시 올라서 떠나간다. 청풍에 홀홀날리는 아까시의 높은 가지조차 더할 수없이 어여쁘게 보인다. 달려가매 더욱 유벽(幽僻)해지는[148] 연봉이 마치 두메에 들어가는 것 같은데 동쪽으로 흐르는 일대의 돌 많은 시내에 산의 그림자가 거꾸로 잠겨 녹수청산의 어울어진 정취가 있다(『조선일보』, 1927년 7월 24일, 1면).

---

147) 아름다운.
148) 아득해지는.

○ 1927년 7월 26일 한탄강·연천·전곡을 지나며

『조선일보』에 「비에 젖은 청산백수(靑山白水)(하)」라는 제목으로 기고를 했다. 동두천역과 한탄교를 건너 연천, 전곡·대광리역에 이르는 여정과 견문을 적었다.

동두천역을 지난 후의 산천의 경치란 참으로 드물게 보는 빼어나고 맑은 자태이어서 잘록잘록하게 곡선미를 갖춘 것이 마치 품격미·건강미를 아울러 가진 묘령기의 숙녀와 같아서 우아하고 고운 품속을 헤치고 나아가는 맛이란 비길 데가 없는 맑고 시원한 원기를 가지게 된다. 산이 높되 높은 것 같지 않고 물이 솟구쳐 가되 흐리지 아니하여 푸른 깁을 덮은 듯 산에는 사태가 없고 옥을 씻쳐 내리는 듯 골에는 북정물이 없으니 이 일대는 곧 단풍의 명소로서 한 가을이면 경성의 유상객들이 들여 말리는 소요산이 엉기어 있는 일대 산의 무리다. 오늘로써 처음 지나는 것이 늦은 일이지만 경치의 웅장하고 막힘이 없는 맛으로 말할진대 석담구곡(石潭九曲)에 비해 나은 것이 많다 하겠다.

여객 안내자에게 물어보니 소요산의 본체는 저 그늘에 숨겨 있으므로 잘 볼 수 없다 한다. 옛날 고려 말엽 목은(牧隱) 이색(李穡)이 한양조 창업에 반항한 탓으로 온갖 풍상을 다 겪은 후에 그 아들 종인(種仁)·종학(種學)이 모두 무고한 참액을 당했으나 뒤집힌 천하에 근심을 탄식할 자유조차 없어 문하생에게 명하여 술과 안주를 마련하고 소요산 중 인적이 없는 곳에 들어가 종일 통곡한 끝에 술을 취해 돌아오니 전하여 만고의 일화를 이루었거니와 지금에 지나는 손으로도 오히려 진하게 추억된다.

이윽고 열차는 경원선 중 가장 큰 철교인 한탄교를 건너간다. 수락산·도봉 저편 쪽 떨어지는 물이 산맥을 싸고 감돌아서 이 고장으로 흘러내려 두미월계(斗尾月溪) 두 중간에서 한강에 합류하니 소위 북한강의 이 틈으로 가끔 물이 불어나는 소식에 오르는 자이다. 하천 바닥이 깊고 물이 맑은 데 자질구레한 암층이 두 기슭을 이루어 배 띄우고 고기 낚는 강태공의 생활이 할 만하다. 전곡역(全谷驛)을 지나매 조그만 평원이 열렸고 풍경은 적이 평범하다. 금수정(金水亭)의 명소가 어디맨고 손끝에 가리킬 사이도 없이 달아난다. 야세(野勢)는 더욱 전개되어 동서가 툭터진다. 그리하다가 곧 다시 두메로 들어가니 말과 같은 청산백수 쏟아지는 물의 맑고 깨끗한 맛이란 동두천 일대보다 또 낫다.

연천역을 지나니 창고의 큰것이 일대평야와 걸맞고 들어재인 목탄 섬은 동두천에서부터 이 일경이 모두 수림 많은 산읍이란 것을 수긍케 한다. 역의 좌우에는 과수원과 뽕밭이 있고 연천읍 내 높고 낮은 집이 아직도 비에 젖어 축축하게 보인다.

내달으며 보니 20년 내외 쯤 늙은 듯한 송림(松林)이 쭉 뻗쳤는데 전곡으로부터 이 부근까지는 모든 계곡이 디같이 서쪽으로 흐르는 물을 내어뱉고 있다. 북한강이 그 조종(祖宗)[149]이 되는 것이다. 보리를 한 출식 갈고 그 중간에는 콩류의 사이짓기을 하는 것이 서조선 농풍과 비슷한데 보리도 콩도 둘 다 시원하지 않게 된 것이 해 탓인지 땅의 탓인지 또는 농사하는 사람의 탓인지 별로 적당한 농작법 같이 생각되지 않는다. 그리고 거문 치마한 적삼을 의논한 듯이 일매지게 입고 수많이 나선 농업 노동하는 여성들도 눈에 뜨인다.

얼픗 지나가며 보니 경기와 강원 양도의 경계에선 표목(標木)이 처음 가는 나그네인 만큼 마음이 새롭다. 강원 도계에 들어가자 산세가 매우 급하고 된비탈 산밭에는 그루콩을 줄줄이 심은 것이 급작이 또 강원도 기미를 돋아 준다. 대광리역에 다달아서 화단에 심은 다알리아는 홍백 두 서너 포기가 진하게 피인 것이 유달리 어여쁜데 지금까지 시원하던 차안이 금시에 부쩍 더워지고 구름 사이로는 희미한 볕이 새어나온다. 이로부터 더욱 가니

---

149) 시작 처음.

우긋우긋한 서숙밭이 많은 것도 특색이고 야생한 석죽꽃이 시내 우거진 풀 속에서 갓 지나간 비를 머금고 해끗해끗 웃는 양은 고운 풍정이 이를 데 없다. 샛갓에 종가래 집고 바쁘게 싸대는 농부들도 무던히 많거니와 저건너 북산 언덕에서 젖은듯 무거운 연기를 서풍에 나부끼는 숯가마의 정황도 또 산촌의 취미를 돕는다.

좌우에 퉁겨지는 응회석의 암층은 철원의 괴석맷돌을 생각할 만큼 시꺼먼 품이 곧 철광을 찾아낼 듯한 광물학에 무식한 감상을 일으키는데 산악은 차차 가파르지만 아름다운 계곡이 꾸불퉁하게 구비져 돌아갔는데 기차는 이 늦은 비탈을 기어 오르노라고 헐떡거리는 듯이 굼뜨게 간다. 향자(向者)[150] 김천의 신간회가 될 때 벽초(碧初)[151]·몽우(夢牛)[152] 두사람과 함께 어둑한 새벽에 자고 깬 추풍령을 넘어갈 때 유달리 헐떡이는 기어 넘는 기차에 앉아 원근의 뾰족한 봉우리를 으스름히 보면서 갖은 이야기 다 하였더니 이 경원선 일로에는 이런 데가 곳곳에 있다. 지형이 생긴 대로 계곡을 끼고 휘휘칭칭 돌아간다.

이윽고 큰산과 긴 골짜기 앞뒤로 돌아들고 울창한 수림의 저쪽으로 뭉게뭉게 피어 오른 구름이 남동 일대의 터진 골을 휘덮고 있으니 그곳에 혹 숨어 있는 거인이 있느냐? 조금 지나가서 한군데 산촌이 빨갛게 마른 솔올타리들을 한계로 기와집이 있고 초가가 있고 시내가에는 물레방아가 때 만난 듯이 홱홱홱 돌아가고 있다. 검붉은 바위돌이 거친 풀을 헤치고 산란하게 놓였는데 풀다발 뜯어들은 몇명 아녀자들이 기이한 듯이 여행객을 쳐다보고 서있는 것도 순결하여 보인다. 아아 산촌에서 자라나는 어린 동포들!

(『조선일보』, 1927년 7월 26일, 1면).

---

150) 오래지 않은 과거 어느 때.
151) 홍명희(洪命熹, 1889~1969): 충북 괴산 출신의 소설가이자 민족운동가.
152) 권태석(權泰錫, 1885~1948): 경북 김천 출신의 독립운동가.

○ 1927년 7월 27일 태봉고원을 지나며

『조선일보』에 「태봉고원을 지나며(상)」이라는 제목으로 기고를 했다. 후삼국 시대 궁예왕의 역사 기억을 담고있는 태봉고원을 지나 월정리, 평강, 복계, 철원역에 이르렀다.

벗이어 벗님네! 나는 지금 헐떡이는 경원선 열차 안에 앉아 바야흐로 감회 많은 태봉고원을 지나간다. 철원·평강으로 복계·검불랑을 거쳐 삼방유협(三防幽峽)을 뚫고 가기까지에는 최고 2,000 여척에 달하는 일대의 고원이다. 그런데 태봉 옛나라 일세의 괴걸 궁예왕이 철원경에서 일어나 삼방협 중에 마지막을 지으니 이 일대고원은 간 데 없는 태봉고원이다. 이제 나는 먼저 이 고원에게 적당한 이름부터 주고 이 고원을 지나는 경취와 감회를 적으려 한다.

물레방아 소리치는 일부 산촌을 뒤로 두고 나가 탄 기차는 지금 철원평야를 향하여 내닫는다. 머리 위에 높이 걸친 목교(木橋)는 협곡 중에 취미가 담뿍한 데 향자 해주 도중에 장수산 간에서 보았고 예서 또 본다. 광활한 평야 열차가 철원역에 닿자 여러가지 느리고 여유있는 극적 광경이 열차를 중심으로 시작된다.

역에 내려서 사방의 광경을 잠시 살펴본다. 북으로 고암산의 높고 낮은 맥과 남으로 수정산과 보개산의 연봉이 멀리 하늘가에 그림같이 둘러있는데 중간에는 잡초 우거진 광야에 푸른물은 바람에 움직이고 대소의 가옥이 그 중간에 박혀앉아 웅주(雄州)의 면목이 볼만하다. 서북으로 바라보매 평원 일대에는 수리조합의 토목공사가 지금 진행중이어서 노역하는 사람들이 떼를 지여 서있는 것이 아름아름 보인다.

옛날 궁예왕이 고구려의 옛 땅에 웅거하여 신라에 반역할 새 송도로부터 이곳에 도읍을 옮기니 삼한의 천하가 거의 그 영토에 속하게 되고 계림(鷄林)의 잃은 사슴이 그 수중에 떨어질뻔

하였다. 그러나 28년의 길지 못한 세월로써 석권천하하던 기세로도 한갓 때의 불리함을 슬퍼하게 된 것이다. 풍천원(楓川原)의 옛터 더부룩한 화서(禾黍)[153]는 일부터 추모할 길 없다.

왕건이 태봉 제장으로 일어나 궁예왕을 무찔렀고 궁예 일생은 김부식의 삼국사기에 의하여 열전에 전하니 그의 사실에는 저절로 두찬(杜撰)[154]이 많은 것이다. 최근 소위 철원 사형사건으로 인하여 일시 천하의 물의가 높아진 바이거니와 와시시 흔들리는 과원 속의 나무 잎만 보면서 바쁜 길을 떠난다.

수양의 긴숲이 있고 오리목의 총림(叢林)[155]이 솟았고 갈철광을 생각하게 하는 시꺼면 바위들은 의연히 산란하게 보인다. 이 지방 야사에 궁예왕의 정령이 헤어져 독충이 되어 일대의 암석을 파먹은 고로 이 괴석이 있다 한다. 허황된 말이지만 당시 하늘도 치받을 듯 하던 궁예왕의 격노분만(激怒憤懣)이 짐작할 만하다. 월정리역을 지나 줄곧가니 평연한 광야에는 곳곳이 수리조합의 돌강[156]이 있는데 울퉁불퉁하여 고르지 못한 지형이 개간하여 옥답을 만들기 어려운 것을 알겠다.

포공영(蒲公英)의 꽃이 있고 원추리꽃이 있고 이름도 모를 1년근의 풀꽃이 때 늦게 다투어 피었는데 가냘픈 흰 나비가 나른하게 회작대고 쫓아다니는 양이 더욱 가엾다. 평강역을 지나 북으로 간다. 쑥대와 까치쉬, 영대가 우긋우긋한데 엉겅퀴꽃이 검성드뭇하여 끝없이 더부룩한 거친 풀과 아울러 고원의 기미가 무르녹는다. 논이란 별로 없고 가끔 가다 있는 밭에 발육이 못되어서 맬맬한 기장과 조의 모와 새파란 흰 벨기에 빅토리아종의 귀밀이 앙상하게 서있을 뿐이니 이 지방이 농경지로 보담도

---

153) 벼와 기장.
154) 출처가 확실하지 못함.
155) 우거진 숲.
156) 도랑의 방언.

천성한 방목지로서 된 것을 알 것이다.

　복계역을 거쳐 더욱 가니 때로 기수청려(奇秀淸麗)한 봉우리
가 있고 울울창창한 산천도 보이는데 더욱 넓어진 평원에는 갈
대와 억새가 어울리고 양치과의 식물인 자궐(紫蕨)의 군락과 복
분자의 떨기가 있고 산백합· 봄유채 꽃이 있고 매우 고와 놀랄
만한 혜초(蕙草)의 꽃이 그 영명한 자태를 드러냈는데 평강 부근
서부터 북으로 가기 수백리 포공영과 식물의 샛노란 꽃이 고원
식물의 주인공인 듯이 그 특색을 지은 것이 더욱 눈에 뜨인다.
분홍색으로 우아하게 꾸민 산읍의 아낙네가 색동옷 입힌 소녀의
손을 잡고 우두커니 서서 차창을 보는 것은 계절에 맞지 않는 분
장인 만큼 이 고원지대의 풍경과 아울러 일층 천연스러운 소박
미를 보내준다.

　고침: 어제 '비에 젖은 정산 백수(하)' 힌턴교에 관하여 수라
산· 도봉· 북한강 운운은 필자의 오기(誤記) 입니다. 한탄은 임진
강의 한지류로서 분수령 백운산 현등산으로부터 홍복산 도봉 이
북의 물을 받아 마전· 적성의 중간에서 임진강 본류에 들어가는
자이고 북한강은 춘천 소양강 하류이니 일시 소홀을 사합니다
(『조선일보』, 1927년 7월 27일, 1면).

○ 1927년 7월 28일 삼방십이곡 폭포

『조선일보』에 「태봉고원을 지나며(하)」라는 제목으로 기고를 했다.
검불랑역· 세포역을 지나 삼방십이곡 폭포와 삼방역, 고산역, 갈마
역을 지났다.

　검불랑(劍佛浪)! 나는 지금 검불랑역을 지나간다. 얼마큼이
나 용맹한 기상을 충동이는 지명이냐? 일장검 빗겨들고 말위에
서 꺼내 뽑을제 절협(絕峽)에 내려질리는 물결 칼날에 부딪쳐 흩

어지는 장엄한 경광을 생각하게 하는 지명이다. 그러나 다다르니 다만 양안의 연봉이 길을 끼어 달아나고 평원은 무성한 풀만 그지없이 이어졌을 뿐이다. 한참 가니 고원의 남은 기운 뭉투룩한 토산으로 되었는데 콩 심은 산밭이 마루까지 올라 간다. 해발 2007척의 표목이 차창 옆에 서있다. 이 일경이 경원선 중 최고지점이요 여기서부터는 차차 내려가는 비탈이다. 평강역 부근을 지나서부터 지금까지 오기 수백리에 다시 더위의 괴로움을 몰랐으니 고원의 저온이 평야지역과 아주 다른 것 때문이다.

세포역(洗浦驛)을 지나간다. 면양(綿羊) 목장이 있는 곳으로서 연래로 그 이야기를 들었고 이 부근 난곡에는 독일인의 농경지가 있어 그 근로역작함과 과학적 정밀을 다함이 일견할 가치가 있다 하나 이번에는 그 겨를이 없다. 왼쪽으로 대곡농장(大谷農場)의 크고 작은 가옥들을 보면서 꽤 속력을 높여 달아난다.

철원·평강 일대 평원이 수리사업에 의하여 개척되면 일본 이민을 집단적으로 이식하여 중앙 조선에 일대 식민지 왕국을 형성할 계획이라 하거니와 그들은 이 깊은 고원 속에 와서 값싼 토지를 겸병하고 적당한 작물을 시험하여 조만간에 또 신천지를 만들어 버릴는지 모를 것이다. 하물며 이 타고난 방목지로 되고 수력전기 발전소로 될 만한 천연한 고속도의 낙차를 가진 계곡사이에서 면목이 일신한 낙원을 만들어내기는 퍽 용이할 것이다.

이리저리 꿈과 같이 관념하는 동안 나의 열차는 벌써 삼방(三防)의 절경 속으로 접어들게 되었다. 깎아지른 절협에 일찍 악석이 보이지 않고 기이하고 험준한 봉우리에 수림이 빼곡하게 덮였는데 쏟아져 내려오는 시내물은 와르르 솨!하고 들리며 지나간다. 그러나 가면 갈수록 되돌아오고 감돌아드는 가파른 협곡과 깊은 계곡의 양안은 드디어 단애백인(斷崖百仞) 몸부림하는 물결이 암벽을 부둥켜앉고 부르짖고 지나는 양은 아름다운 풍경이라고 감탄하며 구경하지 아니할 수 없다. 삼방십이곡(三防十二曲) 폭포와 13개의 터널은 이와 같이 지나간다.

높이 솟은 협곡 양쪽은 두 각도가 높아서 그 꼭대기가 보이지 않아 누워서 보고 앉아서 보고 또 창을 열고 내다본다. 소나무·느티나무가 있고, 떡갈나무·너도밤나무가 있고 무수한 단풍나무가 있는데 모두 가파른 협곡에 뿌리를 주고 하늘을 향하여 창 끝같이 솟아 오른 것이 기세가 엄숙하다. 이러한 중간에 조약나무의 새빨간 열매가 불 붙는 듯이 푸른 잎새 속에 떨기를 지어 들어 붙은 것은 그야말로 만록총중홍점점(萬綠叢中紅點點)의 인상 깊은 경치를 이루고 있다. 강원·함경의 도계 표목을 번듯 보고 아직도 이삭까지 파란 밀밭을 보며 협중 기온이 얼마나 낮은 것을 생각하면서 감흥 속에 지나간다. 백두산 대간이 문천의 노동현으로부터 노인치·박달령을 지나 분수령을 놓고 철령으로 나아가며 한편으로 추포령을 거쳐 백운산·국망산으로 소위 한북정맥을 이루어 삼각산 일대까지 내뻗은 적량산맥의 일부로서 이 부근은 곧 청학산 대소의 협곡으로 된 것이다. 삼방역은 산간벽지 작은 역으로 규모가 볼 것 없지만 명승으로서 또 약수터의 피서객들로서 유명하여진 것은 말하는 것이 요동시(遼東豕)[157]의 짓이다.

역으로부터 남서로 3~4정(町)에 궁예왕의 분묘가 있으니 철원경에서 쫓겨와 이곳에서 횡사(橫死)하였고 죽으니 곧 이 땅에 머무른 것이다. 분묘가 삼방천위 청학산 아래 작은 등성이 위에 있고 태봉궁전의 편액을 걸은 소당이 있다 한다. 일대의 풍운을 움직이던 효웅(梟雄)[158]으로 한많은 고혼을 이 땅에 재우고 있으니 내려서 조문하지 못함이 유감이다.

게서 일어나 게서 망하고 짧고짧은 28년 동안에 무심한 사람들의 웃음거리만 남겨놓은 이 불행한 반역아를 위하여 나는 다시 이 태봉고원의 명칭을 선물로 준다. 협중을 지나 무쇠점을 눈

---

157) 요동의 돼지라는 뜻으로 남이 보면 별로 이상하거나 대단한 것도 아닌 것을 본인은 매우 자랑으로 삼고있는 어리석음을 뜻함.
158) 사납고 용맹스러운 영웅.

여겨보면서 고산역에다 다다랐다. 차에서 내려가 세면대에서 수
세하고 냉수를 서너잔 마셨다. 차고 감미가 있어 그만해도 소위
약수를 만난 듯 땀에 젖은 수건을 빨아 머리를 축이면서 떠난다.
재천동(載川洞) 고음폭포(鼓音瀑布)의 멋진 경치가 아름답다하
다 하나 이는 후일의 기회를 기다릴 수밖에 없다.

얼마 지나가니 산천이 비로소 웅장하고 바람의 기운이 차차
넓고 탁트이는데 중간에 논밭이 크게 열리어 다시 그윽하고 아
름다운 자취가 없다. 서북으로 설봉산의 연봉이 울창한 가운데
에 오히려 명랑(明朗)한 기미를 띠웠으니 일세의 뛰어난 경치로
이름을 날리는 것이 헛됨이 없음을 알려니와 석왕사(釋王寺)의
신령한 경치가 보일 듯 드디어 볼 수 없다. 이때는 더위가 아직
심하지 않아서 풍류객의 탐방도 없는지 그럴듯한 내리는 자도
없다. 다시 몇몇 역을 지나 갈마역(葛麻驛)을 거쳐서 원산항(元
山港)에 들어간다

(『조선일보』, 1927년 7월 28일, 1면).

○ 1927년 7월 29일 원산에서

『조선일보』에 「원산항두에서(상)」이라는 제목으로 기고를 했다.
신간회 원산지회 설립대회에 참석하고, 원산의 인구와 지리적 특
징을 소개했다.

7월 11일 오후 4시 30분에 나는 원산역에 내렸다. 마중 나와
준 몇몇 사람을 따라서 신간회지회 설립대회장에 갔다. 처음 길
인 까닭에 이 지방 사정도 약간 들으면서 시가지를 걸어서 회장
으로 된 남진희(南辰熙) 씨의 주택 겸한 영업장소인 이충루에 갔
다. 이 날 원산 더위는 여간이 아닌데 회를 마치고 나를 위하여
아직 기다리고 있었다. 사정으로 인하여 예정 보담도 늦어서 회

를 열었고 제반의 일은 마침 끝이 났다. 제씨를 향하여 간단한 인사말로 하고 추후로 간담하기로 하였다.

회장 이가순(李嘉順) 씨는 다년간 해내·해외에 관여하여서 백발이 거의 성성하신 터이니 방금에는 덕농원(德農園)의 농장을 동지들과 협력하여 경영하는 중으로 세상의 여러 일에 통하신 분이고, 그 외에는 민족운동에 다년 고투하시는 청년 제씨·상업가·청년운동의 투사들을 합하여 회의 상황이 자못 잘 되었다. 서쪽창을 대하여 땀을 들인 뒤 시가의 정황을 일별하면서 제씨의 준비한 항내의 선유(船遊)[159]에 참가하기로 하였다. 서쪽으로 장덕 산맥의 연봉을 등지고 앞으로 바다에 임하여 남북으로 휘유듬하게[160] 늘어앉은 좁고 길다란 도시이다. 석우동·명석동·남촌동·북촌동·용동·남산동·상리·중리·하촌동·신촌동 이 모양으로 잘하면 두 동리가 포개놓이고 그렇지 않으면 일선 일동으로 속골목이란 별로없이 쭉 내려 깔렸는데 도로도 자연대로 건물도 그다지 화려하지 못한 좀 발전된 어촌을 생각하게 하는 번창하지 않은 도회이다.

북으로 일본인 시가는 구시대의 거류지를 그대로 지녀와서 산 위엔 금문(金門) 신사(神社) 앞으로 세관 어디서든지 항구에서 보는 그네들의 포치(舖置)[161]의 양식이다. 덕원에서 내려오는 적전천(赤田川)이 관교 동북에서 바다로 들어가는데 이 개천위에 걸쳐있는 적전교―조선인들이 관다리라고 부르는 다리 하나로 저쪽은 일본촌 이쪽은 조선촌으로 되었으니 북촌과 남촌이 자리는 바뀌었을 망정 진고개와 종로거리 모양으로 빈부성쇠(貧富盛衰)의 기세가 말하기까지도 없고 부청(府廳)으로부터 은행·회사·세관 등 일반의 시설이 일본인 시가에 집중되어 있다. 시가지로부터 매축공사를 바야흐로 끝난 북촌동 정면의 신부두로 나아간다.

---

159) 뱃놀이.
160) 휘어서.
161) 넓게 늘어 놓는.

원산하면 어물을 생각하고 어물 중에도 명태(明太)를 치게 되지마는 갈마역에서부터 명태짐을 보았고 시가에 내려서는 전두(廛頭)[162]에 쌓인 것이 명태이고 매축지로 나오면서 천막친 밑창에서 소금 저린 고등어가 산더미 같이 쌓였다. 코를 찌르는 어물 냄새를 맡으면서 배가 숲풀 같은 부두로 나아간다. 주요 간선의 도로 8간 다음은 6간의 넓이로 닦아놓고 바다를 향하여 네모난 모양으로 지점 닿은 자욱도 뚜렷하게 일손을 막 뗀 꺼칠한 매축지(埋築地)이다. 재작년부터 2개년의 계속사업

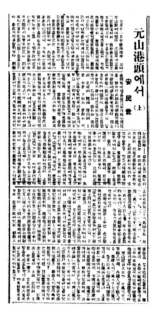

〈사진 10〉 원산항에서
(『조선일보』 1927. 7. 29)

으로 시작하여 금년 6월로 전체공사를 마쳤다 한다.

매축지의 호안 공사는 충분 견고한 사석면에까지 파고 들어가 콘크리트의 안벽을 싸서 간조면 3~4척의 높이로 하였으니 간만의 차가 1척 5촌 내외에 지나지 않고 심한 풍랑이 드물은 만내에 있어서 우선 족하다고 할 것이다. 그러나 콩크리트의 폭이 좁아서 그 내구성이 어떠할는지 숫내기의 눈으로는 약하여 보인다. 앞서 언급한 사업비는 금후 15개년의 연 9분1리 이내의 이율로써 연단위로 갚되 매축지의 임대료와 부두의 뱃짐 푸는 마당의 사용료로 그 재원을 삼는다 한다.

금후 대대적으로 발전될 여지를 가진 원산항의 일이라 앞길은 낙관할 만하다. 그러나 매축지에 서서 보매 기성 시가에 있는 조

---

162) 가게 앞.

선인 가옥은 지붕만 번드름 하게 매축면과 수준의 선에 있을 뿐
이고 그 처마조차 보이지 않으니 매축한 지면이 얼마나 높은 것
인지 증명하는 것이다.

원산부의 인구가 36,200여 명인데 외국인이 1,000여 명이고
조선인이 26,700여 명이니 전인구의 7할 이상에 달하는 것이고
석우동(石隅洞)으로부터 상리·중리 일대까지가 그 본거이다. 그
러나 요전까지 시가의 앞 해안에는 아무 설비가 없었고 매축공
사를 마쳐서 부두가 완성되면 그를 이용할 주인공은 누가 될는
지 매우 의문인 것이다. 이제 35,872평의 땅에는 대소 7백여 호
의 가옥이 들어앉을 수 있으리라고 하니 이 중요한 상업상 이익
은 조선인이 얼마나 이용할 것인지? 그도 우선 걱정되는 바이지
만 만일 기성 시가의 하수공사가 불완전하게 된다면 석우동으로
부터 상동·북촌동·상리·중리 일대가 선듯하면 침수됨을 면치
못할 것이요, 뒷골목 생활의 비애는 더욱 형언치 못할 바가 있지
아니할까?

(『조선일보』, 1927년 7월 29일, 1면).

○ 1927년 7월 30일 원산항

『조선일보』에 「원산항두에서(중)」이라는 제목으로 기고를 했다. 원
산항의 지리적 중요성을 이야기하고 항발전에 대한 지역인사들의
관심과 분발을 촉구하고 있다.

원산이 동해안의 중앙점에 있어서 동쪽 조선의 대관문이 된
것은 다시 말할 여부도 없다. 그러나 이 동해안 지리의 형승을
마음껏 누리다시피 된 원산항은 지금보다도 장래가 더욱 유망하
다. 현재에도 수로로 연안 항로를 거쳐서 남북의 국내 제항으로
부터 일본의 쓰루가(敦賀) 관문과 러시아의 블라디보스토크에까

지 연결하고 육상으로 경원·함경 양선은 물론이요, 공사중에 있는 평원선과 계획 중에 있는 함경·평안 양도의 두만·압록 양강까지 달하는 국경철도가 완성되는 날에는 물화가 모이고 인물의 교통이 한층은 풍부할 것이며 지금에도 자동차의 교통이 통천·강릉 등 영동 제읍에 미치거니와 동해안의 종관철도가 준공되기까지 미치면 거의 천하교통의 요충(要衝)이 될 것이니 그 장래의 발전이 예상할 만하다.

함경선이 회령에까지 직통함이 이미 국경 부원개척과 물화운수에 적지 않은 변동이 있겠거든 하물며 회령으로부터 종성의 동관진에까지 가는 두만강선은 길림성의 천도철도(天圖鐵道)와 연락하여 북만주 일대의 콩·조 등 곡물과 북부 국경의 목재·광산·기타 천산물의 무진한 부원(富源)과 동관진으로부터 두만강의 대안·훈춘평야로부터 이북 러시아의 천산물까지를 합하여 대부가 원산에 집중될 것이다.

혜산진선으로 운반되는 서부국경의 물화도 또한 평원선을 거쳐서 원산을 통과하도록 교통의 체계가 적지 않게 변동될 수 있는 것이니 북부 조선과 만주의 물화로 하여금 다만 남만 경의선만 이용할 것이 아니라 평원·함경 제선을 연락하여 원산에 나오고 원산으로부터 동해를 횡단하여 쓰루가(敦賀)에 직통하여 가지고 이 일본의 한 중요 항구인 쓰루가(敦賀)로 하여금 북방 교통의 대관문을 만들겠다 하는 것은 일본인 등의 근래의 대계획이다. 그러면 영동으로부터 강원도 산협지대의 개척되지 아니한 부원과 국경을 비롯한 북부 조선과 만주와 러시아 지방의 물산까지를 대부 흡수하여 그야말로 대원산의 면목이 뛰는 듯하게 될 이 고장의 장래는 예찬(體讚)하게 될 것이다.

이러한 교통과 운수의 대관문이 되게 된 원산항은 경제적·정치적·사회적·문화적으로 매우 중요한 사명을 다하여야 할 지위에 있다. 최근 원산인을 중심으로 지방 행정구역 변경의 의사를 가진 이가 있어서 영동 여러읍을 비롯한 북부 강원도의 몇 고을과 남부 함남과 합하여 원산을 수부(首府)로서 일개의 원산도를 만들기를 주장하는 바 있으니 이것을 실현하는 여부는 별 문제로 하고 원산의 지리적 가치를 한번 다시 생각할 만하다.

첫째 원산, 둘째 강경, 셋째 법성이라는 말이 있었으니 옛조선의 포구로서 물화의 집산이 넉넉함을 이름이었다. 이제 원산의 조선 인사는 오래전에 정착한 재래의 인사도 있고 외래한 이주자도 있거니와 재래의 인사들은 해륙 물산의 무역·운수업에 종사하는 상인계급의 사람들로서 대부분 원산의 조선인측 실권을 잡은 이들이고 외래한 이주자로서도 자산가 계급의 사람들은 흔히는 모두 이 체계와 합작하게 되는 터이며 그 외에는 또 청년·사상·노동의 각 운동에 종사하는 이들이 있으니 대체로 보아서 이주자들에 의하여 그 다수가 되는 사정이다.

이러한 점은 따로이 논할 필요가 있겠지만 전술과 같이 일대 변동이 있으려는 대원산의 장래를 앞에 놓고 원산의 인사들이 장차 어떻게 책응(策應)[163]하려는지? 어떠한 정도의 준비가 있는지? 무한 궁금한 일이다.

대자본을 던져서 대공업·대광업이 함남 각지에서 일어나고 산미증식을 위한 토지개량사업이 함남으로 또한 1, 2위를 다투게 되며 교통망의 시설이 또한 함남 더욱이 원산을 중심으로 일대 변동이 있으려 하는 이때 가속적으로 진행되려는 지방 산업혁명의 도정 중에 들어가는 함남의 원산 인사들이 어떻게 이 급격한 시세 변화에 책응하려는지는 참으로 무한 궁금한 생각을 가지게 되는 바이다.

하물며 원산은 어업의 원산, 수산물의 원산이다. 온갖 방면으로 북진의 발자국을 바쁘게 하는 저사람들의 책동은 지금 전 수산계를 거의 파죽의 세로 밀고 들어온다. 그는 다만 발동기선·다이너마이트·수조망 등의 문제뿐이 아니다. 최근 자연계가 또

---

163) 계책을 세워 서로 돕는 일.

한 백의인을 돌아보지 아니하여 연안을 거쳐 돌아가는 북빙양의 한류는 회유하는 어족을 쫓아버려 근해 어업이 감소될 위험조차 있다 한다.

　원산의 상공계급·자산계급의 사람들은 그의 계급적 특수성— 집단적 이기심을 중추로 한 자본계급의 특수사명에 돌아보아 먼저 그의 민족적인 단결로 이 전개되는 도정에 대하여야 할 것이다. 매축한 신시가를 오직 외래민족의 독천장(獨擅場)[164]으로 내어주고 뒷골목에서 형편없이 패배하는 생활을 할 운명이 지금 각각으로 닥쳐오지는 않는가?(『조선일보』, 1927년 7월 30일, 1면).

○ 1927년 7월 31일 원산 발전을 위하여

　『조선일보』에 「원산항두에서(하)」라는 제목으로 기고를 했다. 원산 발전을 위해서는 이 지역 조선상공업자들의 단결과　계급의 역할을 강조하고 있다. 민족적 총역량 집결을 위해서는 신간회와 같은 단일 단체의 필요성이 있음을 역설하고 있다.

　안민세
　매축지를 팔기 위하여 입찰은 시작되었다. 여기서부터 이 매축지의 대부분이 누구의 손에 떨어질는지 판명될 것이다. 원산 개항 50년 기념사업에 관하여 조선인 시민으로부터 몇 조목의 요구가 있다 한다. 민중적 운동장, 부립도서관의 부속인 서적총람소 등을 조선인 시가에 설치할 일, 공회당의 설치도 편벽되이 일본인촌에만 하지 말고 부내 중앙지에 할 일, 외부 공진회장(外共進會場)[165]의 배치에 관하여서도 방금 조선인 시가의 정면에

---

164)　마음대로 하는 장소.
165)　품평을 겸한 박람회.

있는 매축지에 균분하게 할 일 등이다. 이런 것은 원산시민 된 이들의 당연한 요구이다. 조선인 상공업자는 다만 이러한 요구에만 그칠것이 아니라 서로 단결하여서 그의 가능한 최대역량으로 원산항의 이권을 지켜보도록 노력할 것이다.

원산의 시영회(市榮會)는 조선인 상공계급의 단체이다. 그의 계급적 처지와 그 이해관계에 인한 모든 조건은 그들로 하여금 타협적 경향을 가지기 쉽게 된다. 이것은 원산 상공계급의 독특한 처지가 아니고 어느 사회에서고 같은 계급의 사람들의 하늘이 정한 약속과 같이 따라 다니는 필연적 이치이다. 우리는 지금 원산의 시영회에 대하여 어떠한 정치적 사명을 강요하는 것보다 먼저 그의 경제적으로 다해야 할 계급적 특수직임을 위하여 단결적 역량을 발휘하기를 촉구한다.

그리하여 그들의 경제적·정지석으로 현실의 이레에서 희망하는 바가 대부분이 헛된데 들어가는 엄정한 사실과 마주칠 때에 그들은 자기들의 근본적인 이해문제— 결국은 그의 생존문제를 위하여 그 방책—싸울 방책을 변혁하지 아니하면 아니 될 날이 있으리라고 믿는다. 이는 전 조선의 상공계급·기타 자산계급의 사람들이 밟아 나아가야 할 역사적 도정이 되는 것이고 원산 상공업자 제씨에 대하여 도덕적으로 그 착함과 그렇지 않음을 운위할 성질의 것이 아닌 것인 까닭이다.

원산에는 노동연합회가 있다. 지금까지는 필연적 경향으로 자산계급의 단체인 시영회 측과 얼마큼 대립하는 지위에 있어 왔다. 최근에도 모 동맹 파업사건을 중심으로 거의 항쟁하는 관계에 섰다. 이것은 그의 계급적 처지가 각각 다름에 인하여 어찌할 수 없는 필연의 경향이다. 이 대립의 관계에 관하여는 지금 길게 말하고자 않는다. 그러나 대원산의 발전을 앞에 둔 이 고장 조선인의 장래는 다만 상공계급 사람들의 앞길이 위급한 일이 많을 뿐 아니라 무산 노동계급의 앞길도 또한 일이 많을 것이다.

만일 교통의 발달과 물화의 집산이 원산으로 하여금 그 세력의 범위를 확대함이 있다 하면 원산노동자 자체의 계급적 확대도 눈을 씻고 볼만하게 되려니와 계급운동의 책동지도의 사명— 그의 지역적 임무로서도 또한 더욱 중대하게 될 것이다. 그리하여 만일 지금 저들의 대기업으로 인하여 현대적 산업의 일대 발전이 있을 것이 예상되는 함흥과 그 부근이 장래 모든 운동의 한 중요한 곳이 명백한 형세라 하면 원산은 마땅히 서로 연결하여 가장 중요한 지역적 책임을 다하게 될 것이다.

최근 각지의 노동운동이 적이 침체한데 돌아가려 하니 이는 극심한 반동의 압력이 그 빌미가 되는 것이요 노동계급 자체의 의식과 지도하는 싸움의 방책이 오히려 부족함이 있음에도 인함이다. 이에 관하여는 노동계급 자체의 교양운동이 퍽 필요하다는 것을 깨닫게 되는 바이거니와 요컨대 부문적인 경제적 투쟁만이 도도한 시대의 대세를 홀로 움직일 수 없음에 인함이다. 이에 관하여는 최근 민족적 총역량을 집중하는 단일 단체의 완성으로 민족적 정치투쟁으로 방향 전환을 부르짖는 소리가 높아지게 된 이유이다. 이에 관하여는 오늘날로 그 첫 걸음을 시작한 원산 신간회의 사명이 큰것을 다시 한번 각성하여 둘 뿐이다.

원산 36,000여의 호구에 상업·교통업이 15,000여 명이요 공업이 3,000여 명이고, 공무·자유업을 제한 외에 농림·목축업이 3,000여 명이요 어업자가 130여 호, 730여 명이다. 상업항인 만큼 어업 하는 자는 비교적 적은 셈이다. 최근 원산항에 완전한 수산학교 설치의 논이 있으니 원산과 이 지방일대의 주민을 위하여 그의 촉성(促成)[166]을 바라 마지 않는다. 현실의 잉태(孕胎) 속에서 생장될데까지 생장되고 말 어떠한 운명하에 놓여있는 조선과 원산 인민들의 장래는 과연 어떠할까? 항두에 배를 대이고 장시간을 준비한 제씨는 지금 뱃놀이하러 떠나기를 재촉한다. 아아 가자! 놀아 가리라! 이 해산웅려(海山雄麗)한 곳에

---

166) 재촉하여 빨리 이루어지기를 바람.

다시 믿고 신뢰하는 동지가 있으니 어찌 놀지 아니하랴?(『조선일보』, 1927년 7월 31일, 1면).

○ 1927년 8월 1일 원산 앞바다에서 배를 타고

『조선일보』에 「일범풍(一帆風)을 가(駕)[167](상)」이라는 제목으로 기고를 했다. 이 날 원산항에서 배를 타고 아름다운 해안 풍광을 감상했다.

어여‥‥어‥‥어기여!
조금만 아래로! 어—여!
어여——차아!

닻줄을 감아 올리고 삿대로 기슭을 떼밀고 떠나서 노머리를 잡고 휘저으면서 이렇게 느리게 부르는 선부(船夫)의 노래! 옛 시인이 단장의 비애를 자아낸다 하던 감상적인 이 소리도 세속에 바쁜 한 나그네가 모처럼 물위에 떠서 듣는 데에는 도리어 무한청원(無限淸遠)한 분위기를 돕는다. 산더미 같은 5~6천 톤 이상의 기선을 타고서 대양의 물결을 헤쳐 나아가는 데에나 혹은 모터선으로 경쾌하게 고요한 내해의 속으로 내달을 때에는 문명한 자연정복의 장엄미는 있지만 자연 그대로와 융화합일(融和合一)하면서 자연의 품속에 안기어서 그리하여 그 운율에 취해버리는 아득한 정취는 맛볼 수 없다. 이러한 점으로 보아 수산명미한 곳에서 넌즈시 일범풍을 가하여 표표하게 만경의 망연한 사이로 거니는 것은 유쾌한 가운데 유쾌한 일이다.
지난번 해주 토성의 도중 자동차로 170리의 산야를 돌파하고

---

167) 타고.

벽란도 지는 해 창망한 물결의 위에 우득하게 섰는 양안의 청산을 쳐다보며 십수분 간의 도선객(渡船客)을 지었던 기억은 지금도 머리 속에 맑고 시원한 인상으로 남아있다. 이제 매축지에서 원산의 장래를 생각하고 조선인 성패의 겁운(劫運)[168]을 꿈꾸어 보던 끝에 착착 준비하던 선유의 길은 닻감아 올리고 삿대질하는 순간으로부터 문득 유동(流動)의 세계로 그 자국을 옮긴다. 십수 간쯤 노(櫓)가 실하여 나아가니 문득 황토물 들인 돛을 끌어올려 덩그랗게 서남풍을 받으면서 장덕(長德)섬 등대편 쪽을 향하여 푸른파도 넓고 아득한 원산 바다를 건너 간다. 일행은 지회장 이하 27인의 동지!

원산은 해산의 광경이 웅려명미(雄麗明媚)한 동방에 드문 경치 뛰어난 도시이다. 장덕산의 연봉이 서로 천연한 병풍과 장막을 이루어 돈후수려(敦厚秀麗)함이 전체를 펼쳐놓은 기점으로 자못 매우 많은 무거운 맛을 주는데 그 뒤로는 갈마반도(葛麻半島)가 두방리(斗方里)·두산리(豆山里) 등 내원산의 배경 산맥을 실은 등으로 늘어 놓으면서 남동해 중에 들어가 솟아서 연도(蓮島) 일대의 5~6개 아름다운 봉우리를 만들었다.

마치 맑고 고운 한송이 푸른 연꽃이 멀리 해상에 떠있는 듯이 푸르게 단장한 맵시가 비길 데 없고 거기서부터 뚝 떨어진 일맥의 긴섬이 원산만(元山灣)의 정면에 가로놓였으니 그의 외안(外岸)은 이름 높은 명사십리(明沙十里)로서 천성(天成)한 방파제가 인공이 미칠수 없는 바이며 좌로 영흥(永興)의 호도반도(虎島半島)가 수십리의 험한 봉우리를 골라 놓으면서 고개를 숙인 늙은 호랑이 모양으로 연도(蓮島)의 여맥(餘脈)과 마주 닿은듯이 돌아들어 잠벽(湛碧)[169]하고 평탕(平蕩)한 항구안은 마치 일대 내호를 보는 것과 같다.

순풍을 받은 배는 술렁술렁 달아나서 어느덧 중류에 떴다. 시

168) 재앙이 낀 운수.
169) 물이 깊고 푸름.

야는 더욱 넓다. 서북으로 평남(平南) 양덕(陽德)·맹산(孟山) 일경의 두류산(頭流山) 마식령(馬息嶺) 등 척량산맥(脊梁山脉)이 장덕산의 저쪽으로 뻗쳐서 무한하게 웅경장려(雄勁莊麗)한 배경을 지었는데 동남으로 안변(安邊)의 황룡산(黃龍山)은 철령 높은 고개로부터 갈라나와 푸른 바다의 한복판에 그 웅혼전려(雄渾典麗)한 크고 작은 봉을 싣고 있다. 그의 내포(內包)의 수아웅려(秀雅雄麗)한 곡선과 곡선이 균제 정비한 것에 비하여 그의 외단(外團)는 일층 웅경장엄(雄勁莊嚴)한 위력을 보태여주는데에 원산의 풍경은 뛰어나게 남성적인 조화미를 가지게 된다. 돌아보고 또 돌아보니 문득 큰우뢰와 같은 큰소리로 사방의 해산이 뜨르르 울릴 만한 대반향을 일으킬 수 없는 것이 큰 유감이다.

나의 배는 줄곧 간다. 환성은 일시에 일어난다. 흑백(黑白)의 발달은 기를 세우고 석양을 따라 돌아오는 배는 호도(虎島)의 그늘 만구 근처로부터 떠들어온다. 하나 둘 셋 넷 오륙 척이 넘게 들어온다. 어깨에 바람이 나게 기세 좋게 노를 저으면서 들어오는 것은 오늘 물에 고등어를 한뱃씩 잡은 자이요 문천(文川)서 오는 소금 배도 두어 척 있다. 이윽고 양덕·맹산 저쪽으로 내려가는 해가 벌써 찬란한 뒷빛만 길게 이어진 금색 빛을 남기고 으스름한 기운이 천지에 떠돌게 될 때 이 강산의 장려한 맛이란 더욱 비길 데가 없다.

남쪽으로 루씨여학교(樓氏女學校)·보명학교(普明學校)·해성학교(海星學校)·천주교 여자수도원과 서양인 선교사들의 주택인 3~4층의 양옥이 장덕산 아래 비탈 울창한 송림 사이에 띄엄띄엄 솟아 있어 한폭의 수채화와 같이 천성(天成)한 문화의 동산을 이룬 것이 또렷또렷이 또 까무락까무락 황혼 속에 잠기려 한다. 형언할 수 없는 시취를 담아다 준다(『조선일보』, 1927년 8월 1일, 1면).

○ 1927년 8월 2일 조선 해항(海港)의 명승 원산

『조선일보』에 「일범풍(一帆風)을 가(駕)(하)」라는 제목으로 기고를 했다. 원산은 조선 해항의 최고 명승으로 전세계적으로 으뜸으로 평가받고 있으며 조선의 자랑이라고 예찬하고 있다.

　일원산(一元山), 이마산(二馬山), 삼목포(三木浦) 이렇게 조선 해항의 명승을 꼽는다고 한다. 궁도(宮島)·엄도(嚴島)·천교(天橋) 등 일본 3경(三景)과 비교하려는 자의 일이다. 일본에 있어서 천교를 못 보았고 조선에서는 목포를 못 보았다. 궁도·엄도는 밝고 섬세함이 아리따운 여성의 미이고, 황홀하게 사람을 반하게 하는 맛은 있지만 원산의 힘있고 시원한 느낌과는 다르다. 목포의 경광은 다도해의 수아점철 아름답게 여기저기 흩어진 산과 바다의 미를 앞에 놓고 풍경이 비범함을 짐작하지만 물론 원산과는 그 취미가 다를 것이다. 만일 무학산의 웅건한 거악을 주축으로 좌우에 돌아들은 수림이 더부룩한 산록을 겹겹이 놓고 쪽같은 바닷물을 고요히 담고 있는 마산의 경취는 흰 은쟁반 속의 푸른 소라를 읊조리게 하는 저도(猪島)의 기교함과 한가지로 남조선의 으뜸가는 도회이라 할 터이나 원산은 또 이것보다도 낫다. 산해의 미를 아우르는 대도시의 경치를 말하자면 결국 원산으로 그 제일지를 굽힐 것이다. 하물며 명사십리 여러 산맥으로 피고 지는 해당화의 섬려(纖麗)와 웅대(雄大)를 아울러 가진 푸른 바다를 시야로 한 매우 환한 경치는 다른 고장으로서 따라올 수 없는 바있음에랴.
　해산의 경색이 웅대숭려하므로 세계에 일컫는 자 있으니 브라질의 리오데자네로가 그것이다. 나의 발자국이 아직 한자국(漢字國)의 범위을 벗어나지 못하였으니 세계적 산수를 논하는 것은 주제넘은 짓이지만 열대성 식물이 번무하게 들어선 연산(連山)이 사방에 둘러서고 가파른 돌봉우리가 만의 입구를 끼여 치

솟은 데 파광일벽(波光一碧) 작열한 태양이 수면을 비추어 채색
현란한 미를 주고 극히 희고 붉은 용마루의 누각이 들쭉날쭉 하
게 물가에 늘어서서 그림자가 물결 속에 굽놀게 되는 그 절묘하
고 아름다운 풍광이 전세계 중 최우수를 자랑한다 하거니와 뭇
산이 중첩하여 서늘한 바람을 막고 무더운 기후가 서려서 황열
병의 발호함을 보게 하는 것은 또 천연이 주는 한가로운 일이라
한다. 이제 원산은 북위 39도 10분 지점에 있어 비록 때로 혹한
의 날이 없음도 아니나 해양의 기후는 저절로 완화됨이 있으니
가장 건강에 알맞은 세계적 승지가 되는 것이다. 이는 원산의 자
랑이요 또 조선의 한 자랑이 될 것이다.

춘향이 타령을 시작하는 광대는 남원 산천을 찬하려고 이같이
첫머리를 내는 것이다. 곱고 아름다운 산수간에 때로 미인이 뒤
따라 나오니 푸른 봉우리 앞으로 흰파도 명사십리의 해사한 물
가를 놓고서도 절세미인 천하의 남성을 사로잡는 자 없었는가?
이 강산 이 풍경 미인이 없었던 것도 한사이고 영웅거인이 태어
났던가? 덕원의 고지 태조 이전의 한양조 사조(四祖)[170]를 낳았
다 하니 그 적막하지 않다할 자이냐? 발전하려는 대원산의 장래
를 앞에 두고 그 전국의 운명을 짊어지고 나설 조직적인 힘이 있
는가? 각처에서 모여든 집합의 도시인 원산의 인사들은 아직 원
산의 애향적 동류의식부터 박약하지 아니한가?

오늘날의 사회적 제정세는 조선인으로 모든 계급을 떠나서 총
단결을 요구하니 원산의 인사들이 일층 시대의 자극하는 바에
느껴서 이 변동되려는 국면에 선처하기를 못내 축원한다. 일엽
편주(扁舟)를 바람에 맡긴 동지들의 환희하는 광경을 보면서 원
산의 고금과 미래를 생각하면 더욱이 전 원산의 인사들이 함께
배를 타는 감격으로써 다난한 새 국면에 처하기를 빌고 싶다.

수영복으로 몸을 싼 청년들은 웃옷을 벗고 시퍼런 물속에 뛰

---

170) 조선 태조 이성계의 4대 조상으로 목조, 익조, 도조, 환조를 말함.

어든다. 항내의 깊이가 18척에서 24척에 달하여 3천 톤 이상의 배가 들어 닿는 고장이 없다 하거니와 곳곳이 담수의 샘이 솟아서 차기가 얼음과 같다고 한다. 한류의 난맥(亂脈)이 만내(灣內)에서 흩어짐이라고 하겠지만은 찬 곳의 물은 싱겁기가 강물같다 하니 흥미 있는 일이다. 남으로 포하리의 스탠더드 석유탱크에는 넘는 햇발이 이미 다 걷혔는데 우리 배는 장덕섬으로 건너지른 콘크리트 방파제 밑창에 닿고 일행은 하얗게 산화된 조개껍질의 무더기를 밟으면서 바위 돌로 올라서서 다시 등대 구경으로 올라간다.

마침 불다리 등대에는 육리(陸離)한[171] 광채가 번적이기 시작하는데 아이 업은 부녀와 그의 남편인 등대지기는 외로이 있는 비둘기 한 쌍 모양으로 무등(無等)히[172] 정숙해 보인다. 개펄에 내려서 조개껍질을 줍다가 권진(勸進) 하는데로 저녁밥을 대한다. 말쑥한 방파제 위에 그대로 늘어앉아 밥이 있고 술이 있고 갓잡아서 펄떡거리는 가오리회가 있어 일배주(一盃酒)·수완반(數椀飯)에 맑은 흥과 거친맛이 아울러 족하다. 석반을 마치고 방파제에 누우니 땅자리 하늘장막에 크고 넓은 기색이 뭉기어 우리에게 돌아오는데 으스름한 달 엷은구름 멋쩍게 비추는 드문 별이 깜짝깜짝 만고의 비밀을 속살거리는 듯 빠른 바람 보드라운 물결이 슬그머니 바위에 부딪쳐서 철석철석 또 철석 쓸쓸하던 나의 심금을 계속 건드려준다(『조선일보』1927년 8월 2일, 1면).

○ 1927년 8월 4일 원산 시장과 명사십리

『조선일보』에 「원산을 뒤로 두고」라는 제목으로 기고를 했다. 이날 해수욕의 명소인 송학관, 물산진열소, 공설시장을 둘러보고 명사십

---

171) 빛이 뒤섞여 눈부시게 아름다운.
172) 더 이상할 수 없이.

리에서 해수욕도 했다.

　방파제를 와탑(臥榻)[173]으로 두 다리를 쭉 뻗고 천지산해의 사이에 치늘어 누웠던 나는 그침없이 철썩대는 대자연의 가느스름한 운율에 취하여 그대로 만고의 근심을 놓았다. 이대로 단잠 들어 천지의 밖에 우쭐대는 맑고도 꿈 큰 속에 잠겨보고 싶었다. 그러나 모자를 던지고 상의를 접어치고 버선도 빼어치운 나로서는 필경 스스로 자연대로의 몸으로써 자연대로의 운진(韻津)을 아뢰고 있는 철썩거리는 맑은 물속에 잠겨버렸다. 옷도 갓도 습속도 무엇도 속세의 귀찮은 괴로움을 활활 벗어 치워버리고 자연의 몸으로 자연의 진액 속에 잠기는데에는 숨이 턱에 붓도록 쌀낙대는 인간세의 구차하세 지껄이는 생활에 비하여서 생명이 무한대로 퍼지는 것 같다. 그런 때의 우주에 막힘없이 통하는 시원한 맛이란 모르는 남에게 일러 줄수 없다.

　오예(汚穢)[174]의 속에 앉았으되 호흡이 우주 무궁한 천계에 통하고 겹겹의 철관 속에 갇혔으되 정령은 무한한 생명의 원천에 닿았다고 항상 오도승적(悟道僧的) 법열(法悅)을 느끼고 있던 생활도 있는 일에 돌아보면 이런 때의 청복(淸福)[175]이란 매우 무겁다는 생각도 난다.

　오래지 않아 일행은 다시 달을 따라 배를 돌려 중류에 떠서 환담을 하면서 옛 세관잔교(稅關棧橋)에 이르러 내렸다. 때는 오후 10시 30분. 제씨와 작별하고 오직 이 회장과 강기덕(康基德)씨가 나를 동반하여 여사로 오신다. 자동차편을 기다려서 송학관(松鶴舘)으로 들어갔다. 좌로 흰모래 푸른 소나무 그 위로 굽이진 밝은 물가 그 중간을 고요하게 꼬매어 들어가는 정취가 묘연하고 또 표연 그 천성한 유락지인 것을 알겠다. 이날에 송학관

---

173)　침상(寢牀).
174)　지저분하고 더러움.
175)　좋은 복.

에서 자니 해수욕의 명소인 송도원(松濤園)의 한 여사(旅舍)로서 유일한 조선인 경영이요, 주인 주군은 좋은 청년이다.

7월 12일이다. 잠을 깨니 오전 7시 조식 후에 해수욕도 하고 원산의 명소인 명사십리도 찾으며 루씨여학교(樓氏女學校)[176]이 외 몇 군데를 방문하기로 하였더니 새벽부터 내리는 비에 그대로 앉았다 누웠다 필경은 베개를 고쳐 베고 뜻 아니한 잠 한 숨에 피로가 싹 다가섰다.

낮 12시가 가까워 비가 개임으로 나서서 가기로 할 새 호텔의 전화를 빌어서 지국에 통지하고 자동차로 부청 앞까지 가서 보행으로 일본인 시가를 보고 물산 진열소를 둘러본다. 수산물·생우(生牛)·마포·광산물 등에 관하여 다소의 진열이 있으나 극히 빈약하고 통계표를 청했는데 작성한게 없다고 한다. 문밖에 나와 석가산(石假山)같이 된 기암괴석이 3~4길 넘는데 자연적으로 만들어진것이 꽤 흥미 있다.

공설시장에 들어갔다. 갖가지 채소와 산수국이 듬북 쌓이고 보기에 가장 탐탁한 것이 중국인의 청물전(靑物廛)인데 그런 것이 둘이 있고 원산 과수업의 판매 원조인 윤병수(尹秉秀)씨의 경영이라는 과물점에 들어가니 대부가 팔려서 동이 나고 지금 있는 것은 수입품이라 한다. 중국인이 포목상으로 거의 독점의 세력을 가지는 것은 정평이 있거니와 요리업과 호떡장사로서 도처에서 치부(致富)하는 근거를 잡게 되고 최근에는 도시의 고급채소의 재배와 판매업을 또 독점하려는 것은 퍽 주목되는 일이다. 이미 일본인에 의하여 조선산업의 대세가 지배되고 또 중국인에 의하여 이와 같이 침식된다는 것은 조선인의 산업 능률이 문제된다.

원산의 도시로서의 위치와 그 가치는 전술한 바 있지마는 평원선(平元線)이 완성되는 날에는 경성·평양과 아울러 대삼각의

---

176) 대한제국기인 1903년 함경남도 원산에 설립된 감리교 계열의 근대여성 교육 기관. 학교명 루씨는 미국선교사 루시 커닝김(1838~1908)에서 따옴. 소설 『상록수』의 실제 주인공 최용신이 이 학교 졸업생이다.

한 위치를 차지하여 조선 3대 도시의 하나가 될 가능성이 충분하다. 저네들의 시설로 보더라도 통상기관 외에 육군운수부·육군창고·영흥만 요새사령부·철도공무사무소·영림서 등이 있어 여러 가지로 주력하는 자취가 보인다.

도중에서 다시 비를 만나 적이 곤란하였다. 어제부터 행동을 함께한 영흥지국장 김경률(金景律) 씨와 회합하여 그대로 조선인 시가로 빠져서 원산물산객주조합 사무소를 찾았다. 이곳에서 지국장인 조종구(趙鍾九) 씨와 편안히 이야기한 후 따로이 점심을 간단히 마치고 오후 4시 30분 차로 함흥행을 하기로 하였다. 지난번 7월 9일 신간회 함흥지회가 설립될 때 본부로부터 출장 참석하라는 명령까지 받고서도 의외의 사정으로 못 갔던 일이므로 이번에 함흥까지 방문하고 제씨와 만나고자 함이다. 그리고 누씨 여학교를 방문하여 그 상황을 보고자 하였던 것이 우중이요 또 시간이 바쁨으로 모두 귀로로 밀고 그대로 떠난다. 이리하여 조종구(趙鍾九) 씨의 강력히 권하는 명사십리 구경하고 즐기는 일도 다 밀어버리고 우중에 힘차게 차를 몰아 원산역에 나간다.

역에서는 동도하기로 약속한 김경률씨가 왔고 거리가 멀지 아니하므로 3등승객으로 가기로 한다. 차에 오르려 할쯤에 바쁘게 출전하여 주신 동지 서너 분과 악수로 헤어지고 바쁘게 떠난다. 마침 경성 갔다 오는 동아일보의 함흥지국장인 김영숙(金英淑) 씨와도 같은 차를 타니 함흥신간회의 간부이다. 좌우의 풍경을 내어다 보며 향토이야기를 듣는다. 차실에는 오늘로써 방학된 누씨여학교 여생들이 한거번에 귀성하느라고 수십인 가깝게 같이 탔는데 묵직한 관북(關北) 사투리에 소박하고 우아함을 아울러 가진 이 북국 처녀들의 언동이 퍽 귀여웠다. 뒤로 보매 일편 맑은 호수같이 즐펀히 보이는 바다물이 섞인 비 속에 널린 것이 형언할 수 없는 여수(旅愁)[177]조차 자아내는 것 같다

(『조선일보』 1927년 8월 4일, 1면).

---

177) 여행객의 슬픔.

○ 1927년 8월 5일 함흥으로 가는 길

『조선일보』에 「웅려(雄麗)한 함남산하(상)」라는 제목으로 기고를 했다. 이날 신간회 함흥지회 방문을 위해 덕원역, 문평역, 전탄역과 조선 태조 이성계과 인연이 있는 영흥역을 지나 함흥에 도착했다.

　　차는 벌써 덕원역(德源驛)에 다았다가 또 문평역(文坪驛)을 지나서 북으로 간다. 수봉무림(秀峰茂林)이 알맞게 조화되고 펀펀한 푸른 밭에는 기름진 밭이 가지런히 깔렸는데 바다색이 그 밖으로 은근히 비추고 운무가 자욱하게 중간에 점철한 모양이란 쉴새 없이 내닫고 있는 나까지도 이미 그림 속에 넓게 늘여놓은 것처럼 되어버린 것 같다. 쓸쓸해 보이는 문천읍을 얼픗 지나 라이싱·썬 석유의 건축하는 창고터를 손으로 가리키며 전탄역(箭灘驛)을 지나면서 천야(淺野) 시멘트의 공장 설계와 그를 위한 임시정거장을 보고서는 저네들의 자본의 힘이 한참 이 함남의 보고(寶庫)를 노리고 있는 것을 새삼스러이 기억하게 된다. 얼마 가니 동으로 흐르는 돌내에 물의 세기가 자못 화살 같이 빠르니 전탄(箭灘)의 지명이 이에서 인함인 듯. 더욱 가니 산악은 차차 섬려하여지는데 밭에는 밀이삭이 아직 푸른 것이 기이하다. 전탄강의 상류에는 운림폭포의 승경이 볼만하다 한다.
　　얼마가서 서쪽으로 가즈런한 긴 등이 남북으로 질리고 그 앞으로 웅망산(熊望山)의 모습이 귀한 사람처럼 보이는데 북향의 형세로 된 포실한 읍내가 가는 비속에 잠겨 있고 동편으로 논밭이 훨씬 열려 좋은 강산인 것을 깨닫게 한다. 지명만 보고서 웬간한 대지로 되었는가 하였더니 평야부에 놓인 것은 의외이다. 기름이 뚝뚝 떨어지는 듯 살지게 푸른 뽕나무 밭이 있고 더부룩하여서 땅이 안 보이는 대마밭이 줄을 지어 들어선 것을 보며 용흥강(龍興江)을 건넌다. 북정물이 치름치름하도록 개울 안이 뿌듯하게 내려가는 것은 장마때가 아니면 못볼 경광일듯 북안에 있는 버들숲이 쭉 내려가며 이어졌고 기장·조와 수수가 우긋우긋 자라나는 넓은 들은 마치 만주의 여름 광경을 당한 것 같다. 함흥차사(咸興差使)의 목 끊어지던 옛 일을 문득 생각하며 그대로 영흥역(永興驛)에 다다랐다. 저문 해에 축축한 비가 풍부한 영흥읍을 가리고 있다. 혹은 화주도독부(和州都督府) 혹은 쌍성총관부(雙城總管府)로 고려와 몽고 사이에 그 소유주를 바꾸기도 하고 한양조 초기의 굴지할 내란인 이시애(李施愛)의 사변에는 함경도의 수부를 이 골에 옮겼던 일을 생각하면 이만한 형세는 당연하다고 점두(點頭)된다.[178] 역으로부터 동방 십수리에 준원전(濬源殿)은 태조 강탄(降誕)[179]의 지로서 영흥의 군명이 이것이 있음으로 인함이다.

영흥역에서 김경률씨와 작별하고 마장(馬場)·왕장(旺場)으로 신상역(新上驛)에까지 왔다. 좋은 평야에 콩심어 놓은 밭이 아득하게 뻗쳤고 흰 깁을 늘인 듯이 하얗게 연한 바닷가 포구를 끼여서 창창한 갈밭이 더욱 푼푼해 보이는데 무미수려(嫵媚秀麗)한 산천이 상상하던 바에 넘친다. 이 산천을 보고 함흥 일대의 사람과 땅이 껄끈한 속에도 귀인(貴人)[180]이 있는 말솜씨를 생각하니 비로소 우연함이 아닌 것을 알겠다.

콩이 이 지방의 중요한 농산물로 최근 390만석에 가까운 산출고를 보였고 노석(蘆席)[181]은 또 이 부근의 특산이라 한다. 우중에 모 심고 있는 여자들이 있고 7~8세로 10세 내외쯤 밖에 아니 보이는 남녀 아동들이 도롱이 삿갓으로 소를 타고 앉아 풀을 뜯기려 다니는 것이 무한 유한한 취미를 돕는다. 이러한 산하미를 배경으로 차에서 보내고 내리고 하는 여학생들이 여름 동안 작별이 안타깝다고 연연하여 떼치지[182] 못해 하는 광경이란 무

---

178) 수긍하다.
179) 거룩하게 태어남.
180) 신분이나 지위가 높고 귀한 사람.
181) 갈대로 만든 자리.
182) 헤어지지.

한 탐탁스러운 향토적 인정미를 가지게 한다.

논밭이 거친 황무지인 것을 보고서는 부평(富坪)의 지명과 걸맞는 것을 수긍하고 비백산(鼻白山) 밑으로 펼쳐진 정평읍(定平邑)을 자세히 데미다 볼 사이도 없이 큰 평야를 꾀어서 간다. 금진강의 수세도 용흥강과 비슷한데 해가 더욱 저물어 가서 선명하게 비 오는 중의 강산을 살필 수 없는 것이 유감이다. 역의 동남으로 광포호(廣浦湖)의 물빛이 은과 같이 해사한 데 고려 당시 여진을 방비하기 위하여 쌓은 장성은 이 부근으로부터 시작하여 읍의 진산인 비백산으로부터 도성산(道成山)으로 영흥군을 지나 평북을 가로걸쳐 의주에 끝맺은 것이고 지금도 약간의 유적이 남아 있는 모양이다.

일부러 만리의 장성에 비하자면 이 근처가 산해관(山海關)과 맞결릴 것이요 북관을 남북 만주에 비하랴? 금고흥망의 자취는 도리어 쓴웃음을 짓지 못하겠다. 안변이 있고 정평이 있고 화주·의주의 지명이 있으니 선화(宣化)는 또 정평의 옛 명칭이다. 이러한 변색적(邊塞的) 명칭을 지어가며 경영하였다는 것이 쓴웃음을 짓자면 쓴웃음 거리이요 또는 조선반도의 지리적 수난을 말함이다.

정평으로부터 북으로 가니 망망한 넓은들이 저문 비와 한가지 아물아물할 뿐이요, 성천강(城川江)의 조용한 물이 마치 천리장강을 임하는듯 김영숙씨와 함께 역에 내려 자동차로 동일여관에 투숙한다(『조선일보』, 1927년 8월 5일, 1면).

ㅇ 1927년 8월 6일 함흥 만세교

『조선일보』에 「웅려(雄麗)한 함남산하(중)」라는 제목으로 기고를 했다. 이날 신간회 함흥지회 간부들과 대화하고 만세교(萬歲橋)를 답사했다. 기독교청년회관과 함흥청년회관도 방문했다.

〈사진 11〉 웅려한 함남산하
(『조선일보』 1927. 8. 6)

7월 13일 동일여관에서 자고 깨니 비는 여전히 휘어박는다. 오늘에는 신간회 제씨를 방문하고 부근의 광경으로부터 본궁(本宮)의 고적(古蹟)과 문제되는 내호(內湖)의 질소회사의 시설을 시찰한 후 원산을 거쳐 귀경코자 하였는데 비의 장난이 이러하니 강산 구경에도 인연이 있어야 하는가 보다. 조식을 마친 후에 이이규(李利奎) 씨가 오고 신간회 부회장 홍기진(洪基鎭)·이순기(李舜基) 씨기 오고 본보 지국장 윤주(尹柱) 씨가 오고 이수을(李秀乙) 씨와 김영숙 씨가 오고 기타의 방문객도 있어 비 가운데에 외출하기도 곤란하므로 여사에서 환담하였다. 제씨는 모두 함흥 신간회의 중요 간부로 각방면을 대표할 만한 분들이다.

홍기진 씨는 상업회장, 이순기 씨는 기독교청년회의 총무, 기타는 사상·노동운동의 선구자이며 농민계급을 대표할 만한 분과 각 언론기관의 인사까지 합하여 함흥의 신간회는 거의 빠짐없이 각 방면을 대표하였고 회원수의 많은 점으로도 굴지할 만하다. 정오가 지나 제씨와 처소(處所)를 바꾸어 수 시간이나 간담한 후 그대로 내리는 비를 무릅 쓰고 함흥의 명소인 만세교(萬歲橋)[183]에 나갔다. 장풍(長豊)으로 가는 조선 사설철도의 선로를 지나 준천공사 하노라고 파내 쌓은 모래턱을 넘어가 기슭 옆

---

183) 함흥 반룡산 낙민루 아래에 있는 함흥의 명승으로 조선 역대군주들의 만수무강을 기원하는 의미로 태조 이성계가 만세교라고 지었다고 한다. 함흥평야를 동서로 관통하는 성천강에 가설되었고 홍살문이 있는 다리로 3,000개의 판목을 깔아 만들었다고 한다.

으로 해서 260간을 건너지른 다리위에 나갔다. 전 조선적으로 이름높은 만세교이지만 도도하게 벅차 흘러 가는 대수량과 아울러 대장관 아닌 것 아니요, 다리 건너 저편 기슭에 나란히 들어선 수양의 작은 숲은 구름과 비 속에 자욱한 대평야와 함께 소위 하수강운(河樹江雲)[184]의 운치가 있다.

최근 저들의 치산치수의 계획이 실현되며 성천강(城川江) 전체에 3백만 원의 예산으로 이를 완성하기로 하는데 부전령(赴戰嶺) 저쪽의 수력 전기의 설비로써 장진강(長津江)의 수류를 거꾸로 끌어 부전령을 넘겨서 성천강 상류로 떨어트리매 수량이 매우 증진되어 그의 완성된 날에는 성천강의 수면이 평균 3척은 솟을터요. 치수공사는 먼저 양안을 얕게 돋아서 강수의 범람을 방지하고 전기 수량의 증가에 인한 강수자연사진력(江水自然駛進力)의 촉진에 의하여 토사가 패여 나아가게 하는 설계이라 한다. 지금 성천강의 가교공사를 위하여 지하의 작업을 진행하는 바 보통 수면으로부터 32척 내지 5척의 깊이를 파고 들어가서 비로소 사석면에 달한다 하니 이는 토사의 밀림이 심하지 않은 한탄강의 하상이 거의 모래와 돌로 되고 깊기가 수십척에 달하는데 비하여 퍽 흥미 있는 일이다.

성천강의 북안 만세교 바로 위에 대구릉이 있어 흙 파문긴 단애(斷崖)[185]가 뻗었고 위에는 낙민루(樂民樓)의 옛집이 비오는 가운데에 묻혔으니 최근에는 아무개 변호사의 소유로 되었다 하며 그 남쪽 비탈에는 예전부터 국사당이 있어 매년 정월 보름 아니면 만세교의 답교놀이와 한 가지 부녀·아동들이 수천 명씩 들끓어서 번화잡답한 광경이 한 특수한 풍속을 이뤘는데 근년에 그것을 무너뜨린 후로 그 풍속은 없어지고 답교(踏橋)만은 아직도 성행한다 한다.

돌아가는 길에 기독청년회관을 방문하였다. 이순기씨 부지런

---

184) 물가의 나무와 강의 구름.
185) 깎아 세운 낭떨어지.

하게 노력하고 필요한 조사·재료도 적지 않게 수집하였다. 함흥 청년회관을 방문하였다. 청년연맹·노동단체 등 12개의 간판이 입구의 좌우에 걸린 것이 그럴듯하고 내부가 정결하게 정리되었다. 이 지역 신간회장 한영호(韓泳鎬)씨는 신망이 높은 인사로서 지금 교외 십수 리의 촌락에 주거하시는 바 비가 오는 중이므로 방문하지 못함이 유감이다. 이날에 여사에서 잤다.

14일이다. 아침까지 내려쏟는 비에 함경선의 열차 고장의 보도가 있어 적이 심려하였다. 각처에 신서(信書)[186]를 쓰고 무명회(無名會)를 향하여 통영(統營) 삼구회사건(三九會事件)에 관하여 타전하였다. 오정 채 못 되어 비가 마침내 개어서 내방하였던 이이규·윤주 두 분과 함께 다시 만세교로부터 반룡산 길을 떠난다. 침침한 하늘에는 태양의 빛이 뿌연 구름층으로 심어 나와서 사방의 산들이 간신히 고개를 내밀었는데 얇게 뜬 구름덩이가 떼엄떼엄 시야를 막고 있고 시원하게 탁트인 광야에 역력한 푸른물이 무수한 점선을 그어서 만세교상의 바라보는 맛이 조선에 드문은 웅대한 경광이다. 여기서 한번 필마 바삐몰아 남으로 향하여 달아나되 만세교상의 석별하는 벗을 남겨두고 가며 가며 뒤로 돌아보면 거의 하교상송(河橋相送)[187]의 정경을 그릴만한 것이다.

내 일찍 중국 제남에서 자고 아침에 황하 철교를 건너 천진으로 가자할 때 가고 또 가되 철교와 수양(垂楊)이 숨겨지지 않고 수십 리를 행하여 돌아보니 창망한 넓은들이 하늘과 마주닿고 은줄 같은 황하와 연기 같은 수양이 땅에 붙은 듯 하늘 속으로 기어올 틈 같더니 이와 비슷한 정취는 이 만세교반에서 볼 수 있을 것이다(『조선일보』, 1927년 8월 6일, 1면).

---

186) 안부, 소식, 용무 따위를 적은 글.
187) 다리 위의 이별.

○ 1927년 8월 7일 함흥 반룡산에 올라

『조선일보』에 「웅려(雄麗)한 함남산하(하)」라는 제목으로 기고를 했다. 이날 반룡산(盤龍山)에 올라 주위를 조망하고 함흥일대의 고대사적 의미를 적고 있다.

　　만세교를 한번 건너 갔다가 되건너서 반룡산으로 올라간다. 낙민루 있는 일대 구릉이 반룡산의 남록이다. 올라가는 길에 옛 벗 한낙용(韓洛用)씨를 잠시 방문하여 오랜 정을 이야기하고 곧 일어섰다. 씨는 동경에서 작별한지 십수년 기간 상업방면에 여러 번 착수하였으나 아직 시원한 성공을 못하고 지금은 생각 중에 있다. 형승(形勝)[188]을 차지하고 있는 서양인 선교사촌을 언덕 아래로 두고 무성하게 자라 올라간 과림에 총총 달린 풋열매를 보면서 꼬불꼬불 휜 길로 한가하게 된 주택들 사이를 지나 봉수대 묵은 터까지 갔다. 이제마(李濟馬)의 의서에 의하여 반룡산 노인의 문자를 본것이 인상 깊은 일이요 등림(登臨)은 오늘이 처음이다. 여기서 보니 야세(野勢)의 통활함이 모란봉 위에서 대동·보통 양 평야를 보는 것과 비슷한데 웅원(雄遠)한 맛은 오히려 낫다.

　　백두산대간이 후치령(厚峙嶺)으로 태백산이 되고 게서부터 정맥은 부전령 황초령으로 줄기차게 내뽑는데 태백산의 한 맥이 토령을 지나서 동북으로 함관령이 되고 서남으로 이 반룡산이 된 것이다. 일대의 푸른 산봉우리에 송림이 촘촘하게 들어서고 수아한 맛이 보드러운 소년을 대함 같은데 장마비에 수량이 버쩍 불은 성천강과 호연천이 동서로 흘러가는 모양은 또 대동·보통 두강 그대로이다. 봄저녁과 여름밤 만세교 밝은 달과 반룡산 시원한 송림 속에 사랑을 속살거리는 청춘남녀들이 곧 많이 짝

---

188) 지세나 풍경이 뛰어남.

지어 다님으로 적지 않게 소위 풍기문제가 된다 하거니와 강산의 정취가 그럴 듯도 하다.

내려다보매 함흥의 시가가 발밑창에 깔렸는데 남서로는 조선인의 시가가 대부의 초가로 되었으나 적이 넉넉하고 풍부한 빛이 있고 북동은 지금 새로 발전되는 시가로서 일본인 가옥이 예와 같이 검성드뭇하게 채를 잡는 형세인데 동으로 운주산 북과 서로 오봉산·중봉산 등 점점한 연봉 이에 둘러선 것이 자못 대륙적 웅건미(雄健味)를 띠우고 있다.

반룡산의 다른 이름은 성관산이니 고려 공민왕때 한양 태조 이성계가 납합출(納哈出)을 칠 때 내분삼군(乃分三軍) 좌군유성관산(左軍由城串山)이라고 한 것은 이를 이름이다. 함남의 산하가 백겁여지(百劫餘地)고 함흥은 또 그의 중심지가 되었으니 고조선에는 여기가 옥서 옛땅으로 제부족과 병립하였다고 하며 고구려가 망한 후에는 발해가 또 기업을 계승하여 그의 남쪽 경계가 이하(泥河)에 달하였다 하니 정다산이 용흥강으로써 이하에 대한 것은 대체로 틀림이 없을 것이다. 고려조에 윤관·오연총이 여진을 정벌하고 북방 9성을 쌓은 것이 전부 함흥·신흥의 경내에 있어 허다한 고성의 폐허를 가지게 되었다.

그러나 만일 9성(九城) 이후와 납합출의 전에 몽고 백년의 병란이 흔히는 이 지방과 인연 있는 것을 생각하면 한덩이 돌·한 줌의 흙에도 오히려 고인들의 땀과 피가 샅샅이 스민 것 같다. 조휘(趙暉)와 탁청(卓青)[189]의 무리가 반하여 몽고에 붙은 후에 쌍성총관의 관할 밑에 합란부(哈蘭府)가 또 이곳에 앉으니 합란평야의 이름이 여기서 생김이다. 합난로·합란전은 여진의 갈라만주의 흡란(恰蘭)과 한 가지 버드나무를 의미하는 여진의 말로서 금대(金代)의 지명과 동일 한 자이요 무릇 버드나무가 발생하는 곳에 반드시 이 지명을 붙였고 함주의 함이 또한 합란의 음을

---

189) 여몽 전쟁시기 고려의 무장.

취한 것이라는 고증학자의 주장은 수긍할 바 있다. 이에 관하여
는 용흥·성천 제강의 유역에 의의한 버드나무류가 곳곳이 섰는
것을 예증할 필요도 없다.

남조선의 강경평야, 서조선의 극성평야(棘城平野), 북조선의
함흥평야가 소위 조선의 삼대평야이지만 혹은 나당병에 대한 백
제남아, 홍건적에 대한 고려장졸의 어느 것이나 겹겹의 재앙을
겪지 아니 함이 아니지마는 함흥의 평야 합난로의 옛땅이 내외
병란의 무량수의 겁운을 치른 것은 북으로 대륙 동쪽으로 창해
(滄海)에 막히고 중간에 태산고옥으로써 에두르고 있는 평천광
야의 땅이 스스로 천성(天成)한 호전장(好戰場)을 이름으로 말
미암음이다. 그러나 지금에는 남래하는 세력이 이미 삼남경강의
모든 지방을 집어삼키고 그 자본의 큰팔이 바야흐로 이 대평야
를 가진 함남의 부원으로 달려든다. 아아! 함남의 발전! 그러나
북조선의 위기! 부질없이 웅려한 산하로 하여금 금석지감(今昔
之感)[190]만 일으키게 할 것이냐?(『조선일보』, 1927년 8월 7일,
1면)

○ 1927년 8월 7일 민족단일당의 문제

『조선일보』에 「민족단일당의 문제」라는 제목으로 기고를 했다. 신
간회 지방지회 조직이 활기를 띠고 있으며 전국적 확산이 계속 필요
하다는 점과 조선인의 의사가 제대로 표현되기 위해서는 일제 식민
통치 당국의 방해가 없어야 한다고 역설했다.

민족단일의 문제에 관하여 내외의 조선인들이 한결같이 주장
하고 지지하게 되는 바이다. 이는 방금 서서히 그러나 확실히 그

---

190) 지금과 옛날의 차이가 심함.

조직의 도정(途程)을 걸어나가고 있다. 이 시국의 변동이 될 것을 앞에두고 모든 이가 요구하는 바에 응해 생겨나는 신간회(新幹會)의 이름으로 생장(生長)되는 단일당의 문제에 관해 주의(主義)의 완급이 다름을 막론하고 모두 면밀한 주의로써 대하며 이에 대해 얼마큼 의아(疑訝) 혹은 질시(嫉視)의 눈을 뜨고 보는 통치 당국자들도 얼마큼은 계엄적(戒嚴的) 관망을 하고 있는 듯하다. 그러나 최근 이 단일당 문제에 대해 우리들은 다시 한번 냉정하고 객관적인 비평을 해보려고 한다.

단일당은 민족적 총역량을 집중한 단일정당을 뜻하는 것이고 신간회는 단일당으로서 존재하고 또 생장하고 있다. 우리들은 지금 신간회가 벌써 민족적 단일정당으로 확립되었고 또 존재하는 것이라고 단정하지는 않는다. 그것은 지금 사상단체의 범주에서 멀리 떠나지 못한 일정의 과도형태로 존재하는 것이고 단일정당으로 불가결의 맡은 바 임무인 민족적 정치투쟁에 대하여 어떤 행동을 일으킴에는 도달하지 못했다는 것이 솔직한 비판일 것이다. 그러나 단일민족정당이 나와야 할 것이 조선에 있어서 객관적·필연적 정세라고 하면 지금 발생기와 성장기에 있는 신간회가 아직 얼마동안 사상단체와 정치투쟁단체의 두 중간에 걸쳐있는 과도형태로서 존재할 수밖에 없는 것도 객관적 정세에 의해 승인하지 않을 수 없다.

최근 신간회에 관한 소식이 자주 있으니 각지방이 거의 모두 그 지회의 조직으로 각각 상응한 활기를 보이고 있다는 것이다. 우리들은 차라리 금후 한층 더 신속한 정도로 그 조직이 전조선적으로 성취되기를 촉구하고 싶다. 비교적 그것이 숫자가 적은 지방의 인사 특히 그 선구자와 일반 유력한 인사들이 더한층 결심으로 그 운동을 촉진시키는 것이 가능하다고 믿는다.

동시에 현재 처한 바 사정을 돌아보아 각각 현명하게 장래의 힘을 축적하도록 할 것이고 의외의 문제가 이의 발육에 도리어 상처가 있지 않기를 바라는 바이다. 이는 현재 대중을 통제하고 전개되는 시국에 책응(策應)하고자 하는 중대하고 진정한 책임감을 가진 이들의 마땅한 일이라고 생각하는 까닭이다.

동시에 우리는 이 대중적 운동에 관해 통치당국의 태도를 주목할 필요가 있다. 신간회에 대하여 반갑지 않게 생각하고 호의를 표하지 않는 것은 도리어 당연할는지 모른다. 그러나 발전하는 시국이 드디어 대중의 의사를 영구히 무시할 수 없는 것이 엄정한 사실이라고 하면 차라리 이 운동으로 하여금 순당(順當)한 길을 밟아 나가서 반드시 있어야 할 조선인의 표현되는 의사가 되도록 반사회적 방식으로 흘러가지 않고 Yes와 No를 판정하게 하는 서막까지 가게하는 것이 가장 적당한 방책일 것이다.

최근 전북 이리(裡里)에서 신간회 지회를 설립하려는 준비회의 위원들이 당국의 꺼림에 방금 얽매임에 걸렸고, 수삼일 내에 법규에 의한 심리를 받게되는 일이니 단일당의 운동이 있어온 지난날이 아직 얕으나 처음 보게되는 일이다. 우리들은 위원된 이들의 행위를 상세히 알지 못하거니와 당국은 먼저 마땅히 정략적 편견을 떠날 것이라고 보려한다. 아무튼 단일당의 장래가 의의(意義) 많은 문제이다(『조선일보』, 1927년 8월 7일, 1면 1단).

○ 1927년 8월 8일 함흥에서

『조선일보』에 「만세교반(萬歲橋畔)에서」라는 제목으로 기고를 했다. 이 날 물산진열관과 상업회관을 방문했다.

반룡산 위에는 이전에 함흥 성벽을 쌓았는데 연전(年前)까지로 전부 헐어버렸고 지금에는 약간의 패석잔초(敗石殘礎)가 당년의 모습만 남기고 있으며 산하에는 태조의 치마대(馳馬臺)가 있다 하나 지금은 다 인멸되어 흔적이 없다. 산에 내려서 좌우의 주택정원에 홍백의 의송화가 때마침 활짝 피인 청염한 아름다운 자태에 눈을 팔면서 도서관 겸해 쓰는 물산진열관에 들어간다. 보기 좋게 정리하여 놓은 조그만 정원에 청동제의 큰종이 있으니 옛 남문종루에 있던 것이요 좌로는 대부분이 산화한 철옹(鐵甕)이 있으니 영흥면 적천면 산성리 척량산맥의 높은 지대인 밭고랑에서 파낸 것으로서 석판에 덮혀 있는 것을 들어 내왔다 한다. 같은 지역은 앞서 서술한 고려 덕종시대(德宗時代)에 건축한 장성의 터로서 철옹의 제작 연대도 퍽오랜 모양이요 석판을 쳐들고 보매 철이 산화된 검고 푸른 즙(汁)이 4~5합 넘는 것을 밭 파던 농부가 한숨에 들어마셨다는 문자까지 부기(附記)되었다. 이는 조선인이 도가(道家)의 말에 의하여 소위 벽사연수(辟邪延壽)[191]한다는 선약(仙藥)으로 여김에 인함이다.

진흙 속에 후질러서 양화(洋靴)의 꼴이란 볼품이 없으므로 벗은 후 초이(草履)를 신고 들어갔다. 영흥군의 대리석, 문천군의 도토(陶土), 단천군의 운모, 이원군의 철광, 함흥의 석탄, 갑산의 동 외에 이원·북청·단천·홍원에 산출하는 백분(白粉)의 원료되는 활석, 서북부 고원지방의 목재를 이용하여 만드는 박판(薄板)등이 깡그리 모두 권총(券塚)·관도(關島)·태전(太田) 등 무리의 출품으로 조선인의 씨명은 찾아볼 수 업고 이원(利原)의 규석(硅石)이 크기가 계란과 같은데 마치 백색 대리석을 공들여 다듬어 만들은 듯 타원형으로 된 품이 자못 천연의 기교를 다하였으니 1톤 20원으로 판매한다 하며 그것조차 일본인의 점유 판매하는 바이다. 이 외에 수산물 새우와 마포(麻布)·잠견(蠶繭)·생사(蠶絲)·주속(紬屬) 등이 약간 있어 조선인의 산업으로 남아 있는 것이 마음을 호젓하게 하는데 함남의 개량 마포(麻布)로서 여름 양복을 지어 걸은 것이 향토소산으로서 귀여워 보인다.

단천옥석과 기타 연석 등 제품이 있어 서생의 취미를 끄으는데 조그만 돌냄비를 기념으로 사고 산업 안내를 얻어 가지고 돌

---

191) 사악한 것을 쫓고 수명을 연장함.

아온다. 함남 소산의 야생 들쭉을 원료로 일본인이 주식회사 경영의 청량음료로서 일시 세간에 훤전(喧傳)[192]되던 그 실물은 어떠한가하고 사무보던 여자에게 물었는데 몇 분대(分隊)쯤이나 늘어선 견본병 속에서 건포도 비슷한 마른 장과(醬果)를 한 줌쯤 쏟아서 종이에 싸서 준다. 풍산 일대 고원에서 산출하는 것으로 추후에 자연대로의 실물이 보고 싶다.

여사에 돌아왔다가 내방하신 홍기진씨와 상업회관을 방문하였다. 함흥의 상업은 아직도 대부분이 조선인의 수중에 있고 이 상업회는 씨 외에 제씨의 솜씨로 자못 질서 있게 되는 중이다. 옆으로 동명극장은 2층 양관으로 같은 회의 경영이요 주간에는 일반집회에 무료 제공한다. 날이 개였으므로 비로소 혼자 시가를 산책하여 풍속을 보기로 한다. 일반으로 가옥 건축이 크고 장방형으로 많이 된 것이 특색인데 부엌에는 유기 주발같이 위아래 줄무성한 흠뻑지게 큰 솥을 통상 세 개씩 걸고 그 옆으로 연한 온돌에 노석을 깔은 것이 음식점으로 된 집의 가옥 양식인데 마치 북중국으로 만주까지의 캉, 항(炕) 제도와 공통되는 것이 흥미있다. 이 부엌 맞은 쪽으로도 동일하게 온돌방 장치를 많이 하였으며 미끈하게 씻은 배추 줄거리 같은 여자들이 솥앞에 딱 차리고 앉은 것이 무슨 일이던지 지배할 듯한 견강미(堅强味)[193]가 보인다.

시가 전방(廛房)에는 메투리와 짚신이 천정까지 들여 쌓은 것도 향토색의 한 가지이요 황갈색으로 된 사기 항아리가 길가에 듬북 쌓인 것이 퍽 고아한 운치가 있으며 자색(赭色) 칠에 백동 장식으로 된 장(欌)과 반다지 등이 서부조선의 그것들과 동일한 양식이다. 흰 수건으로 머리를 꾹 동이고 나서는 보통 여성들의 풍속이 평양과 비슷한데 아이 업고 나오는데는 반드시 당홍(唐紅) 빛이 새빨간 본목(本木)으로 질끈 업을 띠를 매는 것이 이 고

---

192) 입으로 퍼져서 떠들썩한.
193) 굳세고 강인한 느낌이 있는.

장의 특색이어서 이것조차도 퍽 귀여운 향토색으로 눈에 반갑다.

　뻣뻣하고 악센트 있는 사투리 쓰는 것은 글쎄 여성의 말이니까 귀인 있다 할는지 머리를 들어 얹은 부녀들이 입이 좁고 배불룩한 손잡이 있는 오지항아리에 물 길어 담아 이고 가는 것은 유태(猶太)의 풍속도 같은 것도 기이하다. 일찍 평양에서 부녀들의 얼굴 타입이 경성과 다르고 푹신푹신하여 육식자(肉食者)의 풍이 있음을 보고 가로에서 각계급의 여성의 얼굴을 낱낱이 보다가 동행자의 비웃음을 받았더니 이와 같이 향토의 풍경과 민물(民物), 여러 상황을 보는데에는 형언치 못할 감격이 일어난다(『조선일보』, 1927년 8월 8일, 1면).

○ 1927년 8월 9일 북조선의 도시에서

『조선일보』에 「북조선의 도시에서(상)」이라는 제목으로 기고를 했다. 일제의 북진정책과 산미증식계획의 문제점을 비판하고 이에 대응하기 위한 청년들의 각성을 촉구하고 있다.

　함남의 청년이여! 아니 북조선의 청년이여! 또 아니 전 조선의 사녀(士女)여! 나는 지금 다시 일필로 이 북조선에 왔던 감상을 쓰려 한다. 웅려하고 영명한 산수라든지 옥저(沃沮) 이래의 싱숭생숭 지나간 자취라든지 뻣뻣하고도 귀인 있는 북국 처녀들의 전려(典麗)한 말솜씨도 다 그만두고 지금 변동되어가는 함남의 북조선의 경제사정이 필경은 어떻게 이 뒤의 조선을 만들겠다는 것을 일필로 적어 보려 한다.

　여기에는 팔자좋은 풍경예찬, 쓸데없는 회고의 감상, 혹은 반가운 향토색의 짙은 맛을 이러니저러니 늘어놓고 있는 것보다 무엇보담도 조선인의 생존! 그의 운명을 각각으로 뒤흔들고 조건짓고 있는 경제적 제사정이 어떻게 되는가를 한번 소개하고 또 하소연하고자 한다. 남진이냐? 북진이냐? 이는 저네들이 그 자본적 제국주의를 단행함에 임하여 얼마쯤 망설이던 문제이다. 그러나 조선으로부터 만주·몽고대륙에까지 진출하게 된 저네들의 북진책이 근본적인 국책으로 아주 굳어버린 것은 이제 다시 말할 여부도 없는 것이다. 그러나 지금 저네들은 이 1만 4천 312㎢의 조선 안에서도 다시 북진 중의 북진책을 실행하는 도정 중에 있는 것이다.

조선은 농산국이다. 농산국인 조선은 삼남 비옥한 땅으로 유일한 보고로 알았다. 저네들은 낙동강 유역이 모든 평야, 진주·함안의 저쪽으로부터 김해·밀양·대구·경산의 큰밭과 논산·강경·김제·태인으로 전라남북, 충청남북의 곳곳의 마을을 다 훑어서 경기도에도 수원·용인·김포·통진의 무릇 곡산지의 중요지역에 뿌리를 박고 이제는 그의 손이 벌써 북부 조선에까지 들어가는 것이다. 예전에는 극성평야 지금에는 재령평야, 신천·재령으로 봉산·황주까지 내뻗친 황해도의 대평야도 소작쟁의가 동척(東拓)을 적수(敵手)로 빈번하게 일어나던 것과 한 가지 또 많이는 저네들의 수중에 들어간 것이다.

산미증식 정책은 3억 1천 여만의 경비로 그 제1기 계획이 바야흐로 실현되는 도정에 들어 있거니와 이는 지금 곧 북조선으로 집중된다. 북조선으로 집중되어 황해·함남 양도가 또 그의 집중지이니 일망무제(一望無際)한 평야가 농경에 적당한 분수로는 밭농사가 많고 논을 만들어 벼농사를 하는 풍이 남조선에 비하여 적은 까닭이다. 황해도 경지면적 538, 830 정보(町步)내에 논이 131,160 정보(町步)로서 쌀이 85만 석(石) 남짓을 넘지 않고 밭이 407,670 정보로서 전 조선중 수위(首位)를 차지하니 산미증산의 정책이 황해도로 집중되는 것은 필연한 흐름이다.

지금 함남에 대한 산미증식의 안을 보건대 정평·금진강 하류의 평야와 북청남대천평야에 각각 1천 정보 이상, 안변의 남대천평야에는 500 정보 이상의 조합이 성립되었으며 기타 200 정보 이상 혹 100 정보 이상의 것이 2개소이다. 만일 금후의 계획으로는 1만 정보 이상의 대조합이 함흥 남동평야에 성립되어 성천강의 유역으로 정평의 원수천 일대에까지 미칠 것이며 5천 정보 이상의 조합이 영흥의 용흥강 하류를 끼고 호도반도(虎島半島)의 뒷덜미를 눌러 앉을 것이며 1천 정보 이상의 것은 이원·북청·함흥·정평·고원·문천·덕원·안변 각개의 하천을 끼고서 그 평야에 성립됨이 무릇 10개소에 달하는 것이요, 5백 정보 이상이 9개소 2백 정보 이상이 22개소로서 농작상에 대혁명을 일으키게 될 것이다.

연맥(燕麥)[194] 483,000여 석, 콩 384,000여 석과, 고구마 39,920,000여 관(貫), 대마 564,000 여 관(貫)을 계산하는 밭작물의 수확에 비하여 그 근소한 양에 불과함을 보더라도 산미증식의 정책이 아직도 이익을 남기는 바가 많은 함남의 대병야로 집중되는 것을 또 기괴할 바 없는 것이다.

산미증식의 정책이 이미 농산국인 조선의 지방경제에 막대한 변동을 일으키어 일대 산업혁명을 촉진하겠거든 하물며 저네들의 경제상태는 지금 공업자본주의의 계단에 올라가서 자못 장족의 발전을 하려고 서두르는 판이요 그의 날카로운 기세는 바야흐로 북조선의 보고인 함남의 각지로 집중됨이랴? 청년이여? 지금 저 함남은 저들의 집중하는 공업자본을 중심으로 일대 경제적 회전을 하려 하지는 않는가(『조선일보』, 1927년 8월 9일, 1면).

○ 1927년 8월 10일 함흥에서

『조선일보』에 「북조선의 도시에서(중)」이라는 제목으로 기고를 했다. 함남을 중심으로 한 일본 제국주의의 수력발전소 건설 등 신계

---

194) 귀리.

획을 소개하고 이에 대한 비판적 대응이 필요함을 역설하고 있다.

　신흥산업왕국! 이는 유례없는 천혜의 나라인 함남의 부원(富源)을 개척하기 위하여 그의 거대한 자본을 기울임을 보고 찬탄함을 말지 않는 저네들 논객의 말이다. 산미증식정책―일본의 제국적 존재를 위하여 가장 저렴한 식량품의 공급의 안전을 확보키 위한 정책―을 위하여 함남이 어떠한 직임(職任)을 저네들에게 하게 되는 것은 어제 쓴 바와 같다. 그러나 이미 공업자본주의의 계급에까지 돌진하게 된 저네들의 경제 사정은 지금 함남을 중심으로 그 거대한 신계획이 진행되고있는 것이다. 1천만 원의 거대 자본으로 합동 성립된 조선무연탄주식회사의 경영은 문천군의 운림·도초 양면, 고원군의 산곡·상산 양면내에 19광구 1,320만 평의 탄전이 있고 문천군내 평원 철도 연선에는 23개의 인접한 무연탄광이 있어 작년부터 출원 중인데 탄질 추정량 등은 동양에서 비교할 것이 없다라고 하며 이를 위하여는 평원 철도의 공사계획도 일부를 변경하여 원산 방면으로부터 기공을 촉진하려하는 중이라 한다.
　야구(野口) 아무개를 중심으로 한 2천만 원의 거대 자본으로 방금 공사 진행중에 있는 부전강 수력전기회사는 515㎡의 유역 230억㎡척(尺)의 저수량을 준비하여 해발 육천 척의 고공에 솟아 있는 부전령을 뚫고 북으로 흘러 압록강에 들어가는 물로 거꾸로 성천강을 향하여 2,335척의 낙차로써 1초에 825㎡ 척의 수량을 쏟아 내게 되었고 그의 3개소의 발전 총량 149kW를 산하게 되는 것이다. 이로 인하여 압록강은 평균 2촌의 수면이 저하되고 성천강은 3척의 물이 붙어 느는 상태에 달하리라 하는 것은 이에 부수되는 하나의 현상이겠지만 이러한 동력을 중심으로 함남 일대에 연속하여 각종의 대공업이 착수될 것은 곧 금명간의 일일 것이다. 지금 수력전기와 자매관계로 성립되어 바야흐로 문제되는 조선질소비료주식회사는 서호진(西湖津)의 편리한 해상의 교통지를 앞에 놓고 6월 18일에 함흥의 경내에서 그 건설에 착수하였다.

물을 전기로 분해하여 수소와 산소를 만들고 공기를 원료로서 질소와 산소를 만들으며 그리하여 암모니아가 되고 유산 암모니아가 되는 것이다. 이 우량한 금비(金肥)[195]가 개척되는 토지에 분배되어 그의 식량정책을 위한 산미의 증식을 돕는 것은 물론이요 소위 만일의 경우에는 암모니아가 변하여 초산이 되고 유산과 아울러서 강대한 폭발력을 가진 군국의 중요한 보물을 제공하게 됨에 미칠 것이다. 만일 그들의 종업원을 중심으로 신기한 정촌(町村)이 생기고 학교·병원·유락지가 생기고 노동자들의 주거지가 생기고 유랑 혹은 사창의 부락이 생길 것이요 그리하여 서호진의 신축될 개항지는 물론이요 규전령의 저쪽 4~5천 척의 고원 속에도 발전되는 신흥한 공업지대를 보게 될 것이다.

만일 1억원의 방대한 자본으로 서장진의 수력을 끌어다가 황초령의 태악(泰岳)을 넘겨서 함흥의 하기천면을 중심으로 자못 웅대한 신공업을 건설하려하는 일본의 일대 재벌인 미쓰비씨(三菱)왕국의 신계획을 돌아보면 그것이 모두 실현되는 날에 이 함흥을 중심으로 한 함남, 함남을 중심으로 한 북조선, 북조선을 예로서하는 전 조선의 경제사정이 어떻게 변동될 것이란 일부터 떠들썩한 설명을 기다릴 바가 아니다.

황초령 북에 건설되는 대저수지가 예정할 22만 kw의 대발전이 되는 날에는 퇴조 본궁에다 동양 제일의 알루미늄 공장을 설치하리라 한다. 만일 지금 파탄의 형세중에 있는 천기조선소의 송방(松方) 아무개가 신흥군 천불산에서 경영하려던 대김용(大金鏞)은 성천강 양안에까지 연속하여 있는 대보류김용(大保留金鏞)까지 합하여 추정량이 조선제일이라고 하며 목하 극비밀리에 출자자가 나타나서 대규모의 채굴계획을 수립중이라 한다. 이러

---

195) 화학비료, 돈을 주고 사는 비료.

한 광산의 예는 자래로 드물지 아니한 바이니 새로이 논의하지
않는다.

저네들은 산업입국을 주창한다. 산업입국은 곧 농촌진흥이라
는 이름으로 그 식량의 충실을 꾀하고 다시 조선에 와서의 산업
제일주의로 쌀·콩·밀·귀리·고구마·감자 등의 풍부한 증식을
기획하며 동시에 모든 공업 자료의 확득(穫得)[196]과 핵심 공업의
건설을 실현하게 되는 것이다. 섬유공업의 원료로서 면화·잠견
등의 수확과 증수를 계획하고 중공업의 재료로서 철·석탄·석
유·동 등을 요구하는 것이다. 조선의 철·석유 등의 대량생산이
없는 것이 한 유감이겠지마는 저네들은 파낼 수 있는 최대 한도
의 원료를 이 조선에서 파내려 하는 것이다. 현재 천하 다시 영
토의 신점령(新占領)을 기획할 자는 없다. 그러나 영토의 독점에
의한 그의 경제적 대수확을 아무 유루(遺漏)없이[197] 걷어서 그
제국주의적 존립을 확고케 하려는 것은 다시 또 운위할 여지가
없다(『조선일보』, 1927년 8월 10일, 1면).

○ 1927년 8월 27일 숙명학교 학부형회 대표

숙명교학부형회 대표로 학교 방문를 방문했다.

이미 보도한 바와 같이 또 다시 54명의 희생자를 내게된 27일
아침의 숙명교 학부형회에서는 즉시 안재홍·김병로·서범석·전
백 등 제 씨가 숙명교로 연택(淵澤)학감을 가서 만나고 학교 당
국의 금후의 처치를 질문하니 연택학감의 말이 지금 갑자기 당
한 일이라 무어라 말할 수 없고 또 오는 30일 경에 평의원회를
열고 대책을 결정하기 전까지는 아직 아무 말도 할 수 없다고 답

---

196) 수확하여 얻음.
197) 샐틈없이.

변을 하였다는데 전기 숙명교학부형회에서는 최근 학부형대회
를 개최하고 여러 가지로 그 대책을 강구할 계획이다(『조선일
보』, 1927년 8월 28일, 2면).

○ 1927년 8월 28일 박순병 1주기 추도식

철필구락부 주최 '박순병(朴純秉) 1주기 추도식'에 참석해서 추도사를
했다.

　시내 조선문 신문사회부 기자로서 조직된 철필구락부(鐵筆俱
樂部) 주최인 고(故) 박순병(朴純秉)군의 1주년 추도식은 예정과
같이 28일 오후 5시에 동아일보사에서 행하였는데 김동진씨의
개회사와 유광렬(柳光烈)씨의 고인을 추억하는 의미깊은 추도사
가 있은 후 안재홍 씨의 비장한 감상담을 비롯하여 강호씨와 박
팔양씨의 감상담이 있은 후 6시에 추도식을 마쳤다(『조선일보』,
1927년 8월 30일, 2면).

○ 1927년 9월 1일 모르핀 중독자 퇴치책

『신민 29호』 1927년 9월호에 「(모르핀 morphine) 중독자 퇴치책」
이라는 주제로 기고했다. 중독자 자신의 반성과 치료에 노력할 필요
가 있음을 강조하고 있다.

　우리 민족사회에 모르핀(morphine)이라는 마약이 주는 해독
은 정신상으로 보나 물질상으로 보나 자못 크다. 그 원인은 여
러 가지겠지만 대체로 보아 우리 조선사람의 비관 끝에 일어나
는 비참한 타락으로 일종의 병적인 탐닉이다. 이 병을 근본적으

로 치료하는 데에는 미덥지 못한 정치나 법률상에 의뢰할 것도 없이 스스로 반성하는 것이 첫 번째 방책이다. 그 다음으로 저네들의 정책이나 취체법률(取締法律)에 있어서 그것을 조장한 것은 만일의 어폐가 있다면 태만이 심한 것은 부인하지 못할 것이다. 좀더 자기네에게 이해관계가 있는 다른 것을 취체(取締)하고 방치하는 정성스러운 노력만큼만이라도 모르핀(morphine) 문제에 대해 노력해주면 좋을 것이다. 나는 이 이상 더 그네들에게 부탁할 용기는 없다(『신민(新民)』 제29호, 1927년 9월호).

○ 1927년 9월 3일 신간회 대구지회 설립대회

오후 2시 30분 신간회 대구지회 창립대회에 신석우, 홍명희와 함께 참석해서 축사를 했다.

지난 3일 오후 2시에 대구부(大邱府) 신정(新町) 조양회관(朝陽會舘)에서 신간회 대구지회 설립대회를 개최하리라 함은 본보에 이미 보도한 바와 같 거니와 당일 오후 0시 30분부터 신간 대구지회 설립 준비위원회 선전부에서는 자동차 4대로 시내 각처를 돌아다니면서 선전 삐라를 뿌리며 오후 1시 30분에는 연화포 다섯 발로 일반 시민에게 통고한 후에 2시부터 조양회관 내에서 이경희(李慶熙)씨 사회로 개회되었다.

회원이 130명이요 방청석과 내빈을 합해 600여 명의 대성황을 이룬 중 정사복 경관이 10여 명이 임장하여 경계가 자못 엄중하였고 최익준 씨의 개회사가 있은 후 회원 점명을 끝내고 이어서 임시 집행부를 선거한 결과 의장 박해돈(朴海暾)씨 서기는 장적우(張的宇)·이경만 양 씨로 선정되었는데 규약 낭독과 지회 규칙 통과가 있은 후 본부 총무 간사 안재홍 씨가 본회의 취지를 가장 의미깊게 설명한 후 동 홍명희씨가 현재 신간회의 전체 상

황을 간단히 설명한 후에 내빈 축사로 동경 신간지회장 조헌영
(趙憲泳)씨의 축사가 끝나고 축문·축전을 낭독한 바 그중 대구
청년동맹과 소년동맹의 축문은 당국의 압수를 당하였으며 경과
보고가 있은 후 임원선거에 들어가 회장 부회장은 투표로 그 외
간사 25명은 전형위원 7명을 택하여 전형위원이 선정하기로 하
고 십분간 휴식하였다(『조선일보』, 1927년 9월 5일, 3면).

　　대구에서는 지난 3일 오후 2시 30분부터 신정(新町) 조양회관
(朝陽會館)에 신간회 지회 설립대회를 열고 회칙과 기타를 제정
한 후 6시에 폐회하였다는데 내빈으로 경성으로부터 신석우 홍
명희 안재홍 씨등 제씨가 열석(列席)하였으며 회원수는 126인으
로 그 중에서 회장 부회장 각 1인 간사 25인을 선정했다(『매일
신보』, 1927년 9월 5일, 4면 3단).

○ 1927년 9월 4일 신간회 상주지회 설립대회

　1927년 9월 4일 오후 8시 신간회 상주지회 설립대회에 홍명희와
함께 참석해서 「변동의 조선」이라는 주제로 연설했다.

　　경북 상주(尙州)에서는 신간회 상주지회를 설립하고자 준비중
이라함은 이미 보도한 바어니와 예정과 같이 지난 4일 오전 10
시경에 준비위원회에서 악대를 선두로 자동차를 달려 시내 각처
로 돌아 다니며 선전삐라를 뿌리고 12시 경에 상주 건견장(乾繭
場)내 홀에서 강훈(姜壎)씨 사회 하에 개회하게 된 바 회원이 50
여 명이요 방청 내빈을 합하야 200여명의 대성황을 이룬 중 정
사복 경관의 엄중한 경계속에 박순(朴淳)씨의 열렬한 개회사로
비롯하여 회원 점명을 마치고 축전과 축문을 낭독하고 이어서
내빈 축사로 본부 총무간사 안재홍(安在鴻)씨와 홍명희 (洪命憙)

씨의 간단하고도 명료한 축사와 신간회 동경지회 간부 류원우 (柳元祐)씨의 축사가 끝나고 이어서 대회집행부를 선거하여 의장 이문한(李玟漢), 서기 김억주(金億周) 두 사람이 선거되어 의사를 진행하는데 경과보고와 규약을 통과시킨 후 임원선거는 전형위원 5인을 선정하여 선거 발표하기로하고 그동안 10분 휴회를 하였다가 2시 경에 계속 개회하고 아래와 같이 임원선거 발표가 있은 후 만세삼창으로 무사히 폐회하였다.

임원 명단
회장 정재룡(鄭在龍) 부회장 박정현(朴正鉉) 간사 박동화(朴東和) 박순(朴淳) 이문한(李玟漢) 강훈(姜壎) 김억주(金億周) 지경재(池璟宰) 김상룡(金尙龍) 성인환(成麟煥) 정희묵(鄭喜默) 조봉연(趙鳳衍) 채홍록(蔡鴻綠) 김기목(金基穆) 정기섭(鄭琪燮) 신영철(申泳澈) 박찬복(朴瓚福)
대회를 마치고 그 석상에서 제1회 간사회를 개최하고 아래와 같이 총무간사를 선거하고 회관 문제를 토의한 후 무사히 폐회하였다.
총무간사 서무 박동화(朴東和) 재무 김억주(金億周) 정치문화 박순(朴淳)
(『조선일보』, 1927년 9월 7일, 5면).

신간회 상주지회 설립 기념과 선전을 하고자 하여 지난 4일 밤 8시경에 상주 간장에서 신간회지회 설립기념 대강연회를 개최하였다는 바 정사복 경관의 엄중 경계리에 신간회지회 부회장 박정현(朴正鉉) 씨의 의미심장한 개회사로 비롯하여 신간회본부 총무간사 홍명희(洪命熹) 씨의 '이 어찌하여 중대 사건이냐?'라는 주제로 열렬하고도 의미심장한 웅변은 청중으로 하여금 많은 느낌을 주었으며 이어서 600 청중의 박수소리에 동 안재홍 씨가 등단하여 '변동(變動)의 조선'이란 연제로 도도한 웅변으로 수천어를 토하게 되어 600 청중의 박수소리는 끊일 사이가 없어

장내의 공기는 가일층 긴장하게 되어 공전의 대성황으로 동 11
시경에 무사히 마친 후 이어 간담회를 열게 되어 주객 20여 명
이 한자리에 모여 한담으로 밤 1시경에 산회하였다(『조선일보』,
1927년 9월 7일자, 5면).

　경북 상주 신간회지회에서는 지난 4일 오후 8시 상주 견견장
(乾繭場)에서 설립기념대회를 개최하고 본부에서 온 홍명희씨가
먼저 '이것이 어찌하여 중대한 사건이냐'라는 제목으로 작크, 뻰
제티의 혹형사건(酷刑事件)과 중국 마장(馮蔣) 두 사람의 아들로
부터 그 친아버지에게 절연(絕緣)의 글을 보낸 원인에 대해 열변
을 토한 후 이어서 '변동의 조선'이라는 제목으로 안재홍씨의 열
렬한 웅변이 끝난 후 10시경에 폐회하였다는데 청중이 무려 친
여명에 달하여 대성황을 이루었다 한다(상주)(『동아일보, 1927
년 9월 7일, 5면).

○ 1927년 9월 6일 신간회 예천지회 설립대회

　오후 3시 능인학원에서 열린 신간회 예천지회 설립대회에 참석해
서 축사를 했다.

　경북 예천에서는 표면으로 신간회지회 설립에 대한 준비회의
등의 형식을 보지 못하였으나 실제에 있어서는 유지 제씨의 노
력이 다대하였던 결과 필경 지난 6일 하오 3시에 능인학원(能
仁學院) 내에서 발기회의 형식을 성약하고 바로 설립대회를 개
최한 바 회원은 70여 명 중 출석자 50여 명과 기타 방청자 등으
로 장내는 만원인 성황리에서 김상기(金相起) 씨가 개회를 선언
하매 당지 경찰서에서는 경부보 이하 5~6명의 경관이 임석하여
회장은 긴장된 공기가 충일하였으며 권원하(權元河) 씨로 의미

깊은 개회사와 경과보고가 있은 후 임시집행부를 선거하니 의장
권원하 문하영 서기 김상기 박ㅇ서 사찰 윤우식 박정상 정희채
제씨가 피선되었고 내참한 안재홍 씨가 취지를 상세 설명한 후
강령 규약낭독과 축전 축문낭독을 마치고 내빈 축사에 이르러
상주지회 강훈민(姜壎民)의 축사가 있었고 임원선거와 유지방침
에 대한 협의가 있은 후 동 5시 40분에 폐회하였다(『조선일보』,
1927년 9월 11일, 4면).

○ 1927년 9월 6일 예천청년동맹 주최 강연

예천청년동맹 주최로 능인학교 「과거의 운동을 회고하면서」라는
주제로 강연을 했다.

예천청년동맹에서는 금번 본보 주필 안재홍씨가 예천에 온 것
을 기회로 지난 6일 하오 9시부터 당지 능인교 강당에서 대강연
회를 개최하였는데 장내는 물론 장외까지도 만원을 이뤄 근래
초유의 대성황이었다는 바 연제와 연사는 다음과 같다(예천)
계급투쟁과 민족의식 강 훈
과거의 운동을 회고하면서 안재홍
(『조선일보』, 1927년 9월 11일, 4면).

○ 1927년 9월 7일 조령탐방 문경청년회 강연

조령을 답사탐방 문경청년회에서 강연을 추진했으나 일경의 제재
로 강연을 하지는 못했다.

경북 문경군에서는 조선일보사 주필 안재홍 씨 조령 탐방차

방문함을 기하여 문경청년회 주최와 조선일보 상주지국 후원으로 지난 7일에 강연회를 개최하려고 해 회의 준비위원들은 제반 준비에 분망하던 중 돌연히 동일 하오 6시경에 이르러 강연을 중지시킴으로 준비위원은 그 이유를 질문하였던 바 문경경찰서 방침으로 어떤 강연이든지 절대금지라 하여 부득이 강연회를 개최치 못하고 문경 일반유지·청년의 발의로 간담회를 개최하고 안재홍 씨를 주빈으로 20여 명이 회합하여 담소하고 같은 날 11시경에 무사히 산회하고 다음날에 안재홍 씨는 경성으로 향하여 출발하였다(상주)(『조선일보』, 1927년 9월 10일, 4면).

○ 1927년 9월 14일 일본 노동농민당 대표 환영회

일본 노동농민당 고옥정웅(古屋貞雄) 환영회에 신석우, 홍기문, 박동완 등과 함께 발기인으로 참가해서 우리는 세계인의 한 사람인 조선인으로 세계인의 한 사람인 일본인 고옥(古屋)씨를 맞이한다는 내용으로 축사를 했다.

금번 공산당 공판을 방청 하기 위하여 조선에 온 일본 노동농민당(勞働農民黨)에서 축파하여 온 고옥정웅(古屋貞雄) 씨의 환영회를 단체연합(團體聯合) 주최로 하려 하였던 바 부득이한 사정으로 단체연합을 폐지하고 아래 유지가 발기하기로 하였다는데 이에 찬동하는 이는 견지동 노총회관(勞總會舘)으로 통지하던지 당일 회비를 가지고 환영회 장소로 올 것이라고 했다.

발기인 명단
신석우, 안재홍, 권태석, 이희춘, 송내호, 허헌, 박영태, 박동완, 이원혁, 김준연, 한위건, 이옥, 박희도, 이관구, 홍기문: 신간(新幹)

박형병, 송언, 강광필, 이희정, 만혁, 임우녕, 허일, 최길전:
청총 (靑總)

이락영, 박경덕, 차금봉 : 노총(勞總) 인동철, 조경서: 농총
(農總)

준비위원 인동철, 이락영, 조경서
회비 1원
시일 9월 14일 저녁 7시
장소 명월관
(『조선일보』, 1927년 9월 14일, 3면)

노농당(勞農黨) 대표로 이번 공산당 사건을 변호하러 온 변호
사 고옥(古屋)씨의 환영회는 예정과 같이 14일 저녁 7시부터 시
내 서린동 명월관지점(明月舘支店)에서 열렸는데 경성 내각 사
회단체의 참석자가 100여 명이나 되어 대성황이었다. 식탁이 열
리매 안재홍 씨로부터 간단히 "우리는 세계인의 한 사람인 조선
인으로 세계인의 한 사람인 일본인 고옥(古屋) 군을 맞이한다"고
개회사를 베풀었다.

김준연 씨는 "조선사회 각 단체의 유수한 사람을 망라하여 금
번 환영회를 여는데 대하여 고옥군도 아마 만족하게 생각하리라
그러나 조선의 무산 계급은 일본인 중에도 동부를 발견하려 한
다. 그러나 일본 무산계급에 대하여서까지 의혹의 눈으로 본다"
하고 이어서 벨기에 서울 브뤼셀에서 열리었던 피압박 민족대회
에 대한 말로 끝을 막았으며 청총(靑總)의 박형병 씨는 일본의
무산계급과 조선의 그것과의 일치를 말하고 주빈인 고옥(古屋)
씨는 "잃었던 생존권을 차지려는 운동은 세계 어디 사람이든지
다 같고 다 동지라는 말과 대만사람이 조선 사람과 서로 연락하
기를 바란다"는 말로 답사를 하고 식탁을 치운 후 인동철씨의 발
성으로 일본 무산계급만세! 일본 노동농민당 만세!를 삼창하고

고옥 씨 발성으로 역시 만세가 있은 후 별실에서 각각 자기를 소개하고 헤어졌다(『조선일보』, 1927년 9월 16일, 5면).

○ 1927년 9월 15일 조령을 넘으며

『조선일보』에 「조령천험(鳥嶺天險) 넘으며」(1)이라는 제목으로 기고를 했다. 신간회 대구지회 설립대회에 참석했다가 돌아오는 길에 김천에서 하루 자고 신간회 상주지회 설립대회에 참석했다가 조령 일대 답사를 시작했다.

조령(鳥嶺)! '새재'라고 하는 문경의 조령은 조선인에게는 인상 깊고 또 감회 많은 관문이 되었다. 그는 천하에 험난하기로 이름 높은 지리의 형승(形勝)으로 뿐이 아니요 근대 사상 중요한 무대로서 잊을 수 없는 추억을 많은 사람에게 남겨준 땅인 까닭이다. 이제 경북행의 길을 가며 하루의 틈을 타서 이 조령의 천험(天險)[198]을 넘게된 것은 우연하지 않은 인연이다.

9월 2일 밤 경성역을 떠났다. 3일 오후 대구에 설치되는 신간회지회에 참석하기 위함이다. 함께 가게 된 벽초(碧初)·몽우(夢牛)두 사람과 기타 세 사람를 합하고 또 우연 동행하게 된 여러 사람을 합해 자못 번화한 기차여행이 되었다. 조양회관에 열린 설립대회에는 출석 회원이 약 100인이고 각방면 인사의 방청자를 아울러 소위 입추의 여지가 없는 대성황이었다. 대회가 끝한 후 간담회가 열려서 한참 환담하고 밤 11시 차로 김천을 지나서 상주행을 하기로 하였다.

김천에서 1박 한 후 전후하여 5~6명의 동지와 기쁘게 악수하고 아침밥을 재촉하여 먹고 자동차로 상주행을 한다. 제씨는 김

---

198) 천연적으로 험함.

천역에서 작별하여 경성으로 직행하고 오직 벽초형이 함께 하게 되었다. 행한지 수십 리에 송충이 먹어 말라 죽은 적송의 어린숲이 검성드뭇 늘어선 높은 고개를 빠져 넘어가면서 운전수에게 지명을 물었더니 '왜넘이 고개'라고 한다. 왜유령(倭踰嶺)을 의미함이다. 왜(倭)의 침입이 가장 많았으니 언제의 왜인지는 단정하기 어려우나 임진란의 일인 것이 거의 분명하다. 임진년(壬辰年) 삼도(三道)에 왜구가 들어오던 당시 우도군(右道軍)이 김해(金海)로 성주(星州)를 거쳐서 지례(知禮)·금산(金山)으로 추풍령을 넘었으니 이 고개가 그 도로이었

〈사진 12〉 조령천험을 넘어서
(『조선일보』 1927. 9. 15)

을 것이다. 좌로 추풍령 일대 산들을 바라보며 동으로 경북선을 따라서 달아난다. 아천(芽川)·옥산(玉山) 청리(靑里)의 모든 역은 농촌의 은실(殷實)한 부락으로 모두 교통의 요충이 되었는데 좌우에 민둥산이 많은 것과 일본인들이 채잡고[199] 사는데에는 사례(事例) 일인 줄은 백번이나 알면서도 다시금 추연(惆然)한[200] 정사를 일으키는데 이른 아침의 찬바람이 베옷을 스쳐서 추위를 깨닫게 한다. 다만 누런 밭 쫓아 또는 들에 깔린 벼이삭이 사람의 마음을 흐뭇하게 할 뿐이다.

---

199) 주도권을 잡다.
200) 슬픈.

상주에 다다랐다. 많은 동지들이 정거장에 출영하였던 터이나 곧장 달려 자동차로 큰길를 가서 중앙 시가에 푹 들어간 까닭에 대부분은 헛걸음을 하게 한 것이 미안하였다. 정오부터 열린 신간지회 설치대회는 어디나 마찬가지 대성황이었다. 건견장(乾繭場)을 치워 회장으로 하였는데 교외평저한 전원 가운데 있어서 깨끗한 가을날 쨍쨍한 고요한 볕이 창밖에 덮인 것이 일층 청고(淸高)한 생각을 돕는다. 밤에 강연회도 여간 성황이 아니어서 기다란 건견장에 담뿍 차게 되었다. 경청하는 태도가 퍽 진지한 것도 기뻐할 일이었고 간담회가 촌사와 같은 여점에서 열려 야심토록 은근히 서화하는 데에 무한 탐탁한 맛이 있다.

5일이다. 벽초형이 예정대로 귀경키로 하고 예천지회의 설치대회는 6일로 되는 고로 어떻게 이 일을 취미 있게 활용하겠느냐가 나에게는 자못 긴요한 문제이었다. 문경은 상주의 인접지이요 상주 신간회원 중에는 문경군에 사는 분도 적지 아니할 것이다. 이에 아침밥을 먹기 전부터 문경행을 하여 조령의 천험을 답파하기로 결정하고 동도하기를 벽초형에게 청하였으나 경성 길이 바쁨으로 고사하였다.

마침내 본보 상주지국장인 박인근(朴仁根) 씨가 일부러 함께 가기로 하고 이문한(李汶漢) 씨도 멀리까지 송별하기로 되었다. 이에 바쁜 여정에 적이 피로한 몸을 가다듬어 경북선 열차에 올라 문경을 향하여 점촌행을 떠난다. 어제까지 말쑥하던 하늘에 흐린 구름이 두두 덮이고 음삼(陰森)한[201] 기운이 떠돌아서 적이 불안한 생각도 없지 아니 하나 조령의 탐승(探勝)이라는 마음에 켕기는 일을 앞에 놓고서는 오직 하늘을 업신여기는 의기(意氣)가 날게 안달은 나의 가슴에 솟을 뿐이다.

시간이 바쁨으로 자동차 편으로 정거장까지 가서 바쁘게 여러 사람과 악수로 헤어지고 차창에 들어갔다. 상주가 경북의 쇠

---

201) 어두운.

퇴한 도시로 역사상에 많은 기록을 남긴 것은 일반이 아는 바이
지만 지금도 4만 1천 여호에 달하는 주민이 있고 사면에 수려웅
혼(秀麗雄渾)한 푸른산으로 둘리고 중간에 일대 평야가 동서로
전개되어서 맵자한[202] 소도회를 이루었다. 앙산공원(央山公園)
에 올라 보니 평평하고 낮은 시가지가 숲 사이로 보일락 말락하
는 것이 한폭 채색화를 대하는것 같더니 차창으로 흘겨보니 낮
은 담 돌길을 따라가며 논 위에 이어지고 고요히 열어젖힌 판문
짝 밖에는 갖가지의 화훼(花卉)가 피어서 자못 전원도시로서의
특색을 발휘하는 것같다(『조선일보』, 1927년 9월 15일, 1면).

○ 1927년 9월 16일 상주에서

『조선일보』에 「조령천험(鳥嶺天險)을 넘으며(2)」라는 제목으로 기
고를 했다. 이날 상주 공갈못을 둘러보고 점촌역을 거쳐 진남교를
지났다.

안민세

상주는 예전 사벌국(沙伐國)의 영역이던 것을 신라 첨해왕(沾
解王)이 취하여 주를 삼았다고 하는 기록이 남아 있다. 지금 사
벌국 옛터가 상주읍 동 십리의 땅 병풍산(屏風山) 아래에 있고
신간회의 박순(朴淳) 씨는 사벌 옛나라의 왕손이란 말을 들었다.
퍽 재미있는 일이다. 옛날옛날 묵은 옛날 조그만 왕국을 중심으
로 그야말로 와각전쟁(蝸角戰爭)[203]이 있었던 일을 생각하면 갑
자기 동화세계에서 노는 것처럼 그윽한 가느다란 감상이 일어난
다. 옛 일은 어찌 되었든 지금의 상주는 사람 살기에 과히 부족

---

202) 모양이 제격에 어울리는.
203) 매우 좁은 지역.

함이 없는 낙토(樂土)와 같이 보인다.

펼쳐진 평야에 바닥이 아니보이도록 촘촘하게 들어선 벼이삭은 줄줄이 늘어선 뽕나무숲과 어울려 비옥한 토지가 물가를 따라 많음을 알 것이고 부근에 소위 네모난 호가 많게 되는 사정을 수긍케 한다. 예전에도 결다상주(結多尙州)[204]라고 지조(地租)의 납입액이 경상도 지역에서 많던 것이니 수확이 많은 비옥한 땅이 많음을 증명하는 것이다. 그러나 현재 동척(東拓)을 필두로 일본인의 토지가 적지 않게 들어 박혀있다는 말을 들었다. 도립 농업학교가 있어서 내일 강연회에도 그 생도(生徒)가 다수 참석한 것을 목격하였거니와 적절한 곳에 두었다 하겠다.

천봉(天峰)·노악(露岳)·화지(花芝)의 모든 산을 좌우로 돌아보며 포플러의 긴숲이 곳곳에 간결한 점선을 그은 한 중간을 북동으로 꺾여 간다. 백원(白元)·양정(楊亭)을 지나 함창(咸昌) 지역으로 들어간다. 속요에 나오는 함창의 '공갈못'도 지금은 대부가 메꿔지고 흘끗보니 수십 정보 내외쯤 되어 보이는데 연을 캐는 가시나는 커녕 연(蓮)의 모습조차 남지 아니하였다.

고려 명종 때에 사록(司錄) 최정빈(崔正份)이 옛터에 나란히 수축하였다는 것이 최고 기록이다. 200호 내외쯤 되어 보이는 폐군된 함창 읍내를 오른편으로 흘겨보며 그대로 차속에서 달아난다. 아까 상주 차중에서 김영건(金永建)씨를 만나니 문경 고향집에 귀성하든 도중이라 이도 또한 기이한 인연이다. 점촌역에서 내리자 곧 연결되는 자동차로 떠난다.

점촌은 문경군의 한 역참으로 근일 경북선의 현재 종점이 된 후 급속히' 발전되어 읍취(邑聚)와 비슷한 부락을 형성하였는데 물논의 한복판에 새로 쌓은 시가가 아직도 꽤 보잘 것 없다. 소위 제1기 철도망계획이 완성되어 중앙선(中央線)이 경성의 청량리로부터 음성·충주 등 충북의 중앙을 꿰고 영령(嶺嶺)산맥

---

204) 상주는 토지에 매기던 조세가 많았다.

을 넘어서 점촌으로부터 김천·안동을 지나 경부선 본선과 연결된다 하면 이 고장의 발전이 눈을 씻고 보게 되려니와 현재에는 주민의 전부가 교통업·여관업자이다. 어떠한 여사에는 분면 유두(粉面油頭)[205]로 곱게 차린 새악시가 남상남상 지나는 손을 엿보는 것이 대체는 퍽 그 방면으로 속히 발전됨을 알겠다. 이문한(李汶漢) 씨는 이곳에서 작별하고 김·박양씨와 동석하여 일대 풍경을 바라보면서 북서로 향하여 내닫는다.

한 20여리 행하여서부터 문득 산중에 들어간다. 주흘산계(主屹山系)의 산악이 남동으로 휘돌아서 중봉첩장(重峰疊嶂)이 가득하게 쌓였는데 골골에 흘러내리는 물이 푸르러 가라앉은 찌꺼기가 없어서 산위에는 잔솔의 숲, 시내에는 옥을 부수는 듯한 물결! 더욱 들어갈수록 돌아드는 산, 굽이진 시내에 산도 태극(太極), 물도 태극 나의 자동차는 시내의 오른 절벽에부터 깎아지른 준협(峻峽)의 밑창으로 이상한 반향을 일으키면서 쏜살같이 달아난다.

이 시내는 영탄(泳灘)으로 용궁읍 부근 점촌의 동쪽에서 영순강을 이뤄 낙동강 상류에 합하는 자이다. 신시(新視) 일대에는 석탄맥이 발견되어 현재 경북탄광주식회사 소속으로 시굴 중에 있는데 아직도 정확한 조사 결과는 불명하나 탄전(炭田)의 너비와 길이가 매우 크고 매탄량이 매우 거대하여서 수억 톤에 달할 예측이라 하며 이것이 발견되기는 조선인인 모씨에게 되었으나 지금에는 대부분 일본인 자본가의 소유로 되었다 한다.

파 모아 놓은 석탄더미를 보면서 문득 진남교(鎭南橋)의 긴다리를 건너간다. 영탄(泳灘)의 오른쪽에 가로걸쳐 밑창은 콘크리트요 상부는 조령(鳥嶺)의 목재를 사용하였으니 거의 백여 간에 달하는 협중유수한 공사요 북안에는 삼국시대 이래의 고적이라 하는 마고산성(麻姑山城)이 있어 높기가 7척, 주위가 730여 간

으로 조령에 통하는 구불구불한 험한 길을 막고 있으니 전대(前
代)까지의 영좌대로(嶺左大路)가 영탄의 좌안을 끼고 절벽의 위
를 감돌아나가는데 마고산성이 그 지세가 험하여 진남관의 방비
가 자못 견고하던 것이요 지금 자동차가 통하는 우안의 대로에
는 사람과 물류가 통하지 않는 험한 비탈이 이어졌을 뿐이었다
한다(『조선일보』, 1927년 9월 16일, 1면).

ㅇ 1927년 9월 17일 진남관 1관 가는길

『조선일보』에 「조령천험(鳥嶺天險)을 넘으며(3)」라는 제목으로 기
고를 했다. 이날 진남관(鎭南關) 1관 일대까지 답사를 하며 주변 풍
광을 묘사하고 소감를 썼다.

안민세

진남교 위의 진남관(鎭南關)! 여기에는 자못 농후한 봉건적 취
미가 움직이고 있다. 마치 횡도립마(橫刀立馬)[206]한 무사가 이
성벽을 등지고 이 다리 위에 서있음한 지대이다. 마고 산성의 이
름을 가진 진남관이 마성면이란 지명을 만들게 된 이유려니와
임진난 당시에는 거의 일전(一戰)을 치를 만한 여유도 없이 내
던졌던 모양이고, 갑오·을미의 즈음에 운강(雲崗) 이강년(李康
年)이 의병을 모아 이 성에 진을 치고 머물렀다가 필경은 패하였
고 추후 광무·융희의 즈음에도 의병과의 포화가 가끔 이 성에서
치러졌다하며 이 고장으로부터 동편 수십 리 동로면(東魯面) 적
성(赤城) 일대 금강(충남 금강(錦江)이 아님)의 상류에서 이강년
의병이 수 개월간 두고 전후 혈전하던 땅이라 한다.

홍주(洪州)에서의 민종식(閔宗植), 춘천 신연강반(新淵江畔)에

---

206) 칼을 차고 말에 올라선.

서의 방산 허위, 문경 적성에서의 이강년의 의병 싸움이란 것이 어쨌든 한국 말년 허다한 혈루사중 중요한 부분을 꾸민 것은 확실하거니와 운강 이씨에 관하여 그의 처와 아들이 함께 그 혈장사(血張史)[207] 중의 사람이 되었다는 것은 역사적 평가는 별 문제로 이 땅에 지나는 나그네의 처연한 감개를 일으키는 것이다.

진남관를 건너 서쪽으로 꺾여 한참 가면 토천·용연 일대의 유협(幽峽)과 계곡이 더욱 험난하고 의양산 내리는 물이 서북으로 와서 합류하여 모이어 깊은 연못을 이루니 새까맣게 내려다보이는 물이 가슴도 선뜻하게 하는데 두계곡이 합류하는 곳에 소나무·회나무가 아울러 푸른 곶갑천(串岬遷)을 둘러 일좌 정각(亭閣)이 익연히 솟았으니 고(故) 서애 상공 유성룡의 유업(遺業)인 풍생정(風笙亭)으로서 지금도 즉 적[208](籍)과 수직(守直)[209]하는 자가 있어 수일의 유람에는 알맞는다 하며 봉생정 아래에는 온계 이씨의 별업(別業)[210]이 수림 속에 묻혀 있다. 영탄은 예전에 견탄(犬灘)이라 했다.

봉생정의 승경을 시내 건너로 쳐다보며 북으로 소야천(所耶川)의 좌안을 타서 달아나니 토흘산(土屹山)의 연봉이 올려다 보이며 그윽하고 밝은 맛이 비길 데가 없고 좌우에 오히려 풍년으로 곡식이 익는 벼 논이 있어서 농경생활에도 꼭 맞음을 알겠다. 이윽고 신원리에 다다라서 잠깐 정거하매 김영건씨를 악수로 헤어지고 다시 행한지 7~8리에 소야교를 서쪽으로 건너 정오때 가까워서 문경읍에 도착하였다. 삼백 호쯤 되는 소소한 도시에 운수(雲樹)가 가리워서 더욱 한적한 맛을 돕는데 북으로 기세 좋은 주흘산의 날카로운 봉우리가 하늘을 고인 듯이 동서로 쭉 뻗쳤고 좌에는 봉명산(鳳鳴山) 오른쪽으로는 백화산(白華山) 남으

207) 장렬한 죽음.
208) 책이나 문서.
209) 건물이나 물건을 지킴.
210) 경치가 좋은 곳에 지어 놓고 쉬어가는 집.

로는 영탄 일경의 산악이 울창하게 어울려서 진실로 가득찬 산중의 한 소읍인 것을 깨닫게 된다.

여기서 잠깐 내려서 인도하는 사람을 얻어 조령의 관방(關防)을 도보로 밟아보고자 하는데 청년회관을 찾았으나 대개가 퇴락하여 텅빈 집에 감감하게 사람이 없고 이웃 마을에 들어서 몇 사람을 방문하여 비로소 문앞에서 상의한 후 소년회의 이근명(李根明) 씨가 함께 길을 가기 허락하므로 이에 3인이 일행으로 떠난다.

서북으로 자동차가 통하는 큰 고개를 넘어 탄탄한 대로로 주흘 산록을 오른쪽으로 끼고 총총히 걸어갈새 혜국사(惠國寺) 동반 승려한 사람이 동행에 참가되었다. 지방 사정을 묻고 나무 이름을 묻고 뾰족한 산봉우리의 이름을 가리키면서 행하기 4~5리에 자동차를 길에 받쳐놓고 조령 옛길을 오른 편으로 접어들어 촌점이 드문드문 박힌 사이로 나아간다. 좌로 가는 자동차 길은 이우리 고개의 높은지대를 넘어 옛 연풍읍(延豊邑)으로부터 충주에 통하는 신작로이고 조령 가는 옛길도 넓기가 수칸에 달하는 큰길이다. 아까 진남관 일대 토천(兎遷)의 옛길은 황폐하여 겨우 흔적만 남았고 그도 깊은 협곡 사이로 감돌아 나가던 것인데 이 일대는 자못 평탄한 편이다.

20리를 가서 제일관에다 다르니 조령산맥이 동서로 대치하여 높고 가파른 형세가 토끼와 여우도 접하기 어려울 만하고 소나무와 회나무가 촘촘하게 어울려서 더욱 삼엄한 기세가 도는데 이 천험을 길러서 석성을 쌓고 석문의 위에는 적루가 번듯 솟아 밖에는 주흘문, 안으로는 진남제일관의 편액이 걸려 있다. 한양조 숙종 43년의 수축으로 근년까지 다소의 수선이 있었고 누에 올라서 다시 보매 문밖에 흘러 내려가는 물이 스스로 천연의 요새를 이루었다(『조선일보』, 1927년 9월 17일, 1면).

○ 1927년 9월 18일 진남관 2관 가는길

『조선일보』에 「조령천험(鳥嶺天險)을 넘으며(4)」라는 제목으로 기고를 했다. 이날 진남관 1관을 지나 2관까지 갔다.

안민세

제1관에 올라 잠시 휴게하며 산하의 형승을 보고 내려서 제2관으로 향한다. 혜국사(惠國寺) 중은 송림 속으로 자기 절로 돌아가는데 이장명(李長明) 씨의 말에 의하건대 제1관에서 동으로 10리 주흘산 뒤 봉속에 있어 연도(沿道) 풍경이 금강산 만물상과 비슷하다 한다. 조령의 천험이 다만 여장웅경(麗莊雄逕)하게만 된 줄 알았더니 기수준초(奇秀峻峭)하고 수림이 맑고 시원하게 덥힌 것이 얼마쯤 의외이다.

관내에 들어가 상초리(上草里) 촌점에서 점심을 시키고 푸른 물가 너럭바위에서 양화 끌러 발을 씻고 점심을 재촉해 먹고 잠깐 쉬어 떠나간다. 집집에 동백(冬栢) 멍석이요 박달나무의 방치돌이[211] 또 조령 속의 특색이다. '문경 새재 박달나무, 홍두깨 방망이로 다 나간다.' 홍두깨 방망이의 재료로도 이미 쓰임새가 많겠거든 돌로 되어야 할 방치돌까지 박달나무로 되었으니 조선 유수한 밀림지대인 조령의 연봉도 차차 하늘을 뒤덮는 큰숲을 볼 수 없게 됨을 짐작하겠다.

4리쯤 가서 가겟머리에 용추(龍湫)가 있으니 석간(石澗)[212]으로 내려오는 물이 12~3척을 떨어져 폭포가 되고 패어서 못을 이루니 깊기가 측량할 수 없고 길이 4~5간에 달하는 조그만 못이다. 민간에 전해오는 이야기에 용 오르는 곳이라 하여 재작년 한발에도 조우제(朝雨祭)를 지냈던 바 어떠한 괴현상이 있었다

---

211) 다듬잇돌의 사투리.
212) 돌이 많은 산골짜기에 흐르는 시내.

고 한다. 이 부근으로부터 더부룩한 총림 속으로 물소리가 들리는 시내를 끼고 올라가는 것이 마치 지리산 계곡의 광경과 같아서 퍽 추억의 정을 일으켰다.

길의 좌우에는 무수한 관목의 위아래에 으름·딸기·머루·인동의 넝쿨들이 그지없이 들어 엉키었고 등나무·산사나무의 모든 열매가 곳곳이 열렸는데 진형과 식물의 모든 꽃과 산삼인가 의심하게 하는 더덕의 줄거리가 3~4척이나 치솟았고 기타 무명한 잡초가 수없이 어울러서 식물학자를 동반하지 못한 것이 유감이다. 으름을 따고 산사를 꺾고 다래를 잘라들고 산나무 지팡이로 돌길을 짚어가며 충청도로 넘어가는 소장사들과 앞섰다 뒤섰다 두런대면서 넘어간다.

아까 영탄 일대 좌안에 매달린 형적만 남은 옛길을 보고 칼과 창을 가진 사나운 침입자들이 협중에 떠들석히도록 참담하게 넘어섰던 광경이 보이는 듯 보이는 듯 스스로 자아의 인식성을 의심하였더니 지금 이 제1관의 도중에서 양쪽 기슭의 험준한 석벽과 발밑창에 왱걸 하는 물소리를 들으며 걸음걸음 넘어갈수록 지금이 임진년이런지 내가 침입자이런지 시간과 물아의 경계선이 온전히 없어지고 다만 몽환(夢幻)의 세계에서 두 다리만 굽놀고 있다. 행하여 1리여에 방형으로 된 석성이 길옆에 있어 일부가 무너지고 고색의 창연함이 특히 심하니 즉 동화원(桐華院)의 폐허이다. 옛날 수십 리 험한 고개를 지나다가 해가 저물고 길이 궁하면 이 원에서 숙박하도록 국가에서 시설하였던 것이다.

제2관에 접근할수록 양안의 산세 더욱 가파라 벽처럼 서있는 돌봉우리가 수십 길 혹 수백 길로 오직 남북으로 하나의 통로가 있을 뿐이요 비록 넓은 곳이라도 수십 칸 혹은 백 여칸을 넘을데가 없으니 제1관으로부터 수십 리 돌골짜기가 이어져 한번이안에 들면 다시 회피할 곳 없고 좌우에는 나는 새 아니고는 기어샐틈 없었으니 방어 전쟁이 이미 편하고 유격(遊擊)에 더욱 이로울 것이요, 진격군으로서는 소위 차(車)로 길을 내지 못하고 말로 줄을 잇지 못하는 천연의 요새이다.

임진의 때에 완기(頑璣)가 이곳을 지녔으되 적을 만나지 못하였고 이일(李鎰)이 상주에서 패한 후 이곳을 지켰으되 신립(申砬)을 쫓아 충주에 물러갔고 김여물(金汝物)이 이 땅을 지키고자 다투었으되 신립이 듣지 않아서 탄금대의 배수진으로 한갓 참패를 짓게 하였으니 금일의 한탄이 워낙 쓸모없거니와 이 고개 이 형승을 밟아서 부질없는 한이 오히려 새롭다.

제2관문에 다다르매 다시 양기슭의 천혜의 험준함을 이용하여 길을 막아 돌성을 쌓았으니 적루(敵樓)가 비록 무너져 없으나 험하고 높은 형세가 제1관에 지나고 관외에 상당히 넓은 곳이 있어 수백 평을 계산할 만한데 일본인의 경영인 장산상회 제재소가 있어 소규모의 수력전을 일으켜 제재장(製材場)의 동력을 공급한다. 조령 일대 흐르는 물이 아까 보던 용추(龍湫)를 지나 문경의 백화산(白華山) 밑창을 돌아 소야천(所耶川)으로 용못에 모이니 여기가 곧 영탄(泳灘)의 상류이다.

제2관문을 지나 꿀벌들이 뭉텅이로 쏘아대는 산가게에서 냉수를 청해 마시고 그대로 행한지 10여리에 산세 차차 부드러워지고 계곡도 얼마쯤 평탄해져서 지금까지 때때로 우거진 숲 깎아잘린 암벽 밑에 오직 우뢰 같은 물소리만 듣고 일찍 그 눈같이 쏘치는 꼴을 못 보든 데 비하면 가슴 속도 꽤 화평하여 지고 두 발은 도리어 게을러지려 한다. 참으로 어지러운 봉 깊은 숲 쏘처가고 쏘처가서 끊임 없는 폭포의 소리를 들으면서 가는 나그네의 가슴에는 잠겨있던 만고의 근심이 꿈결같이 퍼져나오는 것이다(『조선일보』, 1927년 9월 18일, 1면).

○ 1927년 9월 19일 임진왜란과 조령

『조선일보』에 「조령천험(鳥嶺天險)을 넘으며(5)」라는 제목으로 기고를 했다. 제2관을 지난 3관에 이르렀다. 임진왜란때 신립에 이 조령의 험준함을 이용하지 못하고 충주 탄금대에서 패배한 것에 대한 아쉬움을 표하고 있다.

안민세
문경 새재 비뚤어진 길 구비 구비 눈물난다.
이러한 속요(俗謠)가 있다. 만첩산중 오직 하나의 길이 통하였을 뿐인대 좌우에는 천길의 돌봉이 다가섰고 중간에는 주야없이 쏘처가는 물이 저절로 만고의 근심을 하소연하며 즈믄 초목 어우러진 속에 참새가 지저귀고 울고 노래하여 청승스럽고 구슬픔이 하염없이 지나는 나그네의 심회를 돕는 것이 이 조령을 지난 사의 경험이리 한다. 지금은 가을이다. 가을은 벌레의 철이다. 매암과 산귀뚜라미 소리가 귀도 저리도록 연속하여 난다. 그리고 약간의 소바리·말바리꾼의 잔돈을 뜨으려고 있는 산가게가 몇 호쯤씩 남아 있다.
조령은 아직도 밀림지대이다. 일본인의 장산상점에서 제재권을 독점하다시피하고 있거니와 지금도 매일 땔나무 캐러 들어가는 소바리꾼이 수백에 달하며 송이버섯 따는 이, 동백 훑는 이, 기타 각종 산과를 따러 드나드는 이가 제철마다 또 수백인 씩이나 된다고 한다. 그러나 그것도 몇해 동안의 일이요 자연의 부원이 고갈되면 채취자의 모습이 끊어질 것이다. 하물며 조령의 조령됨도 지금까지의 일이요, 반세기 이후의 이 땅은 오직 다소의 묵은 기록을 역사의 어느 페이지 속에 찾을지언정 이 관문을 넘으면서 선민들의 엎어지고 자빠지는 추억 많은 자취를 묻는 자도 거의 없을 것이다.
가진 생각을 머리 속에 띄우면서 꽤 피곤한 다리를 옮겨 제3관에 달하니 남향한 산밭에 콩·기장·조가 무성하고 반넘어 쓸어진 석문의 홍구(虹口)²¹³⁾가 아주 황량(荒凉)한 맛을 돕는데 서쪽에 성황당이 있어 조령산영대왕지신위(鳥嶺山靈大王之神位)를 두었으니 지금도 무축(巫祝)이 많은 모양이요 예전에는 치성을 아니하면 말다리가 늘어 붙었다는 속설이 전한다. 아까 제1관에서도 성내에 높다란 성황당이 있는 것을 보았으나 들어가 보지 아니하였다. 찬샘을 찾아 수세하고 관문 앞에 앉아 바람을 쐬니 충북괴산인 구 연풍(延豐) 경내의 산악이 웅혼수려하게 내려다보인다. 수십년 전까지도 조령관의 청사가 성내에 있었는데 광무·융희의 즈음 의병 소요 중에 전부 병화(兵火)에 걸리어 지금은 일대의 산밭으로 된 것이 탄식을 일으키게 한다.

"난리가 안나나요?

무얼 난리 나도 마찬가지래요 그래도 이놈의 세상이 뒤집히기나 하면 죽거나 살거나 어지러워서 못 살겠어요 부대껴서"

관문 앞에서 같이 쉬는 보행객들의 문답이다. 이 향상도 없고 의식도 없고 따라서 사회적으로 아무 힘 되지 않는 보행객들의 비탄 속에도 시대의 소리는 역력히 들을 수 있다. 임진년(1592년) 4월 25일에 이일이 상주에서 패하고 26일에 문경이 함락하였고 28일에 신립이 충주 탄금대에서 패하니 신립의 패함은 조령의 자연적 험준함을 이용해 방어하지 아니함에 인함이다. 8,000여 명의 군대로 김여매·이일 이하 제장을 가지고 큰 싸움을 할 사이도 없이 궤멸된 것은 역사상의 한스러운 일이다. 이일이 삼백 경병(京兵)을 거느리고자 하였으나 시정백도(市井白徒)²¹⁴⁾와 서리(胥吏)·유생(儒生)뿐인고로 3일을 초조하게 있다가 단신으로 먼저 갔고 상주가 비었거늘 창고의 곡식으로 흩어진 백성을 설득하여 800~900명의 새로운 군대로 적포성을 들

---

213) 무지개 모양의 입구.
214) 훈련받지 않은 군사.

으면서 북천변(北川邊)에서 진을 쳤고 적이 이미 진앞에 달하였거늘 척후병도 없이 정보를 제공한 자를 사람들을 어지럽힌다는 죄로 목을 베고 대장의 위풍을 낸다고 명마(名馬)에 긴 고때를 달아 하인을 늘여 세웠다가 적이 육박하매 흩어지는 오합(烏合)의 무리를 뒤로 두고 앞서서 달아났고 조령(鳥嶺)을 겨우 지키다가 탄금대(彈琴臺)를 향하여 금방 물러가니 이일(李鎰)의 패전은 어지러움이 심했다.

신입(申砬)이 정신출전(挺身出戰)[215] 하는데는 금일의 우리도 336년 전의 유서애(柳西崖)와 같은 마음이다. 그러나 군관을 모집하매 응모자가 거의 없었고 군병이란 자는 시정의 악소(惡少)[216]였다. '적세심성(賊勢甚盛) 실난방어(實難防禦)'[217]라고 먼저 비명을 내지르고 26일로서 적의 척후가 벌써 조령을 넘었거늘 보고하는 군관을 망령된 말을 하나 참수하고 '적예심(賊銳甚) 난여쟁봉(難與爭鋒)'[218]이라고 김여매(金汝岉)가 조령을 고수키를 주장하였거늘 '영입광야이철기축지(迎入廣野以鐵騎蹙之)'[219]라고 난데없는 장담을 토하고 단월역에 가득 찼던 적병이 탄금대를 포위하매 배수진을 친 군이 궤멸하여하여 달수(撻水)에 빠지거늘 함께 더불어 수십 적병을 죽이고 인하여 진몰(陣沒)하니 충주의 패는 그 허겁(虛恸)[220]함이냐? 비장함이냐?(『조선일보』, 1927년 9월 19일, 1면).

---

215) 앞장서 전쟁에 나감.
216) 성질이 고약하고 못된 자.
217) 적의 세력이 크면 방어하기가 어렵다.
218) 적이 용맹하면 싸우기가 어렵다.
219) 넓은 곳에서 용맹한 기병으로 궁지에 빠뜨리다.
220) 겁이 많음.

○ 1927년 9월 20일 조령을 내려오는 길

『조선일보』에 「조령천험(鳥嶺天險)을 넘으며(6)」라는 제목으로 기고를 했다. 3관에서 내려오는 길 산골 나뭇꾼과 이야기를 나누고 수안보 온천에서 쉬고 장날 구경을 하고 연풍읍을 거쳐 예천으로 향했다.

안민세

제1관에서 제3관까지는 약 200여 리, 제2관과 3관의 사이가 일개의 산성으로 요새를 이뤘고 제1관까지는 남쪽에서 오는 험요(險要)[221]로서 소위 제일선의 방어를 굳게 함이요, 제3관은 북향하여 쌓은 것이니 연풍 쪽이 관의 밖이 된다. 제3관은 적루 홍구가 아울러 무너졌으나 우뚝솟은 높은 성이 오히려 송림 속으로 멀리 암벽에 접하였으니 선인(先人) 피땀의 결정(結晶)은 언제 또 어디서 보아도 항상 비상한 감격을 일으킨다. 이 한 석성(石城)을 경계선으로 남은 경북의 문경, 북은 충북의 괴산이다. 문을 나서서 내려가는 비탈로 여용(餘勇)을 가다듬어 내달아 온다.

3~4리 행하다가 반산리에 산앵목 그늘 반석 위에 말린 자리 깔고 앉아 비사리신 삼고 있는 산골 나뭇꾼과 생활하는 이야기 듣다가 그대로 큰 골짜기를 건너서 문경·충주 자동차의 통로인 소조령대로(小鳥嶺大路)에 올라와서 장산상점 출장소 툇마루에 방 문턱을 베개삼아 1시간이나 누웠다가 오후 6시 햇발이 식어가는 무렵에 다시 떠나 수안보 온천으로 향한다. 제2관에서부터 한묶음에 13전의 운임으로 판목(板木)을 지고 나르는 지겟꾼들이 한번에 세묶음에 39전어치 품을 팔고 땀 흘리고 신세타령하는 소리를 들으면서 그것도 배주고 뱃속 비는 비애임을 인정하면서 오는 것이 어찌한지 감상의 기분조차 떠돌게 한다. 대체는 신력(神力)·옥금(玉錦)의 모든 벼가 4~5척 씩은 되어 올랐고 소

---

221) 지세가 험해 방어하기 좋음.

담스러운 이삭이 우긋우긋 숙인 것이 더할수 없이 탐탁하고 영남에서는 육지면(陸地綿), 영북(嶺北) 넘어서서 남초(南草)[222], 연풍 괴산 담배 농사 말은 들었지만 그 땅을 밟아야 듣던 바를 보면 무슨 의중인(意中人)이나 만난 듯이 향토의 정상(情象)이 마음에 반갑다.

꼭 10리쯤 남겨 놓고 충주행의 자동차 만나서 3인이 함께 타고 포플라의 도로수가 볼품 있게 벌려선 정리된 대로로 즉시 수안보(水安堡)에 들어가니 해가 이미 저물었고 고요한 작은부락에 향토색이 가장 듬뿍 소박한 남녀들이 여기저기서 뎅걸대고[223] 있는 것이 40~50십리 산간을 통해온 사람에게는 그새 또 인간(人間)이 반갑게 한다.

다만 자동차점의 일본인 주인이 나와 맞이하는 것이 친절은 하지만 마음에 추풍(秋風)이 돌게 한다. 이리서리 다니다가 간신히 침구를 준다는 조선인 여사를 찾아서 하루 동안 숙박키로 하고 일회 7전 씩으로 온천에 들어갔다. 이도 자동차(自動車) 모양으로 일본인의 경영인데 35년 전에 여자욕객이 갑자기 죽은 후 없어졌고 그 후 4~5년에 중창하였다 하는데 용출구의 온도 화씨 45.5도로서 요즈음이 한참 알맞으나 겨울철에는 춥다 한다. 유황분이 적어 탕물이 깨끗하고 또 다른 냄새가 없으니 이 소위 탄산온천으로서 일시 요양객의 투욕에 적할 것이다.

사방에는 토산으로 된 웅혼한 산악에 어린 소나무숲이 어울리고 중간에 적은 평야에 오곡이 무성하니 번잡한 속세 피하여 일주의 은둔이나 하고 싶다. 9월 6일 아침 조식을 마치고 잠시 산책하니 볼 만한 바 없고 등교 종소리에 뛰어 몰려가는 학동들이 모자도 없고 버선도 없고, 등거리 잠방이로 까칠하여 가는 것이 땅은 풍요롭고 비옥하거늘 사람은 가난하고 여위었다는 한탄을 발하게한다. 어제밤에 임검(臨檢)왔노라고 여사에 쫓아왔던 이

---

222) 담배.
223) 여럿이 떠들고 있는.

지방에서 기세 좋은 경관 주재소 앞을 지나 여사에 돌아왔다.

"우리 가게로 가시이 약주한 잔 잡수시이." 여사의 주부가 두 뺨에 웃음을 괴이고 다정하게 권하는 말이다. 오늘은 수안보 장날이다. 장 보려고 가게로 가면서 권하는 말이다. 오전 10시 충주에서 자고 나오는 자동차를 타고 다시 소조령(小鳥嶺)을 넘어서 황폐한 기색이 현저한 연풍 폐읍을 지나 이우리 고개의 천험을 넘어간다. 소조령은 작은 새재로 이 고개를 넘어서 연풍읍까지 줄곧 내려와서 탱크에 물넣고 되돌아서서 좌편 대로로 나와 꼬불탕꼬불탕 장산의 꼭대기까지 기어올라간다. 준협(峻峽)의 아래에는 연풍의 명산인 잣나무가 다섯 주 일곱 주 백 여년 풍상을 겪어 온 듯이 듬성듬성 섰으나 그것도 옛날 모습뿐이지 지금 자라나는 것이라고는 하나도 없는 사정이다. 연방 경적(警笛)을 울리면서 한고팽이 두고팽이 올라갈수록 시야는 높고 준협은 급하여서 비탈은 석축으로 보호하고 길가에는 기둥 같은 말장을 박아서 자동차의 빠져나옴을 방지케 하였으니 어찌한지 새까맣게 내려다 보이는 골짜기에 가슴이 꽤 선뜻할 때도있다. 그리고 태산준령(泰山峻嶺)도 너 견디어보라고 비탈을 뭉기고 암석을 쪼고 석축을 만들어가면서 천험도 평지인듯 인력의 자취가 두루미친 데는 옛날과 지금을 돌아보아 감탄을 연발하겠다. 문경읍에 들어와 30분 쉬고 예천행을 바쁘게 한다(끝)(『조선일보』, 1927년 9월 20일, 1면).

이1927년 9월 20일 김현구에게 서신

당시 흥업구락부 회원으로 미국에 있던 이승만과 서신을 긴밀하게 주고 받아온 김현구(金鉉九)에게 서신을 보냈다. 안재홍과 이승만의 교류를 보여주는 자료로 신간회를 주도한 안재홍을 위해 여러 모로 힘써준 것에 감사를 표하고 있다.

김도연(金度演)형이 워싱턴을 방문하여 며칠 밤 대화를 나누고 뉴욕으로 돌아갔는데 조만간 워싱턴으로 전학할 것이라고 합니다. 오늘 아침에 안재홍(安在鴻)형에게서 서신이 왔습니다. 그 사연인즉 선생주(엮은이: 이승만을 지칭)와 동지회와 위원부에 대해 극히 호감을 표시하였고 3대표(엮은이: 유억겸·백관수·김도연)에게 들은 바가 있다고 하면서 선생께서 힘써주신 데 대해 무한한 감사를 드린다고 하였습니다(유영익 외, 『이승만 동문서한집』(중)).

○ 1927년 9월 21일 주흘산 밝은 달에

『조선일보』에 「주흘산 밝은 달에」라는 제목으로 기고를 했다.
신간회 예천지회 설립대회에 참석하고 예천 장날 등을 답사했다.

문경에서 안민세

30분 쉬고 문경을 떠나려고 자동차에 짐을 벗었다. 경적이 울고 당장 내달을 판이다. 이 지역 청년 이견구(李見求) 씨가 와서 1일 머무르기를 권하나 예천행이 바쁨으로 고사하였다. 그러나 두둑한 얼굴에 성의를 가득 싣고 마음을 다해 권유하는 데에는 바쁘던 생각도 움직이지 아니할 수 없어서 내일에 일부러 다시 와서 강연을 하기로 약속하고 박인근(朴仁根) 씨도 다음날까지 머무르기로 하였다. 영탄 일대 나가며 보는 경취가 다시 좋다. 점촌에서는 상주로부터 내회한 강용(姜墉) 씨와 합하여 오후 1시발 차로 영천을 간다. 동남으로 평야를 꾀여나가 영순강(永順江)을 횡단하여 용궁엄읍(龍宮嚴邑)을 지난다. 영순강은 영탄의 하류로서 임진년 당시 가등(加藤)·소서(小西) 양군이 상주로부터 이 물을 건너서 문경 조령을 지난 것이다.

강안 일대 모래사장은 수월 전에 이기연(李基演) 씨의 비행장으로 되었던 곳이다. 씨가 떨어져 참사한 곳은 4~5리의 상류 서산(緖山)의 밑창이라 한다. 용궁읍(龍宮邑)에 이르니 축산(竺山)·용비산(龍飛山)의 조그마한 산들이 듬성듬성 놓였고 구 객사의 이층루가 쓸쓸히 남아있다. 얼마 아니가서 다시 산양수(山陽水)를 건너니 문경 적성리로 거쳐오는 금강 중류이다. 이 상류에는 큰 촌락이 많아서 거족(巨族)들이 사는 낙지(樂地)가 있다한다. 가뭄의 영향을 입어서 농작물의 정황이 얼마큼 쓸쓸한 것을 보면서 예천읍에 들어갔다. 오후에 열린 예천 신간회설치대회에는 의관한 유생 측의 회원까지 합하여 매우 드문 성황이요 저녁에 강연회에도 동몽(童蒙)[224]도 섞지 않고 성년자의 청중으로 진지한 기색이 장내에 가득하였다.

투숙하는 영화여관(榮畫旅館)에서 총회(總會)가 열리어 다음 날 오전 4시까지의 시간에는 꽃피고 바람이는 활기이다. 아침에 일어나 조식을 마치고 시가 정황을 일별하니 이날은 장날이다. 모여드는 백의백립(白衣白笠)의 장꾼들은 9할 가량이나 단발치 않은 형색이다. 단발과 염색옷 입히는 등 풍속개량의 운동도 아직 퍽 필요한 것을 깨닫게 한다. 북에는 서배덕·봉양산이 서에서 동으로 이어지고 앞으로 한천(漢川)이 동서로 흐르는데, 옛 여기군(轝基郡) 봉명산(鳳鳴山)에서 내리는 물이요 하상이 높기가 시가지보다 한 길 남짓이니 치수의 시급함을 알겠다.

최근 이 상류에 물길을 옮기고 하천의 하상을 개간하려는 계획이라 하며 8~9년 전까지도 우기(雨期)면 시가가 반드시 침수되어 주민이 매우 곤란하든 것인데 전(前) 군수 이 아무개가 수도를 묻어 하수들 이롭게 하고 못을 메꿔 침습(浸濕)을 방지한 후 수해가 일소되었다 한다. 덕봉산에는 예전에 흑덕산성(黑德山城)의 폐허가 있었다 하나 답사치 못하였고 대체로는 산악(山嶽)이 무미(嫵媚)하고 들판의 형세가 계곡으로 이어지는데 풍기

---

224) 아직 장가 가지 않은 아이.

또한 화창하고 밝은 좋은 강산이다. 자고이래로 이 고장에 미인이 산출한다는 말이 있다. 영화여관의 주부도 맑은 눈동자를 가져 꽤 미인의 칭이 있어서 술꾼들이 문에 차게 들어오는 것은 쓴 웃음을 지을 만하였다.

정오에 수저로 간단히 점심하고 강도씨와 함께 점촌을 지나 문경행을 할때 다수의 동지와 악수로 헤어지고 다시 자동차위의 사람이 되었다. 조령·죽령 두 큰길의 교통의 나무에 해당하는 예천(醴泉)의 지리를 말함이어니와 지금도 이 지역 인사들은 생계에 주도면밀해 스스로 상권을 잡고 외래자의 농단을 방지하는 정황이다. 상주 4천 여호에 조선인 포목상이 4호로서 얼마큼 쇠락하되 중국인은 13호의 포목점으로서 매우 번창하고 기타 소채의 경작 판매업을 독점하다시피 되었으며 문경읍내에도 중요한 시가에는 중국인 포목상 겸 잡화점이 가장 번창하며 조신인은 퍽 쇠약한 형세이다. 이런 것은 상업자로서도 퍽 유의하여 상업 수단을 개선하려니와 소비자 측에서도 매우 유의하여서 민족적 반성을 요할 것이다.

점촌에서 차시간이 늦어짐으로 오후 4시까지 사무원을 상대로 장기 두는 구경을 하다가 충주행 자동차로 다시 영탄 진남교의 멋진 경치를 지나 문경읍에 들어가니 때는 오후 5시 반 강연은 경찰의 방침이 절대금지였으나 마침내 성사에 들어갔고 주흘산(主屹山) 높은 봉을 넘어 혜국사(惠國寺) 밝은 달에 자리깔고 맑은 대화가 몹시 그리웠으나 시간이 부족하므로 단념하고 밤에는 이 지역 각방면의 유지 17~8인과 늦도록 시짓기를 하였다.

이날은 음력 8월 12일 밤 밝은 중추의 달이 봉명산으로부터 떠서 벌써 백화산의 남단 옥녀봉 너머에 지나는데 뒤로 주흘산의 준봉과 남으로 진남관 일대의 천봉만장이 울창하게 들어 엉키어 천성한 유진지(留陣地)로 된 문경읍내의 고요한 광경이 말할 수 없이 청허심수(淸虛深邃)한 뜻을 일으키게 한다. 나는 이 시골의 청년 선구자들의 진지한 새 노력이 이 계곡중 순박한 인

민들로 점점 향상의 길을 걷게 하기를 뜨거운 마음으로 축하하
지 아니할 수 없다(『조선일보』, 1927년 9월 21일, 1면).

○ 1927년 9월 21일 안재홍의 문장

『조선일보』 김동환이 「명문장」이라는 제목으로 기고를 하면서 안
재홍의 문장에 대해 민세가 쓴 월남 이상재의 조문에 대해 고풍미가
있는 명문장이라고 평가하고 있다.

애사(哀詞)[225] 말이 나왔으니 말이지 이상재 선생이 돌아가셨
을 때 세 신문에 하루에 똑같이 애도의 사설이 실렸는데 동아(東
亞)의 것은 유아가 죽은 엄마의 가슴을 뜯듯 놀라운 시적 필치
로 정감을 움직여 마치 봄밤 젓대의 슬픈 소리를 듣는듯 몹시 슬
펐고 조선(朝鮮) 것은 엄연호방(嚴蓮豪放)[226]한 속에 문장에 고
풍미(古風味)가 있어 마치 가을밤 왕참대통소를 듣는 듯 처장(凄
壯)하였고 중외(中外) 것은 장중한데다가 애모(哀慕)의 감상과
기분이 흘러 가을달을 외로이 응시하는 비회(悲懷)를 느끼게 하
였다.
동아는 주요한(朱耀翰) 씨가 쓴 것으로 청년이 많이 읽을 것이
고 조선은 안재홍(安在鴻) 씨가 쓴 것으로 노년·장년이 많이 읽
을 것이고 중외는 민태원(閔泰瑗) 씨가 쓴것으로 장년이 많이 읽
게 되었다. 이밖에 순종효황제(純宗孝皇帝) 때에 시대일보(時代
日報)에 구연흠(具然欽) 씨가 큰행사의 애사(哀辭)를 쓴 것이 있
는데 명문장이었다(『조선일보』, 1927년 9월 21일, 3면).

225) 죽은 사람을 추모하는 글.
226) 엄숙하고 호방한.

○ 1927년 9월 25일 신간회 나주지회 설립대회

오전 12시 신간회 나주지회 설립대회에 참석하고 축사를 했다.

전남 나주에서는 기보한 바와 같이 지난 25일 정오에 이 지역 청년회관에서 설립대회를 개최한 바 회원 55명 중 출석회원 40명과 기타방청객으로 장내는 만원인 성황리에서 김창용 씨가 개회를 선언하매 당지 경찰서에서는 고등계주임 경관 등 6~7인이 임석하여 회장은 긴장된 공기가 충일하였으며 박준삼 씨의 의미심장한 개회사를 비롯하여 본부에서 출석한 안재홍 씨의 취지설명이 끝나자 양장주 씨의 경과보고가 있은 후 임시집행부를 선거하니 의장 양장주 서기 김상달 씨가 피선되어 점명과 강령규약을 통과하고 각지 우의단체에서 온 축전과 축문 10여 통을 낭독한 후 임원선거에 아래와 같이 선거가 끝나자 순서에 따라 내빈 5인의 열렬한 축사가 있은 후 만세삼창으로 오후 5시에 폐회하였다(나주).

임원
회장 김병두 부회장 김창용 간사 서경규 박준삼 양장주 박태근 송상기 김형호 김상달 이재순 전인국 전창익 김규섭
(『조선일보』, 1927년 9월 29일, 4면)

○ 1927년 9월 25일 신간회 나주지회 설립 강연회

저녁 8시 신간회 나주지회 설립대 기념 강연회에서 '조선인의 금후 운동'이라는 주제로 강연을 했다.

전남 나주신간지회는 별항과 같이 설립되었는 바 9월 25일 저녁

〈사진 13〉 신간회 나주지회 설립대회에 참석한 안재홍. 앞줄 왼쪽에서 9번째 (1927. 9. 25)

8시에 신간회 설립대회장에서 선전강연회를 개최한 바 청객은
정각 전부터 운집하여 대성황을 이뤘는데 연사와 연제는 아래와
같은 바 그중 오영씨가 등단하여 우리라는 발언을 하자 신경과
민한 경관의 중지 소리가 포발하여 여지없이 중지되고 말았는데
일반청중은 이유를 질타하였으나 할 수 없이 폐회되고 말았다
(나주)

연제와 연사
우리는 과업이 무엇이냐 이항발
조선인의 금후운동 안재홍
유물적 사회관 오 영
(『조선일보』, 1927년 9월 29일자, 4면)

○ 1927년 9월 27일 3시 신간회 공주지회 설립대회 참석

오후 3시 신간회 공주지회 설립대회에 참석해서 축사를 했다.

그 동안 연기를 거듭하던 신간회 공주지회의 설립대회는 만반으로 준비가 완료되어 지난 27일 오후 3시에 당지 경찰의 무리한 간섭 아래 이 지역 극장 금강관(錦江館)에서 개최하게 된 바 동 지회 설립에 대하여 언제나 주시를 게을리 아니 하던 당지 경찰은 그동안 여러 가지로 간섭 끝에 설립대회를 하루 앞둔 지난 26일 아침에 돌연히 일체 집회를 금지한다고 선언한 바 이 소리를 들은 동 준비위원 일동은 대단히 분개하여 경찰서에 가서 그 이유를 질문한 바 현재 공판중인 공산당사건의 공판이 끝나기 전에는 도저히 허락할 수 없다하므로 다시 도(道)경찰부로 직접 교섭한 결과 일체 결의사항을 빼어놓은 단순한 설립대회만을 허락하는 동시에 선전 삐라의 배부와 시내요소에 광고 첩부까지 일절 금지한다는 조건부로 간신히 허락를 얻어서 개회하게 되었다.

개회전부터 일반회원은 물론 방청객까지 운집하여 대혼잡을 이루었으나 도 경찰이 일반회원 이외에는 절대로 입장을 금지하므로 30여 명 회원과 10여 명의 정사복 경관의 장내·장외에 엄중한 경계하에 준비위원 유정현 씨의 개회사로 개회되어 회원점명이 있은 후 임시집행부로 의장 김수철 씨 서기 윤홍중·황성혁 양씨를 선거한 후 준비위원을 대표하여 윤귀영 씨의 경과보고가 있었으며 계속하여 각지 우의단체로서부터 온 축전·축문낭독이 있은 후 그 다음으로 본부 총무간사 안재홍씨의 취지설명이 있은 후 규약낭독과 임원선거가 있었는데 회장 유정현·부회장 서덕순 양씨를 위시하여 다음과 같이 간사 10인이 당선되었으며 결의안인 회관문제에 관한 건, 예산편성에 관한 건 등은 간사회에 일임한 후 김수철씨의 발성으로 만세를 삼창한 후 회를 마치고 회원일동이 일석에 모여 기념촬영이 있었으며 계속하

여 당지 동춘루에 설비한 만찬회 석상으로 옮기 안재홍 씨를 주
빈으로 간사 등이 참석하여 충분한 간담교환이 있었다.(공주)

(『조선일보』, 1927년 9월 30일, 4면).

○ 1927년 10월 1일 지방열(地方熱) 단체문제

『조선지광』 1927년 10월호에 「소위 지방열(地方熱) 단체 문제」라
는 제목으로 기고를 했다. 조선에서는 지금 민족단일당 운동이 전개
되고 있는 만큼 지역적 분파주의를 극복하고 하나가 되어 집중·통
일된 생각이 필요함을 강조하고 있다.

최근에 지방열 단체가 한창 문제되어있다. '지방열(地方熱)'이
라는 명사부터가 조선에서 오랜 정실관계(情實關係)에 익숙해진
사람이 아니고서는 귀에 매우 서툰 명사이거니와 조선에서는 자
고이래- 줄잡아 몇십년 이래로 소위 지방열이라고 지명되는 전
설적인 편견을 가지게 되었다. 그리하여 이 지방열이라는 한지
방을 표준으로 그 애증(愛憎)과 분합(分合)을 결정적으로 하다시
피하는 특수한 파쟁심리(派爭心理)가 존재하여 오면서 많은 방
면에서 적지 않은 악영향을 준 것은 가릴 수 없는 사실이었다.
최근 소위 지방열단체(地方熱團體)라는 것이 오래전부터 내려
온 것과 같이 심한 지방열을 가진 반동의 것인지 아닌지 일률적으
로 단정하기는 어려우나 전민족적 총역량을 집중하자는 민족단일
당 정신의 표방에 비추어 그에 배치(背馳)되는 것만은 다만 오십
보백보(五十步百步)로서 갑을을 논할 여지가 없을 것이다. 이것
은 지방열 박멸운동이라는 것이 현재 일반의 여론과 병행하면서
상당하게 기세가 이어지는 원인인 것이다. 이제 나는 『조선지광
(朝鮮之光)』 편집인의 요구에 응해 졸문(拙文)을 쓰게 되었다.
지방열이라는 것이 특수한 파쟁심리에서 나온 것이라는 것은

위에서도 조금 말했다. 파쟁심리는 소위 영웅주의 즉 개인을 중심으로 한 통솔욕·지배욕을 만족하고자 하는데서 출발한 것이다. 어느 사회 어떤 인물에게든지 어떤 정도의 영웅주의가 나타나고 있지 않은 자는 없을 것이니 통솔욕·지배욕을 가지는 것이 인류의 생물적 본능으로 전혀 근절될 수 없는 것이라고 하면 이런 생물학적 욕망을 전혀 떠나서는 존재할 수 없는 인류로서는 반드시 어느 정도까지 영웅주의자라는 자가 그 심리의 일부를 구성하여 있을 것이요 따라서 어떠한 종류의 파쟁심리가 움직이고 있을 수 있다.

그것은 소위 자기주장과 자기폄하라는 적극적·소극적 두 종류의 본능이 거의 예외없이 인류 자신에게 있다는 견지로 보아 부인할 수 없는 것이다. 자기주장의 본능이 개인중심의 권력신장의 야심으로 발현되어 이것을 성취하려는 방편이 불순한 동기가 되어 일개의 파쟁적 세력을 구성하게 된다. 이것을 위해서는 향토적 동류의식에서 출발한 소위 지방열이 왜곡되게 전화(轉化)하는 향토감정을 이용하게 되는 것이다. 자기주장의 본능이 발현되는 일면으로 반드시 자기폄하, 즉 소위 영웅숭배의 본능이 많은 사람에게 발현되어 이것이 지방적 동류의식에 의해 일층 왜곡되게 될수 있는 것이다.

이리하는 동안 향토감정에서 지배되는 파벌심리가 차차 선명하게 형성되어 지방열이 되고 마침내 그것이 배타적 형식으로 드러나 완전한 파쟁단체로 존재하게 되는 것이다. 그런 이유로 지방을 표준으로 구성한 단체는 넓게는 어느 것이든지 모두 지방열단체이고 또 그렇게 될 가능성 혹은 필연성을 가진 것이라고 하겠다. 선의로 해석해서 향토적 감정을 이용하여 모든 사업을 잘 발전하게 할 수도 있지만 그것이 단순한 사교기관으로 존재할지라도 다소 지방열을 조장할 가능성이 있겠다.

게다가 만일 어떤 특수한 목적을 붙여 운용하는 자가 있다하면 거의 예외없이 지방열단체화하고 말 것이다. 하물며 조선 전래의 전통적 풍습은 이러한 폐해가 필연적으로 생길 것이다. 지방을 표준으로 정치·산업 특히 사교·교육 등 어떤 분립적 혹은 병립적 단체를 형성하는 것은 동서 열국(列國)에 그 예가 드물지 않다. 러시아와 미국·중국과 같이 광범위한 영토를 가진 나라는 더군다나 말할 것도 없고 기타 열국들도 어느 정도까지 지방 분립 혹은 병립의 형세를 가지게 되는 것이다. 영 제국의 잉글랜드, 스코틀랜드, 웨일즈 등 지방적 체계를 농후하게 가지게 된 것은 당년 각개의 국가로서 병립하였던 역사로 보아 당연하다고 할 것이다.

독일이 또한 수 십여개의 연방국이었던만큼 이 경향이 현저했고 이탈리아가 남북을 따라 그 습상(習尙)[227]과 감정을 달리하는 바 있거든 그들의 정당사, 외교사상에까지 영향을 끼친 바에 비춰보아 또 현저한 일이다. 러시아는 각개의 대소국가를 통합한 국가이던 것만큼 대러시아, 소러시아, 백러시아 및 타민족으로 병립한 종합체로서 현재 소비에트 사회주의공화국연합의 명칭으로 존재하는 것이 미래에 대해 각 민족을 포괄하려는 포부로 보이지만 과거로부터 연결되어 있는 각종의 지방적 분포에 의한 민족적 제관계에 기초한 바임을 알게 한다.

남북전쟁 이래 미국민의 감정이 아직도 다소의 그 형적(形跡)을 남긴 것을 부인할 수 없겠지만 최근 동부 여러 주와 서부 여러주의 인사들이 그 습상(習尙)·기호(嗜好) 또는 정치적 경향까지 달리하는 바 있는 것은 식자들이 공통으로 인정하는 바이다. 앞의 여러 나라의 예를 보아서는 지방적 감정이란 것이 아무 병폐로 드러나는 바가 없고 미국의 남북 감정이 오히려 다소의 형적을 남겼으나 그것이 정치적으로 어떠한 영향을 미치지는 않는다. 하물며 미국의 융성한 국운은 이러한 구구한 지방감정이 대세력에 어떤 영향을 미치게할 여지가 없다.

그러나 중국의 예를 본다면 그 인민의 문화진보의 정도를 보아서 정치적 형세가 안정되지 못한 점으로 보아서 적지않게 악

---

227) 습관이 되어 숭상하는.

영향을 주는 바 있다. 직례(直隷), 안휘(安徽), 봉천(奉天) 등 각파 군벌이 대립하게 되었다는 것은 그들의 세단(勢團) 관계가 대부분 정치적 세력관계에 의해 분열됨으로써 꼭 지방감정이라고 할 수는 없지만 정국성패의 이면(裡面)의 이유를 이뤄 현재에도 절강벌(浙江閥), 광동벌(廣東閥), 기타 운남(雲南)·광서(廣西) 등 군벌이 상당히 그 정치적 통일을 방해하고 있다. 이는 중국의 현재 정치적 병폐의 한 조건이 되겠지만 남북만리 언어가 통하지 못하고 풍속과 습상이 아울러 같지 않은 그들로서는 오히려 이상하지 않은 일이다.

연성자치(聯省自治)의 논의가 최근 자못 그들 식자 사이에 공감을 얻는 것은 차라리 당연할 일일 것이다. 일본에 있어서도 이 경향이 자못 짙으니 장주(長州), 살주(薩州), 토좌(土佐), 동북(東北) 등 각종의 파벌이 형성되어 오는 것은 거론하지 않더라도 소위 아무개 현인회(縣人會)로서 자못 문호(門戶)를 각립(各立)하는 관(觀)이 있어서 중국의 성인회(省人會)와 구별할 수 없는 듯하나 저들이 그로써 정국의 이면을 좌우하도록 맹목적인 감정에는 빠지지 않는다. 이상의 몇몇 나라의 예로 보아서 다소 지방적 색채를 띠고 나가지 않는 국민은 없으나 그로써 특수한 파쟁의 기관 혹은 그의 본영(本營)으로 만들어서 한 나라의 정치운동을 두독(蠹毒)[228]하게 하는 예는 거의 없고 중국의 그것은 다소의 병폐를 끼치는 것이나 병폐는 마침내 병폐로서 개혁을 요구하는 바이다.

하물며 앞서 말한 바와 같이 남북만리 언어풍속을 전혀 달리하는 그들의 국민정서에 돌아봐서는 조선으로서는 비교할 수 없는 바이다. 이러한 점으로 보아서 만일 외국의 예로써 조선의 그것을 변호하고자 하는 자가 있다면 그는 우선 근본적으로 배제할 책임 회피의 궤변(詭辯)이 될 것이다.

조선에 있어서 모든 지방단체는 확실히 왜곡된 감정을 떠나

---

228) 좀의 독. 남에게 해독을 끼침.

지 못했다. 국내에 있어서는 우선 각종 학회의 이름으로 대립해 왔고 국외에 있어서도 이로 인해 때로는 격심한 파쟁을 일으켰고 그 결과는 생각이 있는 사람들의 마음에 상처를 일으킬 정도까지 갔다. 이 여파가 지금까지 있어서 특히 해외에서 그 유래를 많이 보게 되는 것은 주의와 정견이 서로 합치하지 못할 것이 아니고 한 지방에 거주를 함께 한다는 관계로 애증과 분합(分合)을 결정한다는 것은 논의할 여지 없이 퍽 병적인 현상이다.

한 도(道)에 하나씩 병립을 하게된다 하더라도 정치적으로 썩 재미없는 결과가 생기려니와 더욱이 여러 도를 연합해 특수한 지방적 색채를 짙게 가지는 것은 매우 정치적 불온성을 가진 것으로 그 해독이 심상치 않을 것을 단언할 수 있다. 혹은 한양조 오백년간 용인행정(用人行政)[229]이 왜곡했던 원인으로 해서 여러 지방이 연결해 지방적 색채를 일으키고 이에 자극돼 그와 대립되는 단체가 생기는 등 아이와 같으면서 그 실은 천하의 대사를 그르치는 것은 과거에는 어쨌든 장래에는 없을 일이요 없어야 할 일이요, 없도록 해야할 일이다.

이 처지에 있어서 또 무슨 분쟁이냐? 이러한 감상적(感傷的) 절규는 차라리 무용하다고 한다. 물론 지금 진보되고 통일되어 가는 조선 사회에 있어서 그러한 일이 있을 수도 없다. 그러나 만일 이러한 지방적 색채에 의해 존립하고 활동하는 바가 있다 하면 그는 첫째 전민족적으로 또 민중적으로 집중 통일해야할 정치적 과정을 파괴하는 것이 됨은 물론이요, 편벽되게 그것을 주장하는 지방 인사들로서도 결국은 하등의 수확도 없이 다만 환멸의 막을 재촉하게 될 뿐인 것은 번거로운 이론을 요구할 바가 아니다.

조선은 중국처럼 광대한 영역이 없다. 그들의 병폐를 그대로 따를 필요는 조금도 없다. 장주(長州)·살주(薩州) 등 파벌의 전

---

229) 인재를 등용하는.

횡(專橫)은 일본 유신 60년 이래의 고치기 어려운 폐단이다. 조선으로서는 이것을 효빈(效顰)[230]하여야할 이유는 없다. 조선인에게 지금이 일어나서 민족단일당운동(民族單一運動)이 아직도 질적으로 외롭고 위태로운 처지에 있으니 만인이 힘써 그 분파적·원심적(遠心的) 경향을 꺾고 집중·통일로 향해 나가야할 때이다.

이 때이기에 무릇 얼마든지 이 방책에 배치되는 일이면 우선 배제하는 것이 시대적으로 필요하여 부족하지 않은 일이다. 이 점은 선의인 지방단체의 수뇌자들도 특히 냉정한 견지에서 여론에 복종할 필요가 있을 것이다. 더욱이 만일 그 출발점에서부터 불순한 바가 있다면 그는 반드시 민중의 강열한 요구로써 최후까지 제척(除斥)하고야 말 것이다. 이는 피아(彼我)의 이해관(利害觀)이란 것보다도 각자가 일종의 병균에 전염된 것을 맹렬히 반성해야할 까닭인 것이다.

민중 자체에게 쓸모없는 결국은 저급한 분열에 의해 통치자(統治者)들로 이익을 앉아서 쉽게 얻게하는 예는 매우 많다. 인도교·회교·기독교 등 종파간 알력을 이용하여 300년간 통치의 안전을 보장하여 오던 것은 영제국이 인도 3억인에 대해 관용하는 비결이다. 성웅의 칭이 있는 간디씨가 한번 나오니 이 개탄할 추태를 씻어버리고 일대 민중운동을 지도했다. 이는 1차 세계대전 이래 인도운동이 능히 세계적 명성을 지켜오는 진상이다. 단결이 무기가 된다는 것은 약자를 위해서는 평범한 대진리이다.

조선에는 다행히 이러한 인도와 같은 신앙상의 알력은 없다. 이것을 지방 구획에 의해 만일일지라도 같은 경향과 결과에 빠지게 한다면 그것은 회복할 수 없는 손실이다. 우리들은 지금부터 조선에서 이와 같은 일을 우려하지 않는다. 그러나 지금까지의 조선사회에는 얼마쯤의 경향이 있었던 것을 단언한다.

---

230) 남의 결점을 장점으로 알고 따름.

지방열단체라는 것이 특수한 파쟁심리에서 나온 것은 이제 다시 말하지 않는다. 그러나 이것은 민중적 특히 전민족적 감격·이상·욕구 운동이 부족하다는 표징(表象)이 되는 것이다. 지난 일은 말할 것도 없고 근고(近古) 수백년 한양조의 역사만 본다하더라도 현저하게 된 파쟁, 당쟁의 사실은 결국 거국일치로써 백열(白熱) 또 진지한 운동을 결여(缺如)하게 되었던 역사적 부산물인 것을 개론(槪論)할 수 있다.

　　고려 이전에 당쟁이 없었으니 논자 혹은 순박단솔(淳朴坦率)한 초매시대(草昧時代)[231]의 표징이라 하여 한양조의 그것은 유교사상을 중심으로 일시 향상된 문화적 영향에 기인하는 바라고 하나 그것은 결국 압록강 이남 소반도에 퇴각하여 국제적 쟁점의 세력권에서 떨어져 본능적인 통제욕·지배욕을 부질없이 국제적인 경역(境域)으로부터 문족적(門族的) 소천지에 퇴화 농성(籠城)하게 된데서 파생한 귀결인 것은 누구나 다 인정하는 바이다. 이것이 1대, 2대 세월을 바꾸는 동안 재전삼전(再轉三轉)하여 거의 상습적인 알력과 분열의 영향을 짙게했고 이것이 또 격변되는 시국의 영향을 받아서 다시 지방열적인 파쟁을 출현하게 된 것이다.

　　이 고질적인 파쟁심리가 해외에 가서, 국내에 있어서, 민족운동과 사회운동 등 각 방면에 거의 전형적인 파쟁을 지속했고 동시에 기타 일반 산업으로 많든 적든 민중을 좌우하는 기관에는 반드시 예외없게 생겨나게된 시말(始末)이다. 그리하여 전민족적 감격·이상·욕구 운동이 결여함에 의해 파생된 파생심리는 오늘날에 거꾸로 민족적 집중통일을 저해하는 내재적 한 원인이 되는 것은 기괴한 듯 그 실은 각각 깊은 반성을 요하는 바이다.

　　더욱이 최근 국내 국외를 막론하고 통일(統一)·귀일(歸一)·단일(單一)의 주장이 이미 대표적인 시대의식을 구성하여 사회·민

---

231)　천지 개벽의 시대. 거칠고 어두운 세상.

족 각 운동선상을 아울러 이미 대부분 실현의 도정중에 있으니 이 때에 있어서 만일 이 시대적 또 대중적 요구인 통일의 정신에 위배되는 것이면 미성(未成)과 기성(旣成)의 것을 막론하고 일률적으로 해체하여 단일의 촉진을 꾀할 것이다. 여기에는 정실의 관계를 서로 버려야할 것이다. 요컨대 조선 쇠퇴의 주요한 한 원인인 파쟁의 전통을 계승하는 영웅주의의 변형적 표현인 지방열 그것을 엄정하게 제척해야할 것은 물론이고 비록 그 경향이 아직 짙지 않은 자라할 지라도 그 가능성·필연성을 가진 단체에 대하여 지금 문제가 되어 있는 것은 당연하다 하겠다.

논자가 있어 말하기를 지방열단체 운운은 도리어 소멸되어 가는 지방열이란 것을 각성시키는 매우 현명하지 못한 일이라고. 그러나 한편으로 단일당의 운동이란 것이 있고 한편으로 지방열단체 배척운동이 있으니 이미 출현한 운동은 마땅히 그 결말을 보고 말음이 당연할 것이다. 지금에 있어서 편곡사악(偏曲邪惡)한 지방열을 고취하거나 따라 추종할 자 없을 것을 우리들은 확신하거니와 미연에 방지하고자 하는 것은 또 만부득이 노파심에서 나왔다 하겠다. 마지막으로 만일 이로써 이유를 삼아 평소 애증을 달리하는 자들의 감정을 새로 격하게하는 바가 있다하면 이는 파쟁을 박멸하기 위하여 파쟁을 조장하는 의외의 결과로 될 수 있는 것이나 이는 특히 각자의 유의할 바이다(『조선지광』, 1927년 10월호).

○ 1927년 10월 8일 농민노동도(農民勞動道)의 수립

『조선일보』에 「농민노동도(農民 勞動道)의 수립」이라는 제목으로 기고를 했다. 노동을 천시하는 양반도에서 벗어나 노동의 가치를 중시하고 스스로 피땀을 흘리며 생활의 힘찬 노력을 다하는 농민노동도가 필요함을 강조하고 있다.

우리는 일찍이 농민도(農民道)의 고조를 주장했다. 조선이 농업국이요 조선인이 농업민이요 그 경제적 제조건이 농업국·농업민으로서 존립 발전할 대부(大部)의 필연성을 가진 까닭에 그것을 주장했다. 농민도의 구성요소에는 여러 가지 과목이 있을 것이니 농업에 관한 지식·기술 등은 가장 중요한 것이다. 그러나 이 이외에 다시 필요한 것은 수많은 조선인민으로서 농업민으로 농업자로 농업노동자로서 스스로 맨발에 땅을 밟고 땅을 파 흙을 주무르면서 질박굴강(質樸倔强)[232]한 역작가(力作家)되는 정신을 가지는 것이다.

이것은 마치 초등학교의 수신을 말함과 같아서 극히 평범한 바이지만 오늘날 조선인민의 생존노력의 한각(閑却)[233]된 일면은 확실히 이곳에 있다. 이것은 조선인 식자가 철학적으로 추출한 한 관념론이 아니요, 피와 땀을 섞은 분투의 마당에서 체험하고 통감한 실증에 의해 주장하는 바이어야 한다.

자본주의 진격의 아래 석권되는 바 경제현상은 오늘날 다시 말하지 않는다. 그러나 역사적 필연성이 어떻게 과정함은 별개로 논하고 조선의 청년 특히 대부분인 농촌청년들이 우선 자주적인 한 노작자(勞作者)로서 그 직분을 삼고 그 생활을 개척해볼 각오를 가져야할 것이 무엇보다 긴요한 문제이다.

우리들이 평소 지적한 바와 같이 서생(書生) 지배의 전통적 습상(習尙)을 가진 조선에서는 학업을 마친 청년들에게 지금도 의연히 노동 천시의 양반도(兩班道)의 발호(跋扈)를 보게 되어서 청운을 꿈꾸는 과유식(科儒式)[234] 관념으로 결국은 관공리(官公吏)·회사·은행 등에 봉급인으로의 취직을 유일한 목표로 하고 즐겨 스스로 노동역작하는 길에 나아가고자 하지 아니하니 이는 일반적 병폐이거니와 더욱이 농업학교 출신자의 상황을 돌아보

232) 수수하고 꾸밈없는.
233) 무심하게 내버려둠.
234) 과거급제를 목표로 하는 유교의 태도.

아 가장 현저하다 할 것이다.

최근 조선에는 각종 농업학교를 통해 매년 600명의 졸업자가
나오거니와 지금까지 집정(執定)된 취직처와 같이되었던 도군청
과 부면 등 관공리로서의 농업지도자와 군농회의 기술원이 되는
길이 차차 두절됨에 따라 점점 특종(特種)의 실직자로 되어버리
되 스스로 농촌에 돌아가 농민과 섞여 신진 농업자·농업노동자
로서 생활하는 자는 극히 적고 뿐만아니라 그것을 당연한 사명
시하는 의식조차 결핍한 모양이니 이는 비록 편들어볼지라도 매
우 반갑지 않은 도덕적 현상인 것을 단언하지 않을 수 없다.

여기에 있어서 긴 이론은 필요하지 않다. 어떤 시대든지 노
작(勞作)을 꺼리는 자의 번영할 땅을 남겨두지 아니했다. 어떠
한 신사회에서든지 노작하지 않는 자가 예찬되고 존중되는 도리
는 만무한 것이다. 실직·부직·날식의 비애를 하소하기에는 나
도 남에게 떨어지지 않지만 이 중에 있어서 오히려 하늘의 햇빛
을 쐬면서 토양을 헤쳐가면서 노작자가 됨으로써 자기의 인간으
로서 할 수 있는 최선의 길을 밟아나가야 할 것만은 드디어 칭탁
(稱托)[235]함으로써 회피할 수 없는 바이다. 스스로 노작하고 피
땀을 흘리되 오히려 옷입고 밥먹지 못하고 생존을 보장할 수 없
는 곳에 그들은 대지에 굳게 뿌리박은 생활의 힘찬 노력에서 귀
납하는 묵직한 또 뻑뻑한 노동자·농민 대중의 반발력(半撥力)을
그들 생존투쟁상에서 발휘하게 될 것이다.

농민도·농민노동도의 수립을 고조한다! 평시에 있어서는 견
실한 사회를 지키는 힘이 되고 비상시에는 가장 위대한 굳세고
강인함을 가진 대중적 위력으로 구현될 것이다. 조선은 지금 이
것을 요한다.

최근 조선의 통치당국은 바야흐로 실업교육 장려를 계획하여
1군 1실업학교의 실현 이야기를 듣게 된다. 이것의 정략적 의미

---

235) 사정이 어떠하다고 핑계를 댐.

를 지금 지적하거나 비평하지는 않겠다. 그러나 현실 타파를 갈
망하는 자라 할지라도 현실의 포태(胞胎)[236] 속에서 생장할 수
있는 최대한도까지 생장하기를 꾀하는 것이 뛰어넘어갈 수 없는
과정이라한다면 조선인 청년들은 배울 수 있는 각학교에서 실업
적인 각종 지식과 기술을 얻고 향토를 배경으로 취직의 권리를
다투며 그렇게 안되는 때에는 자주적인 노작인으로 오히려 생존
이 보장되지 않는 곳에 비로소 최대 한도를 넘어서서 파열의 과
정에 끌려들어가는 것을 의식해야 할 것이다. 요컨대 조선인 대
중의 농업노동도의 수립과 고조는 현재 가장 필요한 생존의식의
한 표현이다(『조선일보』, 1927년 10월 8일, 1면 1단).

○ 1927년 10월 9일 동초 이종정 만몽 답사

『조선일보』에 「동초(東樵) 이종정(李鍾鼎) 만몽답사(滿蒙踏査)를
송(送)함(상)」이라는 제목으로 기고를 했다. 만주와 몽고지역에 흩어
져서 사는 3백만 가까운 조선인의 현실을 직시하고 이 지역 답사에
나서는 이종정의 귀한 헌신을 축하하고 있다.

안현사건(安縣事件)! 임강현사건(臨江縣事件)! 옥를골 사건!
만몽(滿蒙)에 이주하는 조선인 동포의 평안함과 근심과 사활에
관한 이같은 사건는 하루도 끊일사이 없이 연해 연방 생겨난다.
쫓겨남! 능욕! 학교의 폐쇄! 농작물의 수탈! 등 모든 소식은 만
몽에 수백만의 이주 동포를 둔 조선인으로서 타는 가슴이 식을
새 없고 때때로 다만 동포들의 비참한 운명이라는 악몽을 꾸고
있게 된다.

---

236) 잉태. 아이를 가짐.

만몽은 접양(接壤)[237]의 땅이다. 아니 그는 유사이래 전후를 통하여 조선인 발상(發祥)의 땅이요 수천년 피땀으로 개척하고 경영하던 땅이요, 지금도 압록 두만 실개천 같은 물을 건너서 민물(民物)의 교통과 긴밀한 이역(異域)으로써 말할 수 없는 곳이다. 하물며 만일 조선인의 문척(聞拓)[238] 경영으로 그 오랜 발전을 기하고 현재 어봉(魚鳳)의 액(厄)[239]을 구할 것을 볼진대 만몽의 문제됨이 얼마나 중대한 것을 새로이 말할 필요가 없을 것이다. 그러므로 만몽을 답사하여 그 지리·풍토를 검색하고 동포이주의 성패의 실황을 기술하고 넓혀 천하사녀에게 소개하는 것은 전민족적 한 사업이 될 것이요, 다음으로 유력한 공공한 단체 기관에서 주력할 분야가 될 것이며 적어도 뜻있는 한 개인의 헌신적인 노력이 필요한 것이다. 이제 동초 이군이 정신(挺身)[240]하여 만몽답사의 길을 떠나되 여러 어려움을 무릅쓰고 의연히 홀로 실행하고자 하니 그 의기의 장함과 노고 많음을 위하여 그 처음 가는 길을 축하하고 성공을 빌지아니할 수 없다.

이군 동초 몸을 관북(關北)의 촌사(村舍)에 일으키어 일찍이 해외를 둘러보았고 다시 돌아 만주 답사에 나서서 자못 어려움을 겪은 바 있었다. 간도일보(間島日報)가 간행되니 일시 그 편집의 일 당하였고 느낀 바 있어 곧 본보를 위하여 간도 특파원이 되니 당시 혁신의 처음에 있어 북방 동포의 소식을 알림이 상세하고 신속하므로 많이 본사의 발전을 떠받침이 있었다.

지난 겨울 간도로부터 경성에 돌아와 다시 본사에 있은지 8개월에 함께 덧없는 세상의 어려움을 겪어가며 아침저녁으로 항상 만몽답사의 숙지(宿志)[241]를 관철키로 기약하더니 이제 날씨 맑고 깨끗한 늦가을 계절에 결연히 만몽(滿蒙)의 들에 나가니 때인

---

237) 다른 지역과 맞닿은.
238) 널리 보고 개척하여.
239) 곤경스러운 처지.
240) 어떤 일에 앞장서 나감.
241) 오래 전부터 마음에 품어온 뜻.

저 때인저 오래된 벗을 위하여 그 장풍만리(長風萬里)의 큰뜻을 이룸에 기뻐하지 아니할 수 없다.

만몽 수백만의 동포라 한다. 나는 정확한 수를 알지 못하였다. 왕년 봉천·길림·흑룡강 3성은 이주 조선인의 총수 2백만에 달함을 보도하였다. 이제 만일 몽고와 서시베리아에 번성하는 동포를 더할진대 북방 대륙 3백만의 조선인이 이주함을 추정할 것이오 2천 3백만의 백의 가운데 그 2할에 가까운 수가 이 대륙에 있음을 알 것이다. 만몽답사의 일이 어찌 중차대하지 아니하냐? 군을 위하여 그 첫 생각을 관철하기에 철구강심(鐵軀鋼心)[242]을 최종까지 발휘하기를 기원하지 아니할 수 없다(『조선일보』, 1927년 10월 9일, 1면).

○ 1927년 10월 9일 민중교양운동

『조선일보』에 「금년의 민중교양운동」이라는 제목으로 기고를 했다. 농한기를 이용해서 농촌지역 문맹타파와 같은 민중교양운동의 지속과 활성화가 필요함을 역설하고 있다.

교양운동이 조선인 대중에게 퍽 필요한 것은 다시 말하자 말자. 일반적인 교육 그것보다도 교양이라는 숙어에서 새로운 시대의식을 가지게 되는 것이다. 교육이란 것이 다만 막연하게 사물 혹은 문자의 지식을 주입함에 그침은 아니겠지만 교양이라는—더욱이 교양운동이라는 데에는 특수한 의식적·계획적인 열정과 힘을 아울러 들어붓는 시대 준비 과정으로 주장하게 되는 것이다. 그리하여 조직운동 또는 투쟁운동에 뜨거운 분투를 하든지 선구자로서는 누구든지 교양운동이 매우 긴절하게 요구된

---

242) 튼튼하고 굳센 몸과 마음.

다는 것을 승인하게 되는 것이다. 이것도 유한한 식자가 철학적
으로 추출한 한 관념론으로서가 아니요 그야말로 피와 땀을 섞
은 분투의 마당에서 체험하고 통감한 실증에 의하여 주장하는
바인 것이다.

민중의 무산자화(無産者化)가 운동 촉진의 과정에 있어서 자
못 기뻐할 현상인 것 같이 주장하는 자가 있다. 이는 일리가 있
는 바이지만 무지식(無智識)한·무의식(無意識)한 인민의 비조직
화한 무산화(無産化)는 아무것도 운동을 위해서는 광명이 되지
못하는 것이다. 그는 분산적인 무지한 무산인민은 진정한 의미
의 무산대중(無産大衆)을 의미하지 못하는 것이요, 따라서 또 시
국개조에 대하여 아무 역사적·정치적 요소가 되지 못하는 것이
다. 더구나 이로써 소위 투쟁의 주력부대가 당연히 될 것같이 믿
는 것은 일종의 과학적 미신이다.

그는 분산적인 방황하는 인민이 아무 조직적·집중적 위력을 발
휘할 수 없음이 너무 명백한 까닭이다. 이러한 견지로 보나서 조
직운동이 투쟁운동을 위하여 퍽 긴요한 준비과정이 되는 것과 같
이 교양운동이 또 모든 운동의 출발점이 되는 것은 명백의 정도를
지나서 명백하다. 다만 교양운동이 그다지 쉬운 일은 아니다.

문맹타파의 운동이 작년으로 거의 획기적인 왕성한 현상을 보
였다. 작년 가을 농한기가 시작됨으로부터 '가갸날'의 기념을 기
회로 각지방에서는 문맹타파의 소리와 함께 교양운동이 발흥하
게 되었다. 금년의 지금은 아직 수확의 농번기다. 그러나 이용해
야할 농한기는 곧 목전에 임했다. 벌써 농촌야학이 시작되었음을
알리는 곳이 있지만 각지의 선구자와 식자들은 이 농촌의 야학
즉 대중교양운동을 위하여 주도면밀한 준비가 있어야 할 것이다.
그 장소 설치와 교재를 아울러 그다지 쉬운 일은 아니지만 대개
는 피교양자가 자급적으로 될 수 있는 일이요 선구자들의 헌신적
봉사에 의해서만 이것을 실현할 수 있는 것이다. 이 일에 관해 이
미 많은 경험을 가졌으니 더 말하지 않는다. 다만 여기에 관해 고

려를 요하는 것은 그 책임자될 사람들의 가질 바 태도이다.

명달(名達)을 추구하는 것은 인류의 생물적 본능이다. 사람으로서 거세되지 아니한 이상 어느 정도의 명달을 전혀 단념하라는 것은 도리어 억지일 것이다. 그러나 조선의 모든 일이 명달을 위하여 많이 실패되니 운동선상이 일이 또한 그러하다. 교양운동은 워낙 투쟁을 위해서의 일이지만 조선의 교양운동은 투쟁을 정면으로 고조하는 것을 허용하지 않는 현상이다.

뿐만 아니라 소위 이름있는 투쟁의 선비로서 이러한 교양운동에 가장 효과 많은 노력을 하기에는 자못 곤란하다. 오직 잠심완미(潛心玩味)하여 잘 난관에 처하는 자인 후에 이 시대에 있어서 민중과 접촉하기 쉽고 그들에게 심원(深遠)한 성과를 거둘 수 있는 지식·의식·전책(戰策)의 씨를 뿌려줄 수 있는 것이다. 그러므로 많은 교양운동의 사역자들은 항상 명달을 피하고 초조한 마음을 삼가고 더불어 섞여 그의 좋은 동무가 민중이되 오히려 시대적 고난이 적은 자인 후에 될 것이다. 요컨대 이러한 교양운동을 위하여는 많은 무명지도자가 각지방에 배출하여서 각각 많은 인민을 평온한 속에서 교양함이 필요하다. 투쟁적이어야 할 교양이지만 가장 현명한 과정적 진취(進取)가 장래 대중 획득의 한 토대가 될 것이다. 아아 무명한 희생적 지도자들이여!(『조선일보』, 1927년 10월 9일, 1면 1단).

○ 1927년 10월 9일 신간회 합천지회 준비회의

신간회 합천지회 준비회의에서 신간회 총무간사 안재홍의 참석 관련 논의가 있었다.

지난 9일 합천청년회관내에서 전상규(全祥圭) 씨 사회 아래에 설립대회에 대하여 토의한 바 대회 일자는 돌아오는 21일로 결

정하고 대회준비집행위원을 선거하여 설립대회 준비 일체는 집
행위원에게 일임하기로 일치 가결하고 설립대회에는 신간회본
부 홍명희·안재홍 양 선생도 출석하게 된다는 바 일반유지 제씨
는 합천지회를 위하여 많이 참가하기를 바란다(합천).

준비집행위원
김상규 이연호 정순종 정기성 박운표
(『조선일보』, 1927년 10월 14일, 4면).

O 1927년 10월 11일 동초 이종정 만몽답사를 송함(하)

『조선일보』에 「동초(東樵) 이종정(李鍾鼎) 만몽답사(滿蒙踏査)를
송(送)함(하)」라는 제목으로 기고를 했다. 만몽 지역 수백만 동포를
위하여 그 현재의 상황을 살피고 장래의 추이를 예측하는 것은 매우
긴급하고 중요한 시대적 임무임을 강조하고 있다.

이군 동초(東樵) 일찍이 『간도사정(間島事情)』이라는 한권의
책을 저술하니 조사(調査)가 자못 매우 소상하고 서술이 간단명
료하며 논단(論斷)이 핵심에 맞아서 간도의 사정을 알고자 하는
자의 지침이 되었으므로 지금 이미 재판(再版)을 간행함에 미쳤
다. 군으로써 남북의 만주를 답사하고 동부몽고를 시찰하며 다
시 시베리아의 동부 조선인의 이주한 지방을 발섭(跋涉)[243]하여
그 인문 지리와 지금과 옛날, 쇠퇴와 성장, 득실의 사정을 기술
논평하는 것은 적재적인(適材適人)인 것이라고 단정하겠다. 군
은 행하고 노력할지어다.
만몽은 다른지역과 맞닿은 땅이라 이주하는 동포는 이곳을 두

---

243) 산 넘고 물 건너 길을 감.

고 달리 갈수 없다. 만주와 몽고 주변은 아직도 인구가 희소한 땅이라 이주하는 인민을 수용할 힘은 금후에도 충분할 것이다. 그러나 5~6년 이래 중국 관민의 조선인 배척은 자못 심상치 아니하다. 수백만을 헤아리는 이 주민의 머리위에 떨어지는 이 화액(禍厄)은 가볍게 혹은 쉽게 해결할 수 없는 문제이다. 그러나 여기에는 국제적으로 획책되는 정략적 흑수(黑手)가 그 이면에 움직임도 있을 것이요, 이주하는 조선인중 허망경조(虛妄輕燥) 무리들이 스스로 그 화액(禍厄)을 조성함도 있을 것이다.

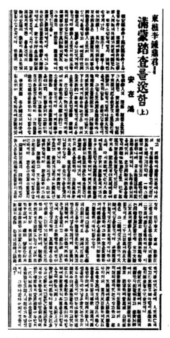

〈사진 14〉 이종정 만몽답사를 보내며
(『조선일보』 1927. 10. 9)

　최근 대륙의 소식이 자못 빈번하여 동서남북 무릇 조선인이 있는 곳에 문득 마음을 아프게하는 여러사건이 발생함이 있으니 그 사건발생의 밑바탕과 유래가 어디 있으며 그 시작되는 경로는 어떠한지 그 땅을 밟아 정세를 보고 그 사람을 찾아서 진상을 구명하는 데에는 마땅히 겸인강용(兼人剛勇)[244]과 갑절의 책임감이 함께할 줄 믿는다.

　권력과 금력은 현대에 있어서 고국을 떠나는 이주민이 힘을 얻는 바 2대 지주(支柱)라 할 것이다. 그러나 이주하는 조선인

---

244) 여러 사람을 당해낼 용기.

에게 이를 기약할 수 없은 지는 오래다. 그들은 도리어 이중의 권력 아래 비상(非常)한 억압을 받고있고 횡포하는 금력 밑에는 거의 생의 끝까지 피땀을 제물로 하게 된다. 흩어지는 수만의 동포가 풍향이 저기압을 따름과 같이 오직 만몽으로 쏘치되 마침내 이에 대한 구제책은 수립할 수 없는가?

만몽으로 이주한 지 수십년에 이미 자손세거(子孫世居)의 땅으로 삼는 자 있는 오늘날에 오히려 식수와 풀을 따라 옮겨다니는 유목민과 같이 떠돌며 안주하지 못하는 동포가 다만 매우 많으니 만주 몽고의 조선인의 문제는 그 앞길에 광명이 어느 곳에 있는가? 만몽 수백만의 떠도는 동포를 위하여 그 현재의 정황을 살피고 장래의 추이를 예측하는 것은 매우 긴급하고 중요한 시대적 임무이다. 광활한 넓은 들판에 홀로 고인(故人)[245]을 보내니 어찌 감회가 적으랴?(『조선일보』, 1927년 10월 11일, 1면).

○ 1927년 10월 13일 사법권 침해문제 연설회

오후 7시에 사법권 침해문제 연설회에 참여해서 연설했다.

금번 조선 공산당 사건 공판 중에 일어난 사법권 침해에 대한 문제를 변호사협회에서 발기하여 탄핵연설을 하려다가 경찰 당국의 금지로 말미암아 뜻을 이루지 못하고 말았으므로 오는 13일 즉 조선 공산당 사건과 고려공산 청년회 공판이 열린지 만 1개월이 되는 13일을 언론집회폭압탄핵대연설회(言論集會暴壓彈劾大演說會)를 개최한다 함은 어제 보도하였거니와 연설회에 대한 준비가 착착 진행되어 오는 13일 오후 7시부터 종로 청년회관과 장곡천정(長谷川町) 공회당에서 개최하리라는 바 공회당에

---

245) 오래된 벗.

서는 일본말로 연설을 하고 청년회관에서는 조선말로 하리라는
데 연사는 다음과 같다.

고옥정유(古屋貞維) 김병로 허헌 이인 김태영 이여휘 김용무
한상위 한국종 권승렬 이구영 안재홍 민태원 한위건 김동혁 권
태휘 좌등의화 인동철 이락영 박형병 이관구 강소천 박균 이동
재 조경서 이병의 박경호 송언필 도정호 서태석 박달성 강우 황
신덕 곽종렬 김정희 이춘수 이황
(『조선일보』, 1927년 10월 12일, 2면)

이번 공산당사건 공판시에 일어난 사법권침해문제(司法權侵
害問題)에 대하여 조선변호사협회 주최와 부내 각신문사 후원으
로 오는 9일 오후 7시에 부내 장곡천정(長谷川町) 공회당(公會
堂)과 종로중앙청년회관에서 사법권침해탄핵대연설회를 열기로
하였으며 변사는 다음과 같다.
김병로 이인 안재홍 민태원 송진우 김용무 허헌 외 수인
(『매일신보』, 1927년 10월 7일, 2면 10단)

○ 1927년 10월 13일 백두산 근참기를 읽음 !

『조선일보』에 「최육당(崔六堂)의 『백두산근참기(白頭山覲參記)』를
읽음」이라는 제목으로 기고를 했다. 이 책이 조선의 국토와 조선정
신을 찾기위한 노력의 일환이자 백두산과 조선 옛문화의 자취를 살
피는 소중한 책이라고 평가하고 있다.

안민세
가을 창 밝은 등에 책상을 향하여 책를 펴니 『백두산근참기(白

頭山觀參記)』는 즉 육당(六堂) 최남선(崔南善)씨의 최근작이다. 은퇴생활을 하고 있는 육당은 책쓰기를 직분으로 삼으니 일찍이 본면에서 소개하였던 『심춘순례(尋春巡禮)』는 그가 이미 임무로 삼는 조선토·조선정신을 찾아냄을 위한 근래 최초의 작이라 할 것이다. 그의 시조집인 『백팔번뇌(百八煩惱)』가 올봄에 나와 아직 나의 책상머리에 있다. 한번 독후감을 쓰라는 부탁은 받았으나 나의 부족함이 시를 논할 바 아님으로 일찍 비평의 붓을 들지 못하였고 읽어서 매우 흥미얻은 바 있었으니 또한 손꼽을 만한 작품인 것을 수긍할 것이다.

시조(時調)의 부활문제에 관하여는 최근 문단에서 다소의 논의가 있는 줄 알거니와 그는 어찌 하였든 조선고유 시의 형식으로서 의의와 요긴한 가치가 있는 시조에 대하여 육당은 현대에 드문 작가이었고 더욱이 시조를 천명하고 부흥시키기 위하여 퍽 노력한 바있는 것도 많다고 하겠다.

그러나 『백팔번뇌』의 108편 시도 결국은 모두 그의 연모숭경하는 대상이 되는 조선인 님과 조선국토의 예독(禮讀)과 영탄(詠嘆) 등으로 된 것임을 볼 때에 시에 대한 시인적 비판은 비켜놓고서도 조선·조선토·조선정신에 대하여 못 잊어하고 애틋해하고 때로는 추근추근하게 다그치는 심경을 짐작할 것이다. 이와같이 집착하고 번뇌함에 대하여 그것의 가치성을 비판하는 것보다도 그처럼 연모우민(戀慕憂悶)하고 집착·번뇌까지하는 남다른 고벽(痼癖)[246]을 가진 곳에 육당의 육당됨을 알았으면 족하다고 생각한다.

육당의 최근작 중에 『고조선 문화』란 자 있으니 일찍 본보를 통하여 알린 바 있으므로 처음부터 끝까지 살펴본 바 있었으나 아직 그 단행본으로서 간행됨을 못 보았다. 『백두산근참기』는 그의 제호와 같이 백두산등척의 기행문이다. 백두산은 조선토(朝

---

246) 아주 굳어져 고치기 어려운 버릇

鮮土)의 기축이요, 동방산휘(東方山彙)의 일대 조종(祖宗)[247]이다. 그를 등척하기에는 여러날의 시일을 요하고 연화(烟火)[248]가 번잡한 인간세를 떠나서 큰숲과 거대한 산 속에 머무르기를 수일로써 하는 것이나 그것을 기록함이 워낙 넓으려니와 육당과 같은 광장한 서술가에 의하여 비로소 그 전반을 드러내게 된 것은 수월치 아니한 인연이라고 하겠다.

"백두산은 동방민물(民物)의 최대 의지(依支)요 동방문화의 가장 중요한 핵심이요 동방 의의(意議)의 최고 연원(淵源)입니다"라고 권두에 썼다. 백두산에 대

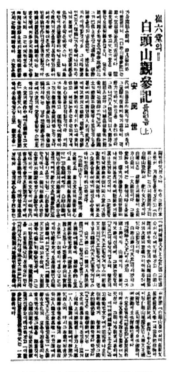

〈사진 15〉 백두산근참기를 읽음
(『조선일보』 1927. 10. 13)

한 작자로서의 태도의 대부분을 볼 것이며 이 기행문을 근참기로써 이름 지은 것처럼 한 산악을 등산함이 아니요, 하나의 숭엄하고 크고 넓은 존재자로서 보고 참배하였음을 이야기함이다. 따라서 이 편의 문장이 어떠한 내용을 가졌을 것은 소위 생각이 반에 넘음을 단정하겠다. 이러한 견지로 보아서 글의 중심은 제14장인 '어허 국사대천왕지위(國師大天王之位)'라고 한 부분에서부터 있다 하겠고 백두산기의 더욱이 육당의 쓴 백두산기로서

247) 시조가 되는 조상
248) 사람이 사는 인가

의 대부의 의의가 이 대목부터에 있다고 할 것이다.

백두산신이 천왕(天王)이시겠지. 그래 국사대천왕(國師大天王)이시겠지. 그가 국사신이자 산신이자 조신(祖神)이자 천신이신 바에 그 호는 마땅히 천왕이실밖에 없으며 단군의 본래 뜻인 천왕일밖에 없으며 환웅천왕의 천왕일밖에 없으며 하느님의 번역인 천왕일 밖에 없으며 산천신 삼위일체의 인격적 표현인 천왕밖에 없을 것은 고조선에 관하여 조선학적으로 종횡 연구한 자의 이론상으로 전설상으로 다른 군소신산의 실례상으로 그러하지 않을 수 없는 바이다.

육당은 일찍 단군론(壇君論)을 발표하여 매우 쓸데없이 긴 고증문자를 늘어 놓았다. 그러나 비판자가 본 바에는 이 '어허 국사대천왕지위(國師大天王之位)'라고 감탄한 문자에서 간단하나 오히려 명확하게 단군의 의의와 국사(國史)적 관계를 논파하였다 하겠다. 천왕은 원시조선에 있는 일체 문화의 최고 존재이던것로서 신앙상의 절대자, 권력상의 제일인, 종족의 최고조에 이 칭위가 있었으며 다시 그 표상이 된 자 곧 신조신사(神祖神事)하던 사물과 신여신재(神如神在)하는 인직(人職)도 최고 유일인 방면에서 또한 천왕으로 일컫던 것은 조선 옛문화의 모든 자취를 살피는 자의 한 가지로 그 설을 인정할 것이요 백두산기 중에 가장 사적 가치를 가진 부분이라고 하겠고 이 근참기를 특별히 추천할 가치가 있는 한가지 중요 조건이다(『조선일보』, 1927년 10월 13일, 1면).

○ 1927년 10월 15일 백두산근참기를 읽음 2

『조선일보』에 「최육당(崔六堂)의 백두산근참기(白頭山覲參記)를 읽음」이라는 제목으로 기고를 했다.

'일심으로 백두천왕께 귀명(歸命)[249]합니다' 이렇게 육당은 대백두대천지에서 마음으로 예찬의 글을 읽어 바쳤다 한다. 그는 필경 대백두대천왕의 한 신도로서 그에게 절하며 귀의한 것이다. 그는 자아의 온갖 것을 잊어버려서 절대자와 같이 계신 대백두대천왕께 바친 일개의 백운향도(白雲香徒)되고 말았다. 육당은 최근 이러한 신앙적 무아현상에 들어가는 일이 종종 있어서 심한 때에는 어떠한 자연의 물상(物像)·이법(理法) 활동에 대하여서도 자칫하면 '대갈님, 검불님' 식의 인격적 경외의 정을 붙이는 말을 쓰니 최근 그 착수를 보다가 그윽이 픽 웃게 하는 때가 많다.

그러나 이러한 독자의 심경은 육당 자신이 아니고서는 감득할 수 없는 바이다. 이 때문에 보기에 쓸데없고 번잡한 부분도 꽤 없지 아니하다. 그러나 육당의 책쓰기에는 항상 그 독특한 함축이 있고 또 감격이 있어서 한번 보지 아니할 수 없는 것이 많다. 백두산근참기도 덕을 예찬하는 귀의의 문구가 너무 많은 것이 우리의 성향과는 맞지 않는 바이지만 그가 역사학적으로 축적한 능력이라든지 뛰어난 산해문장(山海文章)의 가치는 이 방면의 출판중에 드문 것이다. 더욱이 단군학설에 관하여는 어제 쓴 것 외에도 지적할 일이 많다.

단군과 단군을 중심으로 본 고조선사에 관하여 지적한 바 몇 편의 기행문에서 단군론 이상의 간명하고 귀중한 역사적 재료를 담고있다고 나는 판단하였다. 조선의 한 전쟁사에 있어서 단군을 구명할 필요가 있다 하면 하느니만큼 『백두산근참기』는 일독할 가치가 있는 글이거니와 『백두산근참기』에 있어서는 전혀 본간(本幹)[250]적이 아닌 기술이면서도 자못 중요한 역사 자료의 하나가 되는 것은 '눈물에 젖은 정계비, 국경문제의 원인경과' 등 편에서 보게 되는 자못 해박하고 정확한 한청(韓淸) 양국의 국경경계 분쟁사 그것이다.

---

249) 몸과 마음을 의지함.
250) 근본이 되는 줄기.

여기에서야말로 학구적 냉정도 있고 국토적 정열도 보여서 일반적인 독서자에게는 이러한 수편에서 도리어 경의를 가질 만한 일이니 토문(土門)·두만(豆滿)이 전연이 다르다는 사실을 분별하고 청조와 일본의 횡포 혹은 무성의하던 종종의 사태를 논박하여 국토적 울분의 한 돌기(突起)와 조선민족사상 발흥의 일대 시기인 것을 힘써 논증하고 1천 여리 간도(間島)가 부질없이 타인에게 귀속한 것을 한탄한 곳에는 육당에게 드물게 보는 날카로움을 나타낸 바 있다(『조선일보』, 1927년 10월 15일, 1면).

O 1927년 10월 16일 신간회 함안지회 설립대회

오후 4시 30분 신간회 함안지회 실립대회에 참식 축사를 했다.

경남 함안읍내에서 신간지회 설립을 준비중이라 함은 이미 보도함과 같거니와 금번경남 각지방에서 설립되는 지회에 참석하고자 경남을 순회하던 본부특파원 안재홍·홍명희 양씨의 방문을 기하여 지난 16일 오후 4시30분 이 지역 청년회관내에서 준비위원 측 조형대 씨의 개회선언으로 30여 명의 회원과 다수 방청자가 착석하고 함안서 고등계주임 이하 10여 명의 정복경관이 경계하는 중에 개회하여 경성지회와 기타 수처에서 온 축문을 낭독한 후 임시집행부로 조진규·조형대 양씨를 선거하여 조진규씨의 사회하에 순서에 따라 본부 총무간사 안재홍 씨의 취지설명과 조진규 씨의 경과보고와 규약낭독으로 회의를 진행하여 임원을 다음과 같이 선정한 후 예산편성과 기타사항 일체는 신임간부에서 임하기로 하고 신간회와 신간회 함안지회에 만세 삼창으로 폐회하였다(『조선일보』, 1927년 10월 20일, 4면).

○ 1927년 10월 17일 신간회 고성지회 설립대회 참석 및 강연

오후 2시에 신간회 고성지회 설립대회 참석해서 축사를 하고 「조선 금후의 운동」이라는 주제로 강연을 했다.

신간회 고성지회 설립대회는 지난 17일 오후 2시부터 당지 청년동맹회관에서 준비위원 천두상씨 사회와 주악으로 개회하였는데 경찰 당국에서는 경부 이하 다수의 정사복 경관이 출동하여 장내·장외를 철통같이 포위하고 엄중한 경계하에 회순에 의하여 회원점명을 마치고 의사를 진행코자 임시집행부로 의장 천두상 씨와 서기 전갑봉 씨를 선거한 후 전 조선각지로부터 답지한 축문과 축전을 낭독하고 취지설명이 있은 후 준비위원중 경과보고와 회칙을 낭독하여 무사히 통과하고 임원을 선거한 후 회관문제에 대하여 각자 의논이 분분하든 중 당분간 회관은 고성 청년동맹회관에다가 두기를 만장일치로 가결되고 동 4시에 만세삼창한 후 주악으로 폐회하고 회원 일동은 선전삐라를 전시가에 살포하며 화포의 소리는 전고성 주민의 이목을 놀라게 할만큼 끊일새없이 신간회지회 창립을 기념하게 하였으며 본부간사 안재홍·홍명희 양선생이 고성에 온다는 급전에 또다시 회원 일동은 두 선생을 목동 차정류소에 가 영접하였다(고성).

임원
지회장 천두상 부지회장 박맹룡 총무간사 서무 재정부 황태도 정치문화부 황판석 조직선전부 엄상수 조사연구부 이재홍 상무간사 서무재정부 김상문 정치문화부 김갑봉 조직선전부 금철동 조사연구부 이상갑

고성지회 발회식에 참석차로 온 신간회본부 총무간사 안재홍, 홍명희 양선생을 청하여 지난 17일 밤 8시부터 당지 청년 동맹

회관에서 창립기념 대강연회를 개최케 되었는데 정각전부터 입
장하는 방청객은 안팎에 입추의 여지가 없이 무려 수천에 달하
였으며 서장이하 경부로부터 수십인의 정사복 경관이 출동하여
엄중한 경계하에 시작되어 '민족문제의 일종비판'이란 제목으로
홍명희 씨가 등단하여 기미 이전의 민족운동과 기미 이후 운동
을 조리 있게 비판하고 이어서 '금후의 운동'이란 제목으로 안재
홍 씨가 등단하여 어떤 운동을 막론하고 두 가지 요소가 있는데
그 최대 목적은 공존공영이란 것을 말한 후 과거운동이 늘 실패
에 들어간 것은 국부적이요 봉건적인 쇄국적인 고로 최대의 목
적을 도달하지 못하고 항상 실패의 상태에 빠진 것이니 미래의
운동은 봉건 쇄국적 운동을 떠나서 대중화하는 운동을 하여야
최대 목적을 관철하리라는 열변을 토하매 임석한 경관으로 주의
란 소리가 끊일 사이 없어 끝날 때에는 장내의 공기는 긴장하였
으며 일반 청중에게 많은 감상을 준 후 무사히 동 11시에 마치
게 되었다. 강연회를 마치고 당지 공영관에서 만찬회를 열고 주
객 간에 흉금을 토로하고 금후 운동에 대하여서도 많은 논담이
있은 후 다음날 오전 1시 30분에 산회하였다(고성)(『조선일보』,
1927년 10월 22일, 4면).

○ 1927년 10월 18일 백두산근참기를 읽음 3

『조선일보』에 「최육당(崔六堂)의 백두산근참기(白頭山覲參記)를
읽음」이라는 제목으로 기고를 했다.

안민세
육당은 학자이다. 조선학·국학의 학자이다. 그가 조선을 위하
여 집착 번뇌하는 것만큼 조선학을 위하여는 이따금 과학적 냉
정을 잃는 때가 있다는 것은 그를 가장 잘 아는 자의 선의(善意)

의 평이고 나도 또 그렇게 평하려 한다. 백두산 대천지의 숭엄 찬란하고 깊고 오묘한 신비로운 경치 속에 푹 파묻혀서 '뜨실때면 천지가 열리고 감으시면 세계가 닫히는'이라는 논법으로 무아몽중(無我夢中)의 객관적 시선을 떠난 덕을 예찬 한 것을 어제도 말하였지마는 무릇 그 논제 되는 바와 다소 관련이 있는 자면 휘몰아오고 통틀어 넣어서 나로 보아서는 수긍하기 어려운 점이 적지 않다. 그러나 이러한 것을 이런 것대로 그 특색은 따로이 특색으로 보고 싶다.

웅녹정명(雄鹿貞明)한 산하에 임하니 나의 향토인 것이 반가우며 돈후소박(敦厚素朴)한 사람과 사물을 접하니 나의 벗인 것이 탐탁하고 넓은 들과 긴고개 선조들이 살던 땅을 밟아서 그 피땀의 자취가 헛된 데 돌아가려 함이 안타까우며 순결한 어린아이들을 대하니 꽃봉오리 같이 피어나는 그들의 길고 긴 앞길이 그지없이 궁금하다. 만일 또 같은 산하 조폐(凋弊)[251]한 촌락에는 기울어가는 사회가 철골(徹骨)[252]의 한을 일으키고 풍성하고 비옥한 밭, 무성한 벼와 기장 오히려 가난한 인민의 쓸쓸한 방황함을 볼 때에는 겁많은 사내와 같은 사람의 몸에도 전의(戰意)·투지(鬪志)와 영원한 정복전쟁의 뜨거운 의식이 솟아오는 것이다.

이것은 오늘날 아침에 산을 밟고 조선민을 찾는 자의 인간으로서 세계인으로서 조선인으로서 무릇 기혈(氣血)이 있는 자의 없을 수 없는 감격이며 경험일 것이다. 육당의 기행에 보니 이 느낌이 있고 이 바램이 있고 그러나 그의 믿는 바, 근원을 트이게하고 흐름을 넓히는 것을 그 임무로 삼는 일념을 위하여 말을 중복하는 고충이 있을 것이다.

현재의 조선은 급격한 변동의 길에 있다. 그는 필연이어니와 또 당위의 일이다. 현대적으로 과학적으로 또 군명적(軍命的)으로! 이렇게 부르짖는 것이 현대인의 시대적 요구이다. 그는 매우

251) 낡고 쇠락한.
252) 몸이 야위어 뼈만 앙상한.

옳다. 그러나 멀리 오천년 격심한 풍상을 지내온 오랜 시간의 조선에서 큰불에 타다 남고 격랑에 쓸리다 남은 옛문화의 자취에 관하여 사랑하고 귀하게 여기며 예찬하고 널리 알리려함을 그 임무로 하는 자가 또한 함께 취할 천지는 저절로 있을 것이다. 모든 마르크스의 학도, 레닌의 학도, 혁명문학자 그 전투의 고취자가 배출하고 배출함이 그 긴절(緊切)하냐? 그 긴절하냐? 이때에 있어서 조선학을 홀로 임무으로 하는 자는 도리어 희귀하다. 이를 위하여 독후감을 쓰는 것이다(『조선일보』, 1927년 10월 18일, 1면).

○ 1927년 10월 19일 신간회 진주지회 설립대회 참석 및 강연

오후 4시 신간회 진주지회 설립대회 참석해서 「민족문제에 대한 과학적 고찰」이라는 주제로 강연을 했다.

오래 전부터 설립준비에 노력중이던 신간회 진주지회 설립대회는 그동안 여러 가지 부득이한 사정으로 수삼차 시일을 연기하여 오던바 금번경남 각지 지회 설립대회에 참석키 위하여 순회중인 본부 특파원 홍명희·안재홍 양씨의 내진을 기하여 지난 19일 오후 4시에 진주청년회관 내에서 설립대회를 개최하게 되었는 바 만반 준비가 원만히 진행되어 60여 명 회원 출석으로 준비위원측 김찬성군의 의미심장한 개회사를 비롯하여 강치열군의 경과보고가 있었고 본부특파원 안재홍 씨의 취지설명과 홍명희 씨의 본회 상황보고가 있은 후 임시의장과 서기로 김찬성, 강치열군이 피선되어 지회 세칙을 통과하고 임원을 선거하니 다음과 같으며 기타의안은 일사천리로 무사히 진행하고 각지 하동·마산·성안 등 내빈축사로 오후 6시경에 무사히 폐회하였다.

〈사진 16〉 신간회 진주지회 회원 기념사진

임원

회장 박재표 부회장 이풍구 간사 강덕문 정창세 김사영 박진
환 조우제 강상호 김영식 강치열 강영호 강대

제일회간사회는 20일 오후에 개최하고 각부서를 결정하고 기
타 회관문제와 유지방침 등을 결정하였다(진주).

신간회 진주지회 설립대회는 별항 보도와 같이 원만중에 개최
되었거니와 지회설립 후 기념대강연회를 동일 오후 8시에 진주
청년회관에서 개최하였는데 연제와 연사는 다음과 같다 하며 다
수청중으로 대성황에 무사히 마쳤다.

민족문제에 대한 과학적 고찰 안재홍
당쟁과 조선사 홍명희

대강연회를 마친 후 본부와 각지에서 참석한 동지를 당지 대
안동요정에 초대하여 취미진진한 여흥으로 12시 30분경에 마쳤
다(『조선일보』, 1927년 10월 23일, 4면).

○ 1927년 10월 20일 신간회 하동지회 설립대회

오후 3시 30분 신간회 하동지회 설립대회에 참석해 「무엇을 할까?」라는 주제로 강연을 했다.

수개월 전부터 민족단일당 신간회지지를 부르짖고 지회 설립 준비에 부단의 노력과 활동을 거듭하여 오던 하동지회 설립 준비회에서는 경남일대 각지회설립대회에 참석차로 순회하는 본부 총무간사 안재홍·홍명희 양선생의 내하를 기하여 10월 20일 오후 3시 30분에 신축한 하동청년 동맹회관에서 장엄한 주악과 '민화적 총역량을 집중하자!' 는 등 표어 수십매를 회장 좌우로 걸고 의기양양한 회원 60여 명이 출석과 경북 대구·전남구례 등 각지 내빈참석으로 개회하고 문태규 군의 정중한 개회사를 비롯하여 회원심사와 김진두 군의 경과보고가 있었고 임시의장 문태규 서기 김계영 두 사람이 피선된 후 본부 안재홍씨의 취지설명과 홍명희 씨의 본회 상황보고가 끝나고 내빈 제씨의 축사와 수십통의 축문을 낭독하고 토의안은 신임간부에게 일임키로한 후 임원을 선거하니 다음과 같다 하며 기념사진은 촬영한 후 만세 삼창으로 동 6시경에 무사히 폐회하였다.

임원
회장 조동호 부회장 김낙진 간사 김진두 하삼제 김계영 문태규 김태수 김대근 이연찬 김기완 정환복 손택인 이원기 정찬우 심상현

대성황리에 원만히 설립대회를 마친 하동신간지회에서는 본부에서 특파한 안재홍·홍명희 양씨를 청하여 동 8시부터 동 회관에시 설립기념대강연회를 정사복 경관의 경계가 엄중한 가운데 지회장 조동호씨의 사회와 김계영군의 개회사를 비롯하여

'변증법적 방법'이란 제하에 홍명희씨와 '무엇을 할까?'라는 제하
에 안재홍씨의 열렬한 대강연회는 당야 남녀 청중이 거의 천명
에 달하여 공전의 성황을 이루었다. 하동지회 설립대회에 참석
키 위하여 멀리 내하한 본부간부 제씨와 기타 각지에서 내참한
내빈 제씨를 주빈으로 당야 요정에서 성황한 초대회를 개최하였
는 바 취미진진한 여흥으로 동 12시 30분에 산회하였다(하동)
(『조선일보』, 1927년 11월 7일자, 4면).

○ 1927년 10월 23일 신간회 함양지회 설립대회

오후 5시 신간회 함양지회 설립대회 참석해서 「성충일원론」이라는
주제로 강연을 했다.

경남 함양지방에서도 오랫 전부터 신간지회 설립에 노력 준비
한 바 금번 특히 경남 각지 지회설립에 참석차로 순회중인 본회
특파원 안재홍·홍명희양 선생 방문을 기회하여 설립은 실현코
자 곧바로 지회가 조직케 되어 지난 23일 오후 5시 이 지역 천
도교회당에서 준비위원측 최성준 군의 간단한 개회사를 비롯하
여 30여 명 회원참석으로 임시의장 양지환, 서기 한경렬씨기 피
선되어 규약낭독을 마치고 안재홍씨의 취지설명과 홍명희씨의
본회 상황보고가 있으며 임원을 아래와 같이 선거하고 토의사항
등은 일체 신임간부에 일임한 후 무사히 폐회하였다(함양).

회장 양지환 부회장 최성준 간사 박동식 조경우 김주성 조봉
제 강성도 한정영 한치열 금성규 한재봉 김병구

원만중 성황리에 설립된 신간회 함양지회는 당야 전기 같은
장소에 기념대강연회를 개최하였는 바 정사복 경관의 엄중한 경

계중 '민족운동 시대적변환'이란 제목으로 홍명희 씨, '성충일원론(誠忠一元論)'이란 제목으로 안재홍 씨의 각기 사자후에는 임석 경관의 주의로 함양 공전의 성황을 정하고 무사히 폐회하였다. 본회에서 특파한 안재홍·홍명희 양씨를 함양지회에서 초대하여 자못 성대한 간친회도 있었다(『조선일보』, 1927년 10월 28일, 4면).

○ 1927년 10월 28일 최수운 출세일 103회 기념일

최수운 출세일 103회 기념일 참석해서 「창생(蒼生)과 선단자(先團者)」라는 주제로 강연하다가 일제 경찰의 제지로 중단했다.

시내 경운동 천도교 청년 동맹에서는 28일 동교회 제2세 교조 최수운의 출세일 103회 기념일인 고로 동일 오후 7시에 대강연회를 개최한다는데 다수 청강을 희망하며 시일 장소와 연사는 다음과 같다.

일시 28일 오후 7시
장소 시내 경운동천도교당
창생과 선단자 안재홍
종교생활 이관용
최수운의 일생 이종린
(『조선일보』, 1927년 10월 28일, 4면).

시내 천도교 청년동맹 주최로 최수운 출세기념 강연을 그 교당 안에서 연다 함은 이미 보도하였거니와 예정과 같이 지난 28일 오후 7시에 동교 기념관에서 이황(李晃) 씨 사회로 강연을 시작하니 청중은 1,000여 명에 달하였다. 먼저 안재홍 씨가 등단하여 열렬한 웅변으로 깊은 인상을 일반 청중에게 주다가 임석한 경관의 중지로 내려가게 되었고 이어 이관용·이종린 양 씨가 의미깊은 말로 강연을 무사히 마치니 때는 오후 10시이었다.
(『조선일보』, 1927년 10월 31일, 2면).

○ 1927년 11월 5일 신간회 본부 준비위원회

오후 5시 신간회 본부 준비위원회를 개최했으며 의안작성부에 선임되었다.

신간회 본부에서는 다음 대회 준비위원회를 지난 5일 하오 7시에 시내 태서관에서 개최하고 홍명희씨 사회로 다음과 같이 부서를 결정하였다.

준비위원장 유종태
서무부 부장 김익동 부원 이승복 김안진 정의극 박동완 유각경 최선익 홍성희 김응집 이우경
의안작성부 부장 송내호 부원 신석우 박의양 박래홍 김항규 홍기문 김무삼 이관용 정칠성 안재홍 이춘숙 이 황 박희도 임유동 이옥 한위건 권태석 김정공 박완 박원희
규약심사부 부장 최익환 부원 홍명희 조헌식 권승렬 김준연 한국종 허헌 이병의 이원혁 장지영(『조선일보』, 1927년 11월 7일, 2면)

○ 1927년 11월 5일 신간회 본부 의안 작성회

신간회 본부 의안작성회 전형위원에 선임되었다.

지난 5일에 신간회에서는 시내 태서관에서 제1회 의안성작부회(議案作成部會)를 개최하고 정치·경제·노동·농민·청년·여성·형평·교육의 각 부문을 정하여 그 부문의 부원배정을 전형위원 다섯 사람에게 선거하도록 일임하고 폐회하였다.

한위건 안재홍 권태석 이관구 이춘숙
(『조선일보』, 1927년 11월 8일, 2면).

O 1927년 11월 7일 서재필 서신

미국에 있는 서재필 박사가 민세에게 서신을 보내『조선일보』에 게재했다. 6월에 보낸 원고 분실과 관련한 유감과 미국에서의 활동을 소개하고 있다.

안재홍 귀하
8월 28일 귀하의 서한을 읽고 6월 11일 우편을 통해 정한『재미 40년』원고를 접수치 못하였다 하시니 몹시 놀라움을 금하지 못하나이다. 일주간을 준비한 원고를 도중에 전부 잃어버림은 실로 유감이오이다. 우편국에서 압수하였을 리는 만무한 줄로 여기나이다. 원고 중에는 정치에 관한 구절은 전혀 없고 나의 조선탈주 당시에 이등(伊藤) 후작(侯爵)에 관한 구절을 삽입하였을 뿐으로 과거사를 금일 기록함에 대하여 하등의 반대할 이유가 없으리라 사유하나이다.
하여간 그 원고는 우편에서 일본에서나 혹은 조선 내에서 분실 혹은 훔쳐간 것만은 명백하오이다. 미국내에서는 아직까지 발송인 주소를 명기한 우편물을 분실하여 본 기억이 없나이다. 다시는 기록할 시간을 얻기가 곤란하므로 매우 유감으로 여기나이다.

나는 금월 초부터 워싱턴시 국민우두항독소연구소장으로 취임하여 병리학·세균학·생태학·생화학과 광선진단 등을 주무하나이다. 업무에 취미를 가졌을뿐 아니라 사계에 거성과 교유하게 되었나이다. 나의 직무는 병리를 발견하여 인쇄 배포하므로 워싱턴 시내외의 개업의사에게 무쌍한 도움이 되나이다.

신사업과 책임감으로 귀보와 기타 언론기관에 투고할 여가가 없으나 점차 사업의 진전순서를 따라 시간의 여유를 얻으려 하나이다. 투고는 하거나 아니하거나 물론하고 귀보를 항상 사모하며 조선대중을 향상케 하는 기관으로서 또는 국민 성격을 건조하며 민족의 일치공동에 노력하는 사명을 다함에 크게 성공하시기를 간망하나이다.

1927년 9월 22일

워싱턴시에서 서재필

(『조선일보』, 1927년 11월 7일, 1면).

○ 1927년 11월 11일 교육주간기념회 발기인

오후 7시 명월관에서 열린 교육주간기념회에 발기인으로 참석했다.

지난 6월 중에 미국 교육회 서기장 크랭류리씨로부터 조선인 사회에 향하여 교육주간의 설치를 고조하는 서신이 본사 주필을 통하여 온 바와 같이 이 교육 주간은 미국은 11월 11일 세계대전의 휴전기념일(休戰記念日)을 중심으로 7일 동안 교육운동을 민중적으로 일으키라는 것인 바 이렇게 세계적으로 기념되는 이 교육주간을 우리도 기념하는 동시에 복잡다단한 현하 조선 교육에 대하여도 한번 의논을 하여 보려고 11일 오후 7시부터 시내 명월관 본점에서 교육주간기념회(敎育週間紀念會)를 개최하기로 하고 회비는 1원씩 당일 지참하기로 하였다는 바 발기인은 다음과 같다.

발기인
유진태 안재홍 민태원 최원순 홍명희 강인택 이황 정칠성 이형재 김진국 이종린 권숙범 조경서 변귀현 김응집
(『조선일보』, 1927년 11월 11일, 5면)

11월 11일은 1917년에 세계대전쟁이 그치고 온 세계에 평화의 소식을 전하던 날이라 하여 미국에서는 이날부터 일주일 동안을 교육주간으로 정하여 전국적으로 기념하며 차차 이것을 세계 각국에 권유하는 중 조선안 세 조선문 신문사에 "조선에서도 이에 참가하지 아니하겠느냐"는 권유가 왔으므로 이것을 한 기회로 시내 각 사회단체의 대표와 직접 교육하는 당국자 50여 명이 11일 밤 7시부터 시내 명일관 본점에 모여 현재 복잡다단한 조선교육계에 대한 토의를 하게 되었는데 정각이 되어 식탁에 들자 먼저 사회 이종린(李鍾麟)씨로부터 이 모임을 소집한 동기를 말하고 이어서 주최 측으로 최원순씨 외 여러 사람의 취지 설명이 있고 김진국 씨가 설명을 시작하자 몇 마디하기 전에 임석 경관으로부터 중지를 당하고 사회단체에서 온 홍효민·인동철 씨 등은 "우리 처지는 자본주의가 극도로 발달한 미국과 정반대의 처지에 있으니 우리는 그들의 교육방식을 반대하는 반대교육주간(反對教育週間)을 하여 우리의 기세를 올리며 겸하여 대중교육(大衆教育)에 힘쓰자"는 의견이 있었다.

이성환(李晟煥) 씨와 민태원 씨는 "미국의 교육주간을 우리가 모방하고자 이 모임을 소집한 것이 아니라 다만 그 통지를 보고 감촉이 있어 소집한 것이니 모든 것을 이 자리에서 결정하기에 있는바 가까날에 교육주간을 두자는 의견이 있고 이황(李晃)·안재홍 씨 등은 "현하 객관적 정세가 우리로 하여금 뜻대로 하기를 허락하지 않으니 만사는 계단을 밟을 수밖에 없다"는 의미심장

한 말을 하고 기초의안을 제시하여 결국 의안 작성위원 다섯 사람을 뽑아 위임하여 작성한 후 다수로 통과시키고 폐회하니 그 결의안은 아래와 같다.

11월 11일을 중심으로 한 1주간을 우리의 교육주간으로 정함
우리는 조선인의 자연적 인간성에 위배되는 교육을 반대하고 하루라도 속히 조선인 본위의 교육을 획득하기를 기함
문맹타파의 운동을 고조하여 대중교화의 수립을 촉진키를 기함
(『조선일보』, 1927년 11월 13일, 2면)

○ 1927년 11월 15일 북미통신원 윤성순 서신

북미통신원 윤성순으로부터 서신을 받았다.

안재홍 형!
엘로우레이크(yellow lake) 천막생활도 어언 수개월이 지나고 백설이 분분한 중추의 가절을 당하여 휴론 학창으로 다시 향할 시일도 불원하였기에 이 공원에서 본 바 느낀 바를 몇 줄 올리려고 펜을 들었습니다. 이 호수는 록키산맥 중복에 위치하여 세계 최고의 담수호로 해발이 약 8천 척, 주위가 120리, 가장 깊은 곳은 최심 700척이라 합니다. 과거 수천 년전에 활동하던 화산이 휴식하자 분화구가 점차로 일대 호수로 된 것이니 우리나라 백두산상에 있는 용왕담과 유사한 것이며 용왕담이 조선 제일 긴 강인 압록강의 근원을 이루는 것같이 엘로우레이크는 세계 제일 긴 강인 미시시피강의 근원을 이루었습니다.
공원 전체로 보면 넓이가 각각 50리 되는 정방형이오니 무던히 큰 공원이라 아니할 수 없겠고 동절에는 적설이 심하여 인연이 두절되었다가 5월 말에 개원하기 시작하여 9월 중순이면 폐

원한다고 합니다.

세계에서 명성이 제일 높은 공원인 만큼 오고가는 탐승객도 매일 5~600백 명을 넘을 때가 많습니다. 따라서 설비도 굉장하려니와 일꾼도 다수를 요하게 됩니다. 개원하기 전부터 각 대학에 널리 광고하여 지원자를 선출합니다. 그러므로 목수나 기타 특수한 일에 종사하는 외에는 전부가 각대학에서 온 남녀학생 일꾼들입니다. 일하는 기간은 6월 15일에서 9월 20일까지이며 개원 당시에는 1일을 선정하고 임시 특별열차를 사용하여 각처로부터 오는 일꾼에게 편의를 줍니다. 대개 각대학에서는 6월 초에 학년 시험이 끝나기에 다음 학년에 쓸 학비도 구할 겸, 피서도 할 겸, 탐승도 할 겸, 혹은 연애의 상대도 찾을 겸 수천 여 리되는 곳에서 오는 이들이 적지 않습니다.

나는 6월 7일에 시험을 마치고 안식년을 이용하여 귀성하였던 경성 정신여학교 교장 손진주 씨가 7월 16일에 다시 조선으로 향하게되어 작별차로 센폴에 있는 손씨의 자택으로 방문하였다가 6월 13일에 전기 특별열차가 센폴 역에서 출발하게 되어 그 차를 밤 11시에 타게 되었습니다. 이 열차는 공원북문으로 향하는 차이며 차중에는 동양인으로는 필리핀 학생이 40여 명 우리 조선학생이 6명뿐이었습니다(『조선일보』, 1927년 11월 15일, 2면).

○ 1927년 11월 23일 고옥(古屋)씨 송별회

일본 노동농민당 고옥(古屋) 씨 송별회에 참석해서 축사를 했다.

조선 공산당 공판을 변호하고자 일본 무산계급 노동농민당(勞 働農民黨)에서 특파된 고옥(古屋)변호사는 조선에 온 이래 근 70일 동안 법정 내에서는 피고를 위하여 법정 밖에서는 여러 가지 민중운동을 위하여 실로 침식을 잊고 활동하던 바 이번에 기

〈사진 17〉 고옥(古屋) 변호사 송별회 (『조선일보』 1927. 11. 25)

피 신청으로 인하여 공산당 재판이 일시 중지됨을 기회로 대만에 열리는 농민조합대회에 출석차로 오래간만에 돌아가게 되었으므로 사회 유지가 23일 밤 시내 식도원에서 송별회를 열었는데 정각보다 조금 늦게 오후 7시 30분에 식탁에 드니 각사회를 망라 하여 내회한 사람이 실로 근 100명이나 되어 성황이었다.

먼저 주인 측으로 안재홍 씨가 송별사를 베풀고 주빈 고옥 씨로부터 감격에 찬 답사가 있은 후 여러 사람의 감상담이 있었으며 감상담 중에 다시 고옥 씨는 "자기가 조선에 온 후에 반동분자에게 습격을 당한 일이 있으나 이것은 각오한 것이다. 모름지기 정의를 위하고 진리를 위하여 싸우는 사람은 자기의 생명 같은 것은 없는 셈쳐야 한다"는 말을 하자 모든 사람들은 열광적으로 부르짖으며 박수를 보냈고 다시 고옥 씨는 "이번에 대만에 가면 대만해방운동자와 조선운동자와 일본 노동당원과 공동 전선을 베풀기 위하여 공동위원회를 만들 것을 제의하여 다시 조선에 올 때에는 그 선물을 가지고 오겠다" 하고 끝으로 박천(朴泉) 씨로부터 "이번 사회 각 단체를 망라한 고옥 씨 송별회의 이름으로 일본노동당에 감사장을 보내자"는 것을 긴급 동의하여 만장일치로 가결하고 "일본노동 농민당만세! 고옥씨 만세! 조선 무산운동 만세!"를 세 번 부르고 폐회하니 밤 10시 30분이었다 (『조선일보』, 1927년 11월 25일, 2면).

O 1927년 11월 24일 인천 신간지회 창립준비회

오후 8시 10분 인천 신간지회 창립준비회에 참석해서 축사를 했다.

인천 신간지회 창립준비회는 지난 24일 오후 8시 10분부터 인천무도관에 열렸는데 당야 출석한 회원 약 40명이었으며 신간회본부의 중진인 신석우·안재홍 양씨를 비롯하여 동경 신간지회장인 조헌영씨와 경성신간지회 상무간사인 박래훈씨 외 수씨가 내방한 가운데에서 강복양씨의 개회사로 김헌식씨가 임시의장으로 선정되어 의사를 진행하였는바 일부 회원의 제의로 준비회를 마친 후 곧 당석에서 창립총회를 계속 개최하기로 하였으나 임석 경관의 불허로 준비회에만 그쳐 준비위원 7인을 투표 선정하였으며 창립대회는 다음달 12월 5일에 개하기로 가결하였는데 선정된 위원의 씨명은 아래와 같다(인천).

임원
강복양 고 일 곽상훈 김헌식 이범진 유두희 최진하
(『조선일보』, 1927년 11월 27일, 4면).

O 1927년 11월 26일 평북 곽산 신간회지회 설립대회

오후 1시 평안북도 신간회 곽산지회 설립대회에 참석해서 「민족주의 운동」이라는 주제로 강연을 했다.

　평북 곽산 신간지회에 설립회는 지난 26일 오후 1시에 곽산유·
치원 대강당에서 개최하고 30여 명 회원 출석과 다수의 방청으
로 준비위원 최중겸 씨의 개회사로 시작해 이진추 씨를 의장으
로 최중겸 씨의 곽산 일반 사회적 정세보고와 김석달 씨의 경과
보고 신간회 안재홍 조사연구부 총무간사의 취지설명과 상황보
고가 끝나고 이어서 축전·축문을 낭독한 후 내빈중 박균 외 수
씨의 축사가 있은 후 지회규약을 통과하고 아래 임원을 선거한
후 동 오후 4시에 만세삼창으로 성황리에 폐회하였다(곽산).

　임원
　회장 최헌흘 부회장 최중겸 간사 김성해 지응혁 이창식 이진
추 강여빈 김상률 최용도 이희엽 김양웅 홍기주 김덕선 강훈채
백여찬 김혜선 김우하

　결의 사항
　회원모집에 관한 건
　청년운동촉진의 건
　문맹퇴치의 건
　곽산상업자단결의 건
　사무소에 관한 건

　곽산 신간지회는 성황리에 설치된 바 동 오후 8시에 천도교당
에서 최중겸 씨 사회로 강연회를 개최하였는데 '민족주의 운동'
이란 제목으로 안재홍 씨의 장시간 강연회가 있었는데 청중은
무려 수백으로 대성황을 이루었다.
　(『조선일보』, 1927년 12월 2일, 4면).

신간곽산지회(新幹郭山支會)에서는 본부 안재홍 씨가 곽산을 내방한 것을 기회로 지난 26일 밤 곽산 천도교당(天道敎堂)에서 최중겸(崔重謙) 씨 사회 아래 '민족주의에 관한 운동'이란 제목으로 열변이 시작되어 민족주의에 대한 의의로부터 세계민족에 대한 고찰과 정치적 각성에 대한 민족운동에 이르기까지 농업국인 조선민족의 현실 상태와 전민족적 운동단결이 필요한 것을 설파한 후 무사히 마쳤다(곽산)(『동아일보』, 1927년 12월 1일, 4면).

○ 1927년 11월 28일 용암포 강연

저녁 7시 평안북도 용암포 천도교청년회동맹 주최 강연회에 참석해서 「금일의 민족문제」라는 주제로 강연을 했다.

평북 용암포에서는 지난 28일 하오 7시에 이 지역 천도교청년동맹주최와 용암청년회 동아·조선 양지국의 후원으로 천도교 종리원내에서 박두엽씨의 간단한 개회사가 있는 후 이어서 이종린 씨는 '동귀일체의 대운'이라는 제목으로 안재홍씨는 '금일의 민족문제'라는 제목으로 장시간 조직적으로 조리있는 열변을 토하여 청중에게 많은 각성을 주고 동 9시에 폐회하였다(용암포). (『조선일보』, 1927년 12월 3일, 4면)(『동아일보』, 1927년 12월 3일, 4면).

○ 1927년 11월 28일 신간회 용천지회 설립대회

저녁 9시 신간회 용천지회 설립대회에 참석했다.

신간회 용천지회를 설치코자 준비에 분망중이라 함은 이미 보도한 바이거니와 지난 15일은 부득이한 사정으로 연기하였던바 본부 총무간사 안재홍씨가 용천에 내방한 것을 기하여 지난 28일 하오 9시 이 지역 유치원내에서 의장 최효성씨의 사회로 개회하고 회원 점명과 경과보고가 있는 후 이어서 안재홍 씨로부터 취지설명과 상황보고가 있었으며 준비위원 측에서 작성한 규약을 통과한 후 전형위원을 선출하여 임원과 간사를 아래와 같이 선정하고 동 12시에 폐회하였다(용암포).

임원

회장 백병민 부회장 주효낙 간사 박두엽 김용태 김형찬 허응세 손세종 김병천 박윤보 박창희 우세하 김만수 최택규 김승호 안정낙 이만석 윤기학 김윤전

(『조선일보』, 1927년 12월 3일, 4면).

○ 1927년 11월 29일 운향청년회 강연

평안북도 용천구 부라면 운향청년회 주최 강연회에 참석해서 「농업국의 농업민」이라는 주제로 강연을 했다.

용천군 부라면 운향청년회에서는 경성으로부터 용천 신간회 설립대회에 참석코자 용천에 온 안재홍 선생과 순강 중인 천도교위원회 대표 이종린 선생을 초청하여 지난 29일 저녁 7시 당지 종리원내에서 김형준 씨의 사회로 연사 안재홍선생은 '농업국의 농업민'이란 제목으로 이종인 선생은 '조선의 생명인 농촌'이란 제목으로 만장 청중에게 많은 각성을 주고 동 10시에 폐회하였다(용암포).

(『조선일보』, 1927년 12월 4일, 4면).

○ 1927년 12월 2일 악법문제(惡法問題)

《조선일보》에 「악법문제(惡法問題)」라는 글을 기고했다. 치안유지법 등의 철폐 필요성을 주장하며 이를 없애기 위해서 투쟁이 필요함을 역설하고 있다.

악법 폐지문제가 최근 대중여론의 단초로서 각지에서 생장되고 있다. 하물며 아직 표현되지 아니한 잠겨있는 의식으로 돌아보면 악법 폐지, 정치투쟁 용인을 요구 아니 획득하기를 희망하는 것이 장차 중요한 여론으로 움직이려는 것이 명백해진다. 지난번 각지방 기자대회에서 악법철폐와 악법 폐지동맹 촉성(促成)의 결의가 있었음에 의해 한마디했지만 이것은 대중여론으로 표현되기를 촉구할만하다.

악법의 내용은 더 길게 말하지 않는다. 보호정치(保護政治) 수립시대, 합병단행시대에 민중억압의 기구로 주의깊게 늘어놓은 이 가증할 천라지망(天羅地網)에 관해 정치적으로 동작하기를 준비하는, 아니 준비하지 아니할 수 없는 역사적 필연의 과정에 있는 대중은 먼저 이 악법의 철폐를 위하여 일종의 정치운동권·투쟁권의 획득을 위하여 궐기하지 아니할 수 없는 것이다. 조선인 대중이 그의 생존권의 자주적 보장을 위한 전적인 투쟁의 앞길에 오름에 임하여 그들의 정치투쟁을 질식하게 하는 독가스의 소멸을 꾀하고 그의 전진의 제1구에서 부딪히는 철조망의 철폐를 부르짖는 것은 당연 또 당연한 일이다.

악법의 철폐! 보안법의 제조항, 집회 취체령(取締令), 출판법·신문지법의 제조항, 제령 제7호 치안유지법 등의 철폐 혹은 개정을 부르짖는 것이 악법 철폐의 중요한 내용일 것이다. 이에 관하여 내지연장주의자(內地延長主義者)·참정권운동자(參政權運動者)와 기타 타협파의 사람들이 일부의 요구에 공명이 있을 것이요 정치상으로 준열한 의식을 가진 자들은 이에 관해 좌익

적 거부를 할 것이다. 그러나 비타협적인 전민족적 정치투쟁의
견지에서는 당면한 사회적 정세의 순간적 요구인 전취(戰取)의
목표로서 이것을 주장하게 되는 것이다. 물론 이것은 최고의 혹
은 궁극적 수준으로 요구하는 각종 타협파의 그것과 혼동을 허
용하지 않는다. 이점에 관해 조선인 대중과 그 선구자와 조선통
치 당로(當路)와 그들을 배후에서 통제하는 일본의 정치가와 인
민들은 그 입각지(立脚地)에서 전혀 다르다 할지라도 모두 심심
한 고려와 결심을 요하는 바이다.

　최근 재등(齋藤) 조선총독은 사임을 단행한다는 말이 전함으
로 내남없이 참인가 단정하였더니 그는 사실무근이라고 정식의
부인이 있었다. 재등씨가 가거나 안 가거나 제1 혹은 제2의 재
등씨가 오거나 안 오거나 자연인인 한 총독의 내왕에 관하여 나
는 워낙 무관심하다. 그러나 누구든지 이 이상 반동의 정치를 행
하는 것은 곧 영원한 화인(禍因)을 그의 좌석 밑에 장치하는 것
이요 동양의 국면은 갈수록 더욱 그 내면적 침융(侵蝕)·결렬(決
裂)·붕괴(崩壞)의 세력을 크게 함이 될 뿐이다. 조선인 치고 무
릇 생기있는 자가 누구든지 정치투쟁의 길을 열기 위해 한결같
이 전진하기를 힘쓰지 않는 자는 없어야하겠지만 통치자들도 각
성이 필요하다(『조선일보』, 1927년 12월 2일, 1면 1단).

○ 1927년 12월 8일 신간회 경성지회 강연회

　저녁 7시 신간회 경성지회 주최 강연회에 참석 「조선과 신간운동」
이라는 주제로 강연을 했다.

　신간회 경성지회에서는 그 회 설립 이후 여러 가지 형편으로 인
하여 한번도 대중의 앞에서 입을 열어본 일이 없었던 바 이번 제2
회 정기대회를 앞에 두고 다음과 같이 대강연회(大講演會)를 개최

한다는 바 회원은 물론 일반 제씨는 많이 참석하기를 바란다.

일시 : 12월 8일(목) 하오 7시
장소 : 경운동 천도교기념관

연사와 연제
조선과 신간운동 안재홍
신간회의 발전상황 이관용
운동의 현계단 홍기문
사상과 실제 이관구
신간회와 농민 이병의
조선사람과 신간회 박 안
대중의 요구와 신간회의 사명 박호신
신간회와 여성운동 정칠성
(『조선일보』1927년 12월 6일, 2면; 『동아일보』1927년 12월
6일, 4면).

○ 1927년 12월 9일 조선총독의 경질

『조선일보』에 「조선총독 경질(更迭): 조선인은 무엇을 구하는가?」
라는 글을 기고했다.

7일 동경에서 온 급전(急電)은 사이토 조선총독의 사임을 알
리고 후임으로 전 육상(陸相) 야마나시(山梨) 대장이 결정되었다
한다. 일본에서 내각 변동이 있을때마다 조각설이 유포되었으니
그것도 총독사임설이었고 헌정회(憲政會)의 단독내각이 되었던
때부터 확실히 그만둔다는 말이 잦아졌으니 오늘날 필경 사직을
보게 된 것은 당연하다 하겠다. 군축회의행(軍縮會議行)이 그의

정치가적 시수나가는 장면으로서 지금에는 추밀원(樞密院)에 봉하여 넣어두게 되는 것 같다. 조선에 있어서 정치적 신시기를 지은 기미운동의 뒤를 받아 오늘날까지 9년 동안 짧지 아니한 총독노릇이라 하겠다. 이제 사이토씨가 가고 야마나시(山梨)씨가 오게 됨에 대하여 조선인은 어떠한 견해를 하는가?

문화정치는 사이토(齋藤)씨로 인해 나타나게 된 소리이었다. 그리고 사이토씨가 조선에 와 있던 시대는 곧 일본의 자본주의가 독점적인 제국주의 본령을 가장 잘 발휘함을 요하는 시기였다. 그리하여 정치적·경제적·문화적으로 변개(變改)·점유(占有)·침점(浸漸)을 일층 철저히 함을 요하는 시대였다. 그러므로 내지연장주의가 동화정책의 동곡이교(同曲異巧)[253]로 나왔고 무단정치의 폐지를 내세우는 한편 소위 일선차별(日鮮差別) 철폐를 운운하고 있었다. 그러나 문화정치의 이름으로 운용된 그의 정치는 즉 현대적·과학적·조직적으로 조선의 장악·침투·지배를 보다 견고하게 함을 의미함이었다. 사이토씨 오매 문화정치란 자로써 일관하였다. 사이토씨 있어서 논한 바 많았으니 감에 임하여 악성(惡聲)을 내놓고자 아니한다. 그러나 그의 정치는 필경 조선을 어떻게 만들었는가?

삼면일교(三面一校)·이면일교(二面一校)·일면일교(一面一校)라고 보통교육에 관한 씨의 시대의 방침이다. 고등보통학교의 증설, 전문학교의 정리와 대학의 설치, 1군 1실업학교제의 계획은 문화정치의 협의적 한 시행일 것이다. 그러나 이것은 비조선인본위(非朝鮮人本位)의 특수한 문화적 침융(浸漸)을 위한 것으로 나의 편견으로 인한 것이 아니다. 소위 지방자치제, 중추원 관제, 헌병정치의 철폐, 경찰제도의 변경 등 그의 공덕을 예찬할 의무를 가진자들이 열거할 바를 나도 한가지 경험한 바이다.

그 외에도 위생 교통 등 시설이 씨의 시대에 있어서 그 기간의

---

253) 같은 노래이나 곡조를 달리함. 표현되는 내용이나 느낌이 다름.

길은 것만큼 그의 구가자(謳歌者)의 열거중에 오르는 바 있다. 그러나 통치국을 위해서의 충실한 대리인의 사업이 조선인 대중으로 하여금 그이 성장되는 자본주의의 특수한 부수물이 되고 말게 한 것은 또 역사적 필연이라고 할까? 조선인으로서는 매우 깊은 근심과 걱정을 가지지 아니할 수 없다. 최근에 성립된 산미증식(産米增殖)과 철도망 완성의 2대 사업이란 것도 조선의 현실에 막대한 변동을 일으키는 것인만큼 조선인의 민족적 처지에는 지대한 영향을 결정짓는 것이다.

사이토씨는 일본의 조선지배사 역사중 필연의 일연쇄(一連鎖)를 맡아 가지고 왔던 자이다. 그럼으로 나는 자연인인 사이토씨에 대해 아무 은원(恩怨)을 말하고자 아니한다. "얻은 독이나, 잃은 독이나". 나는 더욱 자연인인 총독 개인의 기래에 관해 아무 의의를 가지지 않는다. 그럼으로 해군의 한 우두머리인 사이토씨가 가고 육군의 한우두머리인 야마나시(山梨)씨가 오더라도 아무 호악(好惡)·희우(喜憂)를 근본적으로 달리하는 바 없다. 그러나 다나카(田中)씨 반동정치가의 이름이 있고 야마나시씨는 결국 다나카씨와 거의 이신동체(異身同體)의 사람이다. 다나카씨 바야흐로 만몽(滿蒙) 적극정책의 단행을 벼르는 찬에 야마나시(山梨) 씨 또한 반동적 예감을 주면서 조선에 군림하게 된다는 것은 전연 무관심할 수 없다.

야마나시(山梨) 씨의 옴에 임해 그의 정당적 관계로써 조선의 이권을 그의 도마위에 올려놓을 것을 계엄(戒嚴)하는 자 있다. 이는 물론 주시를 요하는 바이다. 그러나 야마나시(山梨) 씨는 무엇으로써 움직여서 안정되지 않은 조선인 대중에 임할 것인가? 나는 진보와 반동이 그들과 다투고 있을 바 아니지만 만일 이 이상의 반동을 조선인의 위에 가하는 바가 있다면 그는 다만 극동의 역사적 재앙의 원인을 한걸음 더 심각하게 만드는 것 이외에 아무것도 얻을 것이 없을 것이다. 나는 이에 특히 명확히 밝혀 둔다(『조선일보』, 1927년 12월 9일, 1면 1단).

○ 1927년 12월 9일 재만동포옹호동맹 창립식

오후 7시 재만동포옹호동맹 창립식에 참석했다.

재만 동포의 압박 문제로 각 방면 유지들이 모여 대책을 강구
하리라 함은 어제 보도와 같거니와 예정과 같이 9일 오후 7시부
터 수표정 조선교육회관에서 각방면을 망라한 70여 명이 모여
송내호씨 사회로 재만 동포 생활상태에 대한 안재홍씨의 보고
와 재만 동포 구축 상황에 대하여 신석우씨의 보고가 있은 후 재
만동포옹호동맹(在滿同胞擁護同盟)을 창립하고 규약통과와 임
원선거가 있은 후 다음과 같은 실행 방침을 토의·가결하고 모든
사항은 임원에게 일임하고 폐회하였다.

실행방침
성명서 발표 조사원 파견 중국 관헌에게 교섭 전국적 일치행동
(『조선일보』, 1927년 12월 11일, 2면).

〈사진 18〉 재만동포 옹호동맹 창립식 (『조선일보』 1927. 12. 9)

O 1927년 12월 10일 재만동포옹호동맹 위원장

오후 3시 재만동포옹호동맹 위원장에 선임되었다.

만주에서 쫓겨나는 동포들의 옹호 방법을 강구하고 실행키 위하여 경성에 있는 각 단체 대표를 망라한 인사 100여 명이 재만동포옹호동맹(在滿同胞擁護同盟)을 창립하였다 함은 어제 보도했거니와 10일 오후 3시부터 수표교 교육협회안에서 집행위원회를 열고 먼저 각부 상무위원을 선정한 후 우선 구축받는 만주동포에 관하여 본회로서의 태도를 내외에 성명하기로 한 후 성명서 작성위원으로 홍명희·이관용·김기전 세사람을 선정하여 우선 시급한 대로 아래와 같은 결의를 가결하였다.

성명서
재만동포 옹호동맹 제1회 중앙집행위원회에서 본동맹의 목적과 태도를 시급히 일반 민중에게 성명하는 것이 필요하다 인정하고 다음과 같이 결의함.

본동맹은 목하 급박한 경우에 빠진 재만동포의 이익을 적극적으로 옹호할 것을 목적함.
그를 관철키 위하여 전 조선 각층의 각단체와 각유지 인사는 본동맹에 가맹협력키를 촉함.
본동맹의 목적을 실현함에는 조선 민족과 중국 국민간의 우의를 존중히 하고 평화적 수단을 취하는 것이 필요하므로 우리 일반 민중의 민족적 적개심을 충동하여 일시적 흥분으로 조선내 거주 중국인의 생명과 재산에 위험을 미치게 하는 것은 불가함을 인정함.

계속하여 다음과 같은 사항을 처리하였다.

적당한 인원을 시급히 파송하여 만주에 구축되는 동포의 상황 조사와 필요한 대책을 실행키로 함.

대표위원 신석우 이관용 유영준 세 사람을 경성에 있는 영사 관, 국민당지부 화상총회 등을 방문하고 이 문제에 관한 태도를 통고함.

전북 전주에서 이번 일에 관하여 중국인 거류민과의 사이에 생긴 불상사에 관하여 특히 동지방 인사의 주의를 재촉하고 중 국인을 위문키 위하여 본동맹 대표로 민태원·박형병 두사람을 시급히 파송키로 하여 11일 밤 열차로 출발키로 하다.

동 동맹 집행위원의 씨명은 다음과 같고 동맹의 사무소는 수 표정 42번지 조선교육협회 안에 두기로 하다.

위원장: 안재홍
상무위원: 박동완 장두현 민태원 윤치호 양재창 송진우 이영 이관용 신석우 이승복 박상규 이도원
위원: 이락영 홍명희 박형병 박의양 권숙범 김동혁 서ㅇ석 서 세충 명제세 김응집 최익환 김기전 박완유 각경 유영준 송내호 이운혁 허헌 임서봉 장자일 유 진태 김탁원 정헌태 김성수 최원 순 이상협 한국종 김병로 이강현 박승직
(『조선일보』, 1927년 12월 12일, 2면)

○ 1927년 12월 10일 신간회 경성대회

『조선일보』에 「신간회의 경성대회: 주목을 끌 이 회합」이라는 글을 기고했다. 회원수가 1천명 이상을 돌파한 신간회 경성지회 정기대회 의 의미를 분석하고 신간회운동이 일회성이 아닌만큼 꾸준하게 추

진될 필요가 있음을 강조하고 있다.

　신간회의 경성지회 정기대회는 12월 10일 거행하게 되었다. 최근 함흥·포항·강릉·장흥 각지를 비롯해 이미 정기대회를 착착 거행한 바 있었고 기타 각지에서도 모두 대회 준비중에 있거니와 경성지회 대회는 또 자못 중요한 가치를 가진 것이라 하겠다. 조선의 수부(首府)요 동회 본부의 소재지요 회원의 수가 1천 이상을 돌파하고 의식과 지식이 비교적 우수한 회원을 다수 포용하고 있다는 점으로 보아서 그 진행과 귀결의 여하가 주목함 즉 한 것이다. 동회의 생장 발전을 위해 가득한 축하 뜻을 가지는 나로서는 이에 일언이 없을 수 없다.

　오늘날 조선인이 시국을 전개시키고 자기들의 생활을 개신하게 하려고 하는 충동은 가장 비상하다고 하던 시대에 비해 결코 감살(減殺) 혹은 저열해짐이 없다. 그들에게 있어서 만일 변한 바가 있다하면 그는 다만 표현방법에 관한 바이다. 대중적으로 표면적으로 조직적으로 따라서 통일적으로 따라서 행동은 되도록 합법적이요 그 역량은 가장 웅대하게 하자는 데에 있는 것이다. 무릇 공통의 불만·의욕을 가진 2300만 대중으로 하여금 그 표현방법의 구체화·조직화를 거부하는 비현명한 무모한 집권자도 없으려니와 비조직화한 따라서 무훈련한 분산적인 군중의 자연발작적인 행동에 맡겨 그 지대한 목적을 성취할 수 있으리라고 조폭(粗暴)한 낙관을 할 민중의 선구자도 없을 것이다. 이러므로 정치적 특수지대인 조선에서 이 비타협 민족주의의 입장에서 민족적 정치투쟁을 사명으로 하는 단일정당의 매개형태로서 신간회가 존재하게 된 것이요 또 건설하게 된 것이다. 신간회원과 그의 지도자들과 이를 간여하는 일반민중은 이점에 관하여 퍽 고려할 필요가 있을 것이다.

　신간회의 주의 강령에 관하여는 다시 검토할 필요가 없다. 그러나 신간회로서는 표명하여야 할 요건을 아직까지 유보하고 있는 터이다. 그의 선언이나 테제나 행동 강령등에 관해 명백히 규정할 바를 아직 모두 유보하고 있다. 그는 금번 각 지방대회를 거쳐 내년의 전조선대회를 거행함을 시기로 각각 상응한 표명이 있어야할 것이니 이 점으로 보아 경성지회대회가 얼마쯤의 명확한 예감을 줄 수 있을 지는 자못 흥미있는 일이다.

무릇 정치·경제·농민·노동·청년·여성·학생·형평·종교·교육 등 각종 문제에 관해 얼마쯤의 방향과 윤곽을 나타내 줄수 있는지 일반이 한가지로 주목할 바일 것이다. 다만 개회 시기가 갑자기 닥쳐 오지 아니할 수 없음에 인해 다소 완료하지 못한 바 있다하니 그런가? 안그런가? 제군의 진지한 행위를 촉구하는 바이다.

신간회는 단일정당의 매개형태이니 오늘로써 민족단일당으로서의 정비한 제조건을 구한다 하면 그는 소위 대조계(大부計)[254] 인 자이다. 정치적 전위분자를 규합하는 것이 조직 과정의 초기에 있는 동회의 행사라 하거니와 전위분자의 통합과 통일이 우선 당면 급무요 농민·노동·자본 등 각층 또는 기타 일반의 동작 요소를 지을만한 층에 대하여 소위 비약적 침투와 전개를 기하는 것은 아직도 차기의 일인 것을 만족하여야 할 지혜를 가져야 할 것이다.

비타협적 민족주의의 정치투쟁이란 조선인에게 있어서 자못 중대한 사업이다. 그는 결코 한번에 끝나는 것도 아니요, 또 한 전선에서 한 교전과 같은 것도 아니다. 운동의 대중적 전개와 투쟁적 결합이라는 전책(戰策)도 불가결 중차대한 과정이어야할 것인 만큼 결코 가볍게도 급하게만 서둘바가 아니다. 임중도원 (任重道遠)[255]이란 옛 위인의 말한 바는 가장 음미할 필요가 있을 것이다.

신간회로서는 몇가지 관심되는 것이 있을 것이다. 하나는 그 자체의 책임감 혹은 우울벽에 의하여 대중의 논의하는 바 있을

---

254) 아직 적당한 시기에 이르지 못한 계획.
255) 임무는 막중하고 갈길은 멀다.

것을 염려하고 꺼려서 대립적 방면의 태도를 예감하여서 모두 각각 냉정한 처지를 그르칠 수 있다. 그러나 중대한 사명과 책임을 지고 있는 자로서 모든 일에 확립적 태도를 가질만한 기백과 성의가 있어야 할 것이다. 다만 만일 문제되는 바가 있다하면 어떻게 비타협적 견지에 있어서 당면한 순간적인 현실적 제조건을 파악하고 전취(戰取)할 수 있겠느냐의 일일 것이다(『조선일보』, 1927년 12월 10일, 1면 1단).

○ 1927년 12월 11일 신간회 경성지회 정기대회 대표회원

오후 1시 신간회 경성지회 정기대회에서 대표회원에 선임되었다.

제2일의 신간회 경성지회 정기대회를 예정과 같이 어제 11일 오후 1시부터 경운동 천도교기념관에서 의장 신석우 씨 사회하에 개최한 바 벽두 아래와 같은 대표 회원과 간사 씨명의 발표가 있었고 계속하여 이관구 씨가 등단하여 국내·국제정세 보고가 있었는데 회원으로부터 여러 가지의 질문과 토론이 일어나 장내는 매우 긴장한 중에 쌓여 있었으며 또 계속하여 예산안 통과와 의안과 본부 건의안의 토의가 있으리라 한다(11일 오후 2반 30분).

대표회원
신석우 김항규 홍기문 안재홍 송내호 허헌 홍명희 이관용 이황 박동완 이병의 이관구 황신덕 이영 허일 박완 박원희 권태석 박형병 최익환 박래홍 박의석 이원혁 정칠성 김인수 최원순 이락영 차재정 김홍진 박 천 권숙범 이승복 김남수 이옥 박희도 장지영 한국종 이상 37명
후보 홍성희 김무삼 이광 정의식 조헌식 임유동

간사 씨명

홍기문 이병의 이황 이관구 김항규 박완 이원혁 정칠성 김인
수 박의양 박형병 김무삼 김동환 이광 김익동 정의극 한국종 민
중식 손재기 이호태 이춘숙 심은숙 김홍진 권숙범 이락영 차의
정 최원순 신태순 조헌식 서합제

　신간회 경성지회 정기대회의 첫날은 임원 선거 투표까지로 끝
을 마쳤으나 마침 재만동포가 날로 좇겨남을 당하는 이때이므로
중국인과 조선인 사이의 충돌이 날로 심하여 감에 따라 동대회
에서 우선 다음과 같은 결의를 하였다.
　우리는 재만동포옹호동맹을 적극적으로 후원하는 동시에 조
선 거류 중국인에게 박해를 가함은 불가하다고 인정함.
　(『조선일보』, 1927년 12월 12일, 2면)

〈사진 19〉 신간회 경성대회 정기대회 (『조선일보』 1927. 12. 11)

○ 1927년 12월 11일 재만동포옹호동맹

『조선일보』에「재만동포옹호동맹(在滿同胞擁護同盟)」이라는 글을 기고했다. 만주에서 핍박받고 쫓겨나는 동포를 위한 문제 해결에 힘쓰는 재만동포옹호동맹의 필요성을 역설하고 사회 각계의 관심을 촉구하고 있다.

12월 9일 경성에 있는 사회각계의 단체를 대표할만한 사녀(士女) 100여인은 만주에서 핍박받고 쫓겨나는 동포를 위해 그 대책을 신중하게 검토한 결과 우선 각방면 단체와 뜻있는 인사들을 망라해 재만동포옹호동맹을 조직하고 이에 대해 만주정청(滿洲政廳)의 당국자와 기타 일반 관계처에 성명서를 발표할 것과 대표를 파견하여 모든 사정의 조사와 적절한 대책으로 교섭·절충을 행하게 하기로 했다. 만주동포의 핍박받는 일은 이번 뿐이 아니요 그다지 단순한 바도 아니지만 목하의 절박한 사태에 대해 도저히 묵과할 수 없다 하여 마침내 이러한 처치를 보게된 것이다. 만주동포의 옹호문제는 늦었으나 오히려 시의에 맞는 일이요 금후의 진행은 가장 면밀과 진지를 요하는 바이다.

만주동포의 곤란한 사정이 한두 가지가 아니다. 조선에서 못살고 만주에 가는 동포가 자금이 없고 사정을 잘 모르고 언어가 통하지 못하고 기능도 부족함이 있어서 평시에 받는 모멸·손실·고통이 상상에 넘는 바이다. 이에 대해 일정한 대책을 강구하고 실행하여야 하려니와 이제 그 핍박과 쫓겨나는 경로를 일별하건데 조선인을 일본제국주의의 앞잡이로 보는데 많은 문제가 일어나니 조선인의 만주 이주는 곧 일본 북진세력의 전초가 된다는 것, 조선인이 다수 이주하는 곳에는 일본의 영사분관이 설치되어 특수임무를 집행하는 책원지(策源地)가 된다는 것 등으로 조선인을 배척 구축하는 것이다.

이리하여 토지의 매수 소작과 거주·이주에 많은 간섭과 핍박을 가하고 필경 쫓겨남을 단행하게 된다. 이에 관하여 중국에 입적 귀화한 조선인은 문제가 해제될 것이나 그것조차 왕왕히 배후의 검은손을 시기·질투하여 쓸데없는 배척을 가하며 일본의 국적법에 의해 귀화한 조선인도 이중국적을 가지게 됨으로 쉽게 안심하지 않은 것이 그들의 심사(心事)이다.

조선인 자체의 행동 혹은 이에 관한 오해로 인해 많이 핍박·배척·구축을 받는 자가 있다. 무장단(武裝團)의 주둔 활동으로 인해 일본 간섭의 단서를 일으키는 것, 그들의 내란이 있을 적에 조선인이 가지는 태도에 관한 악감정, 이를테면 오패부(吳佩孚), 호경익(胡景翼) 기타 봉천파(奉天派)의 적측과 연결하여 그들에게 모반하였다는 것, 빈곤과 표랑의 생활을 하는 일부의 조선인이 소위 적화책동을 한다는 것 등은 모두 그들의 증오·배척·구축(驅逐)의 원인이 되며 조선인의 생명재산이 끝없이 위협과 침해되는 것은 모두 이러한 사정에 관련되어 나오는 것이다.

상술한 각종의 조건에 관하여는 만주의 조선인과 이에 관여하는 내외의 인사가 각각 고치고 밝히며, 조선인 주거의 안전을 기할 방책을 급히 실행할 필요가 있을 것이다. 만주에는 수백만 동포가 있다. 줄잡아도 100만은 넘는다. 봉천정청(奉天政廳)은 일제히 모두 배척함이 무모함을 알 것이다. 지난 때에는 조선인에게 많은 동정 신임조차 있던 것이다. 여기에 관해서는 그들도 태도를 개선하게 할 가능성이 충분하다 할 것이다. 조선인은 지금 이에 관하여 성급한 행동을 삼가야 한다.

최근 만주동포가 쫓겨나는 문제로 인해 경향각지에서 큰 반향이 있는 것은 퍽 반갑다. 그러나 중국인의 물화(物貨)를 배척하고 시위운동을 하고 직접 행동을 가하는 곳도 없지 아니하다. 이는 첫째 불가한 일이요 또 조계(무計)[256]의 일이다. 동포 수난의

---

256) 아직 적당한 시기에 이르지 못한 계획.

소식에 자극되어 이만한 운동이 있음도 이상할 것이 없지만 결코 삼가지 아니하면 아니될 일이다. 포목·요리·채소의 경작·판매 등에 관해 중국인의 독단적 세력을 삼는 것은 지금 새삼스러이 놀랄바 아니요 벌써부터 상당한 자각과 대책에 있어야할 일이고 지금에 동색(瞳色)을 움직여서[257] 할 일이 아니다 하물며 100만의 동포를 만주에 두고 여기에서 5만의 중국인을 적대한다는 것은 퍽 고려가 필요할 바이다. 나는 다만 각지방 각계인사들이 이 문제의 당면한 해결로 동포의 어려움을 풀기에 전력을 집중해야 할 것이요, 옹호동맹의 처사가 퍽 신중해야 할 것이다 (『조선일보』, 1927년 12월 11일, 1면 1단).

○ 1927년 12월 12일 재만동포옹호동맹회의

오후 3시 30분 열린 재만동포옹호동맹회의에서 민태원과 함께 전북지역 파견이 결정되었다.

재만동포옹호동맹(在滿同胞擁護同盟)에서는 12일 오후 3시 30분부터 시내 수표정(水標町) 조선교육협회안에서 제1차 위원회를 열고 권태석씨 외에 여섯 사람의 위원을 증선하였으며 또한 대표로 전북에는 민태원·안재홍 두 사람을 인천에는 정헌태·이호 두 사람을 파견하기로 하는 동시에 임시 경비를 즉석에서 200원 가량을 모으고 동 6시경에 폐회하였다.
(『조선일보』, 1927년 12월 14일, 2면).

---

257) 남을 업신여겨 흘겨보는 일. 백안시(白眼視).

○ 1927년 12월 14일 이리, 군산, 강경 방문

재만동포옹호동맹위원장으로 이리, 군산, 강경 지역을 방문했다.

지난 8일에 이리 14개 단체의 대표자로 조직된후 많은 풍파 중에 지내 오던 당지에 있는 재만동포옹호동맹에서는 이번 전북 지방에서 발생한 사정을 조사할 겸 동맹의 취지를 일반에게 전달키 위하여 경성으로부터 출장 중인 재만동포 옹호동맹 중앙집 행위원장 안재홍·상무위원 민태원 두 사람이 전주·삼례를 거쳐 서 당지에 도착한 것을 기회로 14일 오전 8시 30분 이리역전 이 봉교(李奉敎) 집에서 제1회 대회를 열은 후 임표(林豹) 씨의 사회로 위원 김병수 씨의 경과보고를 들은 후 안·민 두 사람의 내외 정세와 상황 조사 설명을 듣고 곧 아래와 같은 결의문을 발표 키로 하고 폐회하였다.

결의문
본동맹은 인도적 입장과 동족애의 열혈로써 중국정부 당국과 길림성장과 재경중국총영사에 엄중 항의하여 만주에 있는 중국 관헌의 비인도적 행위를 반성하게 함과 동시 재만동포를 압박하 고자 하는 것을 신속히 철폐케 할 것.

중국정부 당국자의 반성이 있기까지 전사회의 여론을 환기하 여 공동일치한 보조로써 이에 대할 것.
본동맹은 약자를 원조하며 강자를 억제하는 근본정신에서 일 반사회의 이해를 구하여 해당지역 거류 중국인에 대한 행동을 방지함과 동시 그네로 하여금 각각 실업에 안정하게 할 것.

전주와 삼례를 부지런히 방문하고 이리에 도착한 안·민 두 사 람은 14 일부터 길을 나누어 안재홍 씨는 군산·강경을 방문키로 하고 민태원 씨는 공주·천안을 방문키로 하여 각각 출발하였는데 이 지역 옹호동맹 대표 임표(林豹) 씨는 안 씨와 동반하여 군산에 출장하였다(『조선일보』, 1927년 12월 16일, 2면).

○ 1927년 12월 14일 재만동포옹호동맹위원장으로 성명 발표

재만동포옹호동맹위원장으로 중국인과 우의적 평화로 해결하자는 내용의 성명서를 발표했다.

경성에 있는 재만동포옹호동맹 중앙집행위원장 안재홍씨가 금번 각지방을 순회하고 돌아와서 각지 정황을 보고한 결과 그 동맹에서는 시급히 아래와 같은 정견을 발표하였다.

재만동포옹호동맹은 현하 각지 정세에 대하여 아래 각항을 급하게 성명할 필요를 인정함.

각지방의 옹호동맹 또는 기타의 각사회단체에서는 재만동포의 사정에 관한 정확한 소식을 민중에게 빠르게 전달할 일.
즉 재만동포의 인명사상의 설은 대체 모두 풍설로서 결코 오해를 일으키지 말도록 할 일.
재만동포옹호문제는 중국 관민과의 사이에 우의적·평화적으로 해결하여야 할 것이요 결코 만일의 탈선적 행동을 하지 말도록 할 일.
조선 각지에 거류하는 중국인에게 대하여는 극력 안정을 도모하여 민중과 중국인 사이에 결코 상호의 우정을 상하지 말도록 할 일.
먼저 중국인의 안정과 민중의 평정을 기하고 재만동포옹호운동을 합법적으로 건실하게 일으킬 일.

1927년 12월 15일

재만동포옹호동맹

(『조선일보』, 1927년 12월 16일자, 2면).

○ 1927년 12월 18일 재만동포옹호동맹 의연금

재만동포옹호동맹이 주관하는 모금운동에 의연금 15원을 후원했다.

경성을 비롯한 내외 각지에서 옹호운동이 뒤를 이어 일어나는
사정은 별항과 같거니와 동 옹호 운동을 위하여 경향 각지에서
동정금을 보낸 액수는 18일 오전까지

금 215원 재령 유지 일동 조선일보 지국 취급
금 135원 5전 남원청년동맹 이외 각단체유지
금 24원 홍성 유교부식회본부

그리고 경성에서는 최근 위원회 석상에서 즉시 출연한 결과에
의하여 안재홍 15원 신석우 10원 장두현 이관용 한국종 각 10
원 이승복 김동혁 각5원 김기전 홍명희 박동완 송내호 각2원 김
영만 민태원 박상규 이도원 박의양 서태철 서세충 명제세 임서봉
정헌태 이호 각 1원 최익환 20전 이상 소계 347원 65전

(『조선일보』, 1927년 12월 19일, 2면).

○ 1927년 12월 23일 신간회의 급속한 발전

『조선일보』에 「신간회의 급속한 발전: 지회 설치 1백 돌파」라는 글
을 기고했다. 신간회 전국 지회 100개소 설치를 축하하며 조급해하

지 말고 대중 속으로 들어가 지속적 성장을 계속해야 함을 강조하고 있다.

　현하 조선의 역사적 과정에 있어서 무엇이 가장 긴절한 문제이냐 하면 그는 곧 민족유일전선으로서의 민족단일당의 견실한 결성인 것을 누구든지 부인할 수 없을 것이다. 그리고 이러항 역사적 사명을 위하여 신간회는 만인의 기대와 격려, 지지·성원과 주목과 감시, 방관과 냉소의 가운데 그 조직 과정을 걸어가고 있는 것이다. 그러한데 이 신간회는 요즈음 조선내외를 합해 그 지회수가 104개에 달하고 그 회원 또한 많은 숫자로 하게되었으므로 동회에서는 특히 각계 인사를 초청하고 격려해 자축을 겸한 기념 간진회를 행하기로 했다 한다. 혼란한 조선의 운동선상으로 돌아보아 우선 크게 기뻐할 일이다.

　금 동회에서 발표한 지회의 분포상황을 잠깐 살펴보건데 경북이 16개처로 최고위요 경남 15개 전남 14개 함북 10개처가 그 다음이요 기타로 함남 9, 전북 8, 경기 6, 황해도와 충남 각 5, 강원도 4, 평남 평북 충북 및 일본이 각각 3개처씩이다. 간도지방에서 벌써부터 지회설치의 준비가 있었으나 사정에 의해 보류하였고 만주 남북각지에는 아직 모두 다 설치를 보류하기로 한 것이 신간회의 방침이라고 하거니와 금년 봄 2월 15일 경성에서 창립한 이후 금일까지 약 10개월 동안 이와 같은 상황에까지 온 것은 그 발전이자 자못 빠른 것을 단언할 만하다.

　하물며 신간회가 성립된 직후인 2~3월과 4월말까지는 내부 정리를 위해 표면적으로는 거의 일이 없는 상태에 있었고 5월 이후 지회설치운동이 차차 활발하게 되어 대략 3일에 한 지회의 증가를 보게되었다. 가을 이후에는 2일에 한지회, 1일 회원 증가 48인 내외로 되어 마침내 3일에 2지회 증가의 속도를 보이게 까지 되어 오늘에 이르렀다 한다. 이 시대적 사명을 띠고 나온 모든 대중 지지의 신간회가 이만큼이나 급속하게 발전된다는 것은 도리어 당연한 일이다.

통일과 집중을 부르짖는 것은 현재 조선인의 완전한 의식이다. 그것이 국내·해외를 통해 약속하지 않고 서로 합치된 소리이다. 이는 한가로운 식자의 철학적 사색이 위대한 게시를 주는 것도 아니고 오직 대중과 그 선구자들이 각자의 피끓는 투쟁에 입각해서 뼈아픈 체험으로 귀납(歸納)하게[258] 되는 존귀한 생존의식에서 나온 것이다. 이 점해 관해서는 이미 더 역설하지 않겠다. 오직 급속한 수량적 발전을 앞에 놓고 신간회의 책임자들과 그 구성한 각지의 인사들은 어떻게 소위 투쟁적인 결속을 실현하고 민족단일정당으로서의 직능을 하루라도 바쁘게 이행(履行)하게 할는지가 가장 긴급한 문제가 되는 것이다. 그것은 수량적 발전이 필요하면 필요한 것만큼 그의 견고한 투사적·동지적 결성이 더욱 필요한 것인 까닭이다. 우리는 신간회를 위해 기뻐하는 것만큼 또 신간회를 위하여 격려와 정진(精進)함을 마지 않는다.

근대 조선에 있어서 정치운동을 한지 오래다. 갑오의 개혁운동은 그 정치적 가치가 매우 긴중(緊重)하였음을 따지지 않고 삼일천하의 참패로 막을 닫았다. 건양(建陽)·광무(光武) 즈음의 독립협회 운동이 수삼년의 왕성한 국면을 지속하였으나 그도 또한 마침내 기울어져 위난(危難) 아래에 무너졌다. 전자(前者)는 이미 말할 수 없거니와 후자(後者)도 또한 중앙정계의 소수 식자(識者)의 일이었고 전민족적 견지에서는 아직도 쓸쓸하여 아는 자 없음 때문이었다. 그리고 이 모든 실패는 물론 소위 그 당시 사정의 간험(艱驗)한[259] 바 때문이지만 또한 그 중추기능을 잡은 책임자 모두의 인간적 오류도 그 원인을 만든바 많았다. 그런고로 우리는 오늘날 대중적으로 발전되는 신간회의 조직운동의 초기에 있어서 오로지 그 각지의 책임자들이 경계하여 힘쓰기를 촉구하는 바이다.

---

258) 미루어 추리하는.
259) 위험하고 어려운.

대중 속에 들어가 항상 대중을 지도해서 각각의 의식적 전진을 파악하도록 해야할 것이다. 그러나 우리가 지금 절실한 것은 숙련되지 않은 민중과 더불어 조급한 출전(出戰)을 생각하는 것보다 오히려 자중(自重)하고 의지를 굳건히 해서 그 자체의 견실한 생장을 기하는데 있는 것이다. 형세가 확실히 적에 유리함을 보고 오히려 더욱 나아가기를 위한 후퇴를 하지 않는 것은 죄악이라고 하지 아니하는가?(『조선일보』, 1927년 12월 23일, 1면 1단).

○ 1927년 12월 26일 중국 안동현 출장

재만동포문제 해결을 위해 장자일(張子一)과 함께 중국 안동현에 출장을 가서 동변시보(東邊時報)·동변도윤총상회(東邊道尹總商會)·기독교청년회(基督敎靑年會)등 중요한 단체를 차례로 방문하여 조선내의 모든 사정을 전달하고 중국인들이 오해하는 이유 등을 경청했다.

안동현(安東縣)에서 발행하는 동변도 기관지(東邊道機關紙) 동변시보(東邊時報)에서 조선 안의 중국인 소식에 관하여 터무니없는 호외를 발행하여 조선인에 대한 중국인의 나쁜감정을 일으킴에 관하여 시내에 있는 재만동포옹호동맹에서 안재홍(安在鴻)·장자일(張子一) 두 사람을 출장케하여 그 사건의 진상조사와 태도의 완화에 전력하게 한다함은 이미 보도한 바어니와 26일 안동현에 도착한 두 사람은 그 사건의 내용을 상세히 조사하는 동시에 27일 동변시보사를 방문하여 주필 로영년(路永年)씨와 장시간 교섭한바 동변도윤총상회(東邊道尹總商會)와 기독교청년회(基督敎靑年會)등 중요한 단체를 차례로 방문하여 조선내의 모든 사정을 전달하고 그들이 오해하는 이유 등을 청취(聽取)하였다.

동변도윤은 마침 병중이요 후비서장(候秘書長)이 대리로 의견을 전하되 동변도에 거주하는 조선인의 생명 재산은 절대로 보장한다고 분명히 말하나 조선에 있는 중국인 문제로 인하여 상당한 의혹과 나쁜 감정을 가졌던 터이므로 각방면을 아울러 아직도 적지않게 흥분된 상태이고 중국인 시가의 일반 군중 측에서도 다소의 불안스러운 기세는 보이나 거의 별일은 없는터이며 연말관계로 두 사람은 일단 돌아오게 되었다한다. 그리고 조선안에 있는 각단체와 재만동포옹호 지방동맹에서 함부로 항의문과 성명서를 발송하는 것은 일종의 국제적 예의를 잃고 도리어 감정을 상할 염려가 있음으로 반드시 경성에 있는 중앙동맹을 거쳐 발송할 필요가 있다고 했다(『동아일보』, 1927년 12월 31일, 2면 5단).

『민족지도자 안재홍 연보 2』요약

○ 1927년 1월 5일 조선신문사론 연재.

○ 1927년 1월 20일 신간회 발기인 참여.

○ 1927년 2월 15일 신간회 창립대회 참석.

○ 1927년 2월 16일 제2회 현상여자가투대회 참석.

○ 1927년 2월 17일 조선운수업자대회 강연 참석.

○ 1927년 3월 15일 황해도 기자대회 참석.

○ 1927년 3월 21일 해서기행 연재.

○ 1927년 4월 7일 월남 이상재 영결식 참석, 조사 낭독.

○ 1927년 4월 10일 에메틴 중독사건 대책강구회 참석.

○ 1927년 4월 14일 월남기념집 편집위원 선임.

○ 1927년 4월 25일 무명회 총회 참석.

○ 1927년 5월 14일 전조선 중등학생 현상웅변대회 심판위원.

○ 1927년 5월 17일 근우회 창립대회 참석 축사.

○ 1927년 6월 10일 신간화 경성지회 창립대회 임시의장.

○ 1927년 6월 12일 제5회 조선전문학교 연합정구대회 대회장.

○ 1927년 6월 18일 신간회 김천지회 설립대회 참석 강연.

○ 1927년 6월 24일 숙명여자고등보통학교 학부형위원.

○ 1927년 6월 25일 개성에서 강연회 참석.

○ 1927년 7월 1일 신간회 해주지회 설립대회 참석.

○ 1927년 7월 6일 해주답사기 연재.

○ 1927년 7월 7일 근우회 제1회 부인강습회 강사 참여.

○ 1927년 7월 11일 신간회 원산지회 방문.

○ 1927년 7월 13일 신간회 함흥지회 방문.

○ 1927년 7월 24일 원산지역 답사기 연재.

○ 1927년 7월 23일 서강청년회 주최 강연회 참석. 제왕의 조락 기고.

○ 1927년 8월 1일 철필구락부 주최 박순병 1주기 추도식 참석.

○ 1927년 8월 5일 함흥지역 답사기 연재.

○ 1927년 9월 3일 신간회 대구지회 설립대회 참석.

○ 1927년 9월 4일 신간회 상주지회 설립대회 참석.

○ 1927년 9월 6일 신간회 예천지회 설립대회 참석.

○ 1927년 9월 14일 일본노동농민당 대표 환영회 참석.

○ 1927년 9월 15일 문경·조령·예천 답사기 연재.

○ 1927년 9월 25일 신간회 나주지회 설립대회 참석.

○ 1927년 9월 27일 신간회 공주지회 설립대회 참석.

○ 1927년 10월 9일 사법권 침해문제 연설회 참석.

○ 1927년 10월 13일 최육당의 백두산근참기를 읽음 기고.

○ 1927년 10월 16일 신간회 함안지회 설립대회 참석.

○ 1927년 10월 17일 신간회 고성지회 설립대회 참석.

○ 1927년 10월 16일 신간회 함안지회 설립대회 참석.

○ 1927년 10월 20일 신간회 하동지회 설립대회 참석.

○ 1927년 10월 23일 신간회 함양지회 설립대회 참석.

○ 1927년 10월 28일 최수운 출세일 103회 기념일 강연.

○ 1927년 11월 11일 교육주간기념회 발기인 참석.

○ 1927년 11월 24일 신간회 인천지회 설립대회 참석.

○ 1927년 11월 26일 신간회 평북 곽산지회 설립대회 참석.

○ 1927년 11월 27일 신간회 평북 용천지회 설립대회 참석.

○ 1927년 12월 8일 신간회 경성지회 주최 강연회 참석.

○ 1927년 12월 10일 재만동포옹호동맹 위원장 선출.

○ 1927년 12월 11일 신간회 경성지회 대표회원 선출.

○ 1927년 12월 14일 재만동포문제로 이리·군산·강경 방문.

○ 1927년 12월 31일 재만동포문제로 중국 안동현 방문.

######### 참고문헌

1. 단행본·잡지·논문

유영익·송병기·이명래·오영섭 편(2009) 이승만 동문(東文) 서한집 (중).
서울:연세대 출판부.

2. 신문자료

『매일신보』 1927년 4월 27일. 2면 1단.
『매일신보』 1927년 9월 5일. 4면 3단.
『매일신보』 1927년 10월 7일. 2면.
『동아일보』 1927년 6월 24일. 4면 4단.
『동아일보』 1927년 9월 7일. 5면.
『동아일보』 1927년 12월 1일. 4면.
『동아일보』 1927년 12월 3일. 4면.
『동아일보』 1927년 12월 6일. 4면.
『동아일보』 1927년 12월 31일. 2면 5단.
『조선일보』 1926년 1월 1일. 1면 3단.
『조선일보』 1927년 1월 1일. 5면.
『조선일보』 1927년 1월 2일. 5면.
『조선일보』 1927년 1월 5일. 1면.
『조선일보』 1927년 1월 5일. 4면.
『조선일보』 1927년 1월 8일. 4면.
『조선일보』 1927년 1월 9일. 4면.
『조선일보』 1927년 1월 9일. 3면.
『조선일보』 1927년 1월 20일. 2면.
『조선일보』 1927년 1월 20일. 1면.

『조선일보』1927년 1월 17일. 3면.

『조선일보』1927년 1월 30일. 2면.

『조선일보』1927년 2월 13일. 3면.

『조선일보』1927년 2월 13일. 2면.

『조선일보』1927년 2월 14일. 2면.

『조선일보』1927년 2월 17일. 2면.

『조선일보』1927년 2월 18일. 2면.

『조선일보』1927년 2월 19일. 3면.

『조선일보』1927년 2월 19일. 2면.

『조선일보』1927년 2월 21일. 1면 1단.

『조선일보』1927년 2월 23일. 2면.

『조선일보』1927년 3월 4일. 1면 1단.

『조선일보』1927년 3월 10일. 1면.

『조선일보』1927년 3월 19일. 2면.

『조선일보』1927년 3월 20일. 1면.

『조선일보』1927년 3월 21일. 1면.

『조선일보』1927년 3월 22일. 1면.

『조선일보』1927년 3월 22일. 4면.

『조선일보』1927년 3월 27일. 2면.

『조선일보』1927년 3월 29일. 2면.

『조선일보』1927년 3월 30일. 2면.

『조선일보』1927년 4월 2일. 2면.

『조선일보』1927년 4월 7일. 2면.

『조선일보』1927년 4월 8일. 2면.

『조선일보』1927년 4월 13일. 2면.

『조선일보』1927년 4월 14일. 2면.

『조선일보』1927년 4월 21일. 2면.

『조선일보』1927년 4월 27일. 2면.

『조선일보』1927년 5월 5일. 1면.

『조선일보』1927년 5월 7일. 2면.

『조선일보』1927년 5월 20일. 1면.

『조선일보』1927년 5월 21일. 2면.

『조선일보』1927년 5월 23일. 1면.

『조선일보』1927년 5월 24일. 1면.

『조선일보』1927년 5월 26일. 2면.

『조선일보』1927년 5월 29일. 3면.

『조선일보』1927년 6월 7일. 1면.

『조선일보』1927년 6월 11일. 2면.

『조선일보』1927년 6월 12일. 2면.

『조선일보』1927년 6월 13일. 2면.

『조선일보』1927년 6월 13일. 2면.

『조선일보』1927년 6월 21일. 2면.

『조선일보』1927년 6월 24일. 2면.

『조선일보』1927년 6월 24일. 2면.

『조선일보』1927년 6월 27일. 2면.

『조선일보』1927년 6월 28일. 1면.

『조선일보』1927년 6월 30일. 3면.

『조선일보』1927년 7월 2일. 1면.

『조선일보』1927년 7월 5일. 1면.

『조선일보』1927년 7월 6일. 1면.

『조선일보』1927년 7월 7일. 1면.

『조선일보』1927년 7월 8일. 1면.

『조선일보』1927년 7월 9일. 1면.

『조선일보』1927년 7월 10일. 1면.

『조선일보』1927년 7월 11일. 1면.

『조선일보』1927년 7월 12일. 1면.

『조선일보』1927년 7월 13일. 1면.

『조선일보』1927년 7월 16일. 1면.

『조선일보』1927년 7월 17일. 1면.

『조선일보』1927년 7월 18일. 1면.

『조선일보』1927년 7월 20일. 1면.
『조선일보』1927년 7월 21일. 1면.
『조선일보』1927년 7월 22일. 1면.
『조선일보』1927년 7월 22일. 2면.
『조선일보』1927년 7월 23일. 1면.
『조선일보』1927년 7월 24일. 1면.
『조선일보』1927년 7월 26일. 1면.
『조선일보』1927년 7월 27일. 1면.
『조선일보』1927년 7월 28일. 1면.
『조선일보』1927년 7월 29일. 1면.
『조선일보』1927년 7월 30일. 1면.
『조선일보』1927년 7월 31일. 1면.
『조선일보』1927년 8월 1일. 1면.
『조선일보』1927년 8월 2일. 1면.
『조선일보』1927년 8월 4일. 1면.
『조선일보』1927년 8월 5일. 1면.
『조선일보』1927년 8월 6일. 1면.
『조선일보』1927년 8월 7일. 1면.
『조선일보』1927년 8월 8일. 1면.
『조선일보』1927년 8월 9일. 1면.
『조선일보』1927년 8월 10일. 1면.
『조선일보』1927년 8월 28일. 2면.
『조선일보』1927년 8월 30일. 2면.
『조선일보』1927년 9월 5일. 3면.
『조선일보』1927년 9월 7일. 5면.
『조선일보』1927년 9월 10일. 4면.
『조선일보』1927년 9월 11일. 4면.
『조선일보』1927년 9월 14일. 3면.
『조선일보』1927년 9월 15일. 1면.
『조선일보』1927년 9월 16일. 1면.

『조선일보』 1927년 9월 16일. 5면.

『조선일보』 1927년 9월 17일. 1면.

『조선일보』 1927년 9월 18일. 1면.

『조선일보』 1927년 9월 19일. 1면.

『조선일보』 1927년 9월 20일. 1면.

『조선일보』 1927년 9월 21일. 1면.

『조선일보』 1927년 9월 21일. 3면.

『조선일보』 1927년 9월 29일. 4면.

『조선일보』 1927년 9월 30일. 4면.

『조선일보』 1927년 10월 8일. 1면 1단.

『조선일보』 1927년 10월 9일. 1면.

『조선일보』 1927년 10월 11일. 1면.

『조선일보』 1927년 10월 12일. 2면.

『조선일보』 1927년 10월 13일. 1면.

『조선일보』 1927년 10월 14일. 4면.

『조선일보』 1927년 10월 15일. 1면.

『조선일보』 1927년 10월 18일. 1면.

『조선일보』 1927년 10월 20일. 4면.

『조선일보』 1927년 10월 22일. 4면.

『조선일보』 1927년 10월 23일. 4면.

『조선일보』 1927년 10월 28일. 4면.

『조선일보』 1927년 10월 31일. 2면.

『조선일보』 1927년 11월 7일. 1면.

『조선일보』 1927년 11월 7일. 2면.

『조선일보』 1927년 11월 7일. 4면.

『조선일보』 1927년 11월 8일. 2면.

『조선일보』 1927년 11월 11일. 5면.

『조선일보』 1927년 11월 13일. 2면.

『조선일보』 1927년 11월 15일. 2면.

『조선일보』 1927년 11월 25일. 2면.

『조선일보』1927년 11월 27일. 4면.

『조선일보』1927년 12월 2일. 4면.

『조선일보』1927년 12월 2일. 1면.

『조선일보』1927년 12월 3일. 4면.

『조선일보』1927년 12월 4일. 4면.

『조선일보』1927년 12월 6일. 2면.

『조선일보』1927년 12월 9일. 1면.

『조선일보』1927년 12월 10일. 1면.

『조선일보』1927년 12월 11일. 1면.

『조선일보』1927년 12월 11일. 2면.

『조선일보』1927년 12월 12일. 2면.

『조선일보』1927년 12월 14일. 2면.

『조선일보』1927년 12월 16일. 2면.

『조선일보』1927년 12월 19일. 2면.

『조선일보』1927년 12월 23일. 1면 1단.

『동광』2권 5호 1927년 5월호.

『동광』2권 6호(14호) 1927년 6월호.

『별건곤』3호 1927년 1월호.

『별건곤』4호 1927년 2월호.

『신민(新民)』23호 1927년 3월호.

『신민』24호 1927년 4월호.

『신민(新民)』제29호 1927년 9월호.

『신조선』1927년 2월 10일 창간호 권두사.

『조선지광』1927년 10월호.

『현대평론』1호 1927년 1월호.

『현대평론』4호 1927년 5월호.

『현대평론』6호 1927년 7월호.

ㅌ

ㅍ

ㅎ

안재홍 (1891~1965)

민족운동가 · 언론인 · 사학자 · 정치가 · 교육자

호는 민세(民世). 1891년 경기도 평택에서 태어났다. 황성기독교청년회 학관을 마치고 일본 동경 와세다 대학을 졸업했다. 유학 후 돌아와 중앙학교 학감과 서울 중앙YMCA 간사를 지냈다. 일제 강점기에 언론 필화와 대한민국청년외교단 · 신간회 민중대회 · 군관학교 · 조선어학회 사건 등으로 9번에 걸쳐 7년 3개월간 옥고를 겪었다. 시대일보 논설기자, 조선일보 주필 · 사장을 지내며 언론을 통해 민족계몽에 힘썼으며 식민사관에 맞서 한국 고대사 연구에 몰두했다. 조선학운동을 주도하며 정인보와 함께 다산 정약용의 문집 『여유당전서』도 교열 · 간행했다. 1945년 8월 16일 국내민족지도자를 대표해 최초 해방연설을 했다. 건국준비위원회 부위원장, 국민당 당수, 한성일보 사장, 한독당 중앙상무위원, 좌우합작위원회 우측 대표, 미 군정청 민정장관, 서울중앙농림대학 학장, 대한올림픽후원회 회장, 초대 대한적십자사 부총재, 2대 국회의원 등으로 통일 민족국가 수립에 헌신했다. 1947년 8월 울릉도 · 독도에 학술조사대를 파견 독도수호에도 크게 기여했다. 1950년 6 · 25 때 북한군에 납북되어 1965년 3월 1일 평양에서 별세했다. 1989년 대한민국 건국훈장 대통령장이 추서됐다. 저서로 『백두산등척기』, 『중국의 금일과 극동의 장래』, 『조선상고사감』, 『신민족주의와 신민주주의』, 『한민족의 기본진로』 등이 있다.

엮은이 황 우 갑

한경국립대 백두산연구센터 운영위원

경기도 평택에서 태어나 고려대 국문학과를 졸업하고 성공회대 문화대학원에서 문화예술경영학 석사, 숭실대 대학원에서 안재홍의 성인교육 연구로 교육학 박사학위를 받았다. 현재 평택시민아카데미 회장, 민세안재홍기념사업회 · 신간회기념사업회 사무국장, 한경국립대 백두산연구센터 운영위원으로 활동하고 있다. 저서로는 『한국근대성인교육자의 온정적 합리주의 리더십』(공저), 『평생교육론』(공저), 『성인교육자 민세안재홍』, 엮은책으로 『안재홍 연보 1』, 『민족지도자 안재홍 공식화보집』 등이 있다.